主　编：吴　坚
执行主编：柯　森
副 主 编：钟燕慧

SOUTHEAST ASIAN REVIEW VOL.1

学术委员会

主 任　吴 坚

副主任（中国学者以姓氏拼音为序）

〔柬埔寨〕陈勒提 Chhem Kieth Rethy 　〔泰国〕功·塔帕朗西 H.E.Korn Dabbaransi

〔新加坡〕刘　宏 Liu Hong 　〔马来西亚〕翁诗杰 Ong Tee Keat

陈　军　高之国　罗　林　莫　雷　钱乘旦　张蕴岭　周满生

委 员（中国学者以姓氏拼音为序）

〔印度尼西亚〕蔡昌杰 Cai Changjie 　〔老挝〕西提赛 Sithixay Xayavong

〔缅甸〕李祖清 U Set Tee 　〔东帝汶〕张芳霞 Zhang Fangxia

冯增俊　谷红丽　郭　熙　李盛兵　林金辉　刘宝存　刘晓东

刘云刚　王建华　王　甬　吴士存　翟　崑　郑先武　周小兵

编 委 （以姓氏拼音为序）

陈　林　冯冬梅　高皇伟　胡恒波　柯　森　吴　坚　吴静玲　夏梦真

杨体荣　赵自勇　钟燕慧

封面题字　崔仁辉

东南亚学

第 1 辑

SOUTHEAST ASIAN REVIEW

Vol.1

华南师范大学东南亚研究中心　主办

主　　编　吴　坚

执行主编　柯　森

副 主 编　钟燕慧

社会科学文献出版社
SOCIAL SCIENCES ACADEMIC PRESS (CHINA)

卷首语

　　《东南亚学》由华南师范大学东南亚研究中心（Center for Southeast Asian Studies，South China Normal University）主办。华南师范大学东南亚研究中心（以下简称"中心"）成立于2017年，是教育部批准备案的"国别和区域研究中心"。它定位于建设成为研究东南亚和东盟的专门研究机构、培养东南亚和东盟研究人才的机构、具有咨政功能的智库、具有基础研究和应用推广及人才培养功能的专业基地，以及促进区域间交流合作的协同创新平台。

　　作为国内首个"东南亚学"交叉学科之承办科研机构，中心将此作为致力于推进我国区域国别学科建设在东南亚领域的学科创新实践之方向，也旨在以此为区域国别学之建设积累宝贵经验。《东南亚学》的出版正承应此意。当前，中国人文学科与社会科学的研究正经历重要变化，同时跨学科研究方法的多视域演进也正加速社会科学与自然科学的结合。然而，对于如何演进，如何结合，又如何应用，当前并无统一的路径和可资定量的衡判标准。东南亚研究作为区域国别研究之重要分支领域，也肩负着社会科学研究范式、方法与视野的创新任务。推进"东南亚学"的建设有至少以下三个方面的意义：第一，"东南亚学"与"汉学"、"印度学"、"东亚学"等领域间多有交融，"东南亚学"的建设有助于增进对中国与东南亚地区悠久历史及人文学术传统的时代理解；第二，中国"东南亚学"作为全球"东南亚学"之重要部分，对"东南亚研究"与"东南亚学"在中国区域国别研究建设背景下的再审视有助于为"东南亚学"中国学派的学术话语添砖加瓦；第三，在全球科技创新加速驱动社会科学知识生产之背景下，重视"东南亚学"

作为一门学科与社会知识的科学化建构，有助于为高校科研机构及多元化的社会智库的发展目标以及研究方向提供深入、理性的路径参考。

华南师范大学东南亚研究中心作为东南亚研究领域的新一批建设者，在承袭我国东南亚研究传统的同时，也将致力于建设新型社会型学术智库作为区域国别研究模式创新的探索与突破目标。《东南亚学》所指的"东南亚学"已不仅仅是一个学科式的研究范畴，更能够回溯与承载区域历史学术传统，促进学术与社会多元渠道的融合，以此推进在东南亚研究领域的知识生产创新。对此，《东南亚学》将定期出版作为努力方向，并于 2022 年 8 月正式创建了"东南亚研究出版中心"。该出版中心将建设以"东南亚研究"为核心的学术成果展示平台、学术出版服务平台及学术交流平台为工作内容。《东南亚学》致力于发表多学科视角下的区域前沿问题研究成果，欢迎并鼓励对东南亚地区之重大理论与基础研究的来稿，冀此贡献学科知识的共同生产与创新。

目 录

·理论思辨·

“东南亚学”刍议：知识生产的语境、边界及中国路径

…………………………………………… 吴　坚　钟燕慧／1

·名家笔谈·

区域研究视域下的东南亚学：比较经验与重点方向

……… 王泽壮　严双伍　吴　卡　陈利君　葛红亮　范若兰／37

·东南亚学学科建设·

区域国别视角下的“东南亚学”学科建设 ………… 赵自勇／70

日本区域与国别研究的发展及对我国东南亚研究

　人才培养的借鉴 ………………………… 陈　林　刘云刚／101

东南亚学研究方法的使用现状及其有益启示

　——基于SSCI期刊《东南亚研究杂志》的分析

…………………………………………………… 胡恒波／121

·区域合作与国别透视·

澜湄国家命运共同体构建：解析与评估 …… 田继阳　卢光盛／139

菲律宾“大建特建”政策：作为一项竞争性经济策略的考察

……………………………………… 张宇权　刘裔彬／161

缅甸稻米产业发展对国家现代化的影响探析 ……… 俞家海／193

文莱达鲁萨兰国：历史视域中的君主制、经济与中国－文莱关系

·················〔马来西亚〕黄吉仁 著　吴静玲　王　夏译／218

Table of Contents & Abstracts ···················· 253

征稿启事与投稿体例···························· 262

"东南亚学"刍议：知识生产的语境、边界及中国路径

吴　坚[*]　钟燕慧[**]

摘　要　建立更为全面的知识谱系已成为中国区域国别研究的关键议程之一，"区域国别学"交叉学科的成立标志着我国区域国别研究被纳入了长期学术建设规划，其知识生产获得了制度性保障。现有区域国别研究的经验表明，我国"区域国别学"的建设需重视研究的"科学性"基础，并建立中国特色的国际知识生产机制。作为"区域国别学"的组成部分，"东南亚学"本质上属于一种动态的地区知识，要建立相对独立的知识谱系，东南亚学至少担负三大领域的任务：一是解释东南亚学若干关键知识边界问题，二是分担中国学派在东南亚研究领域的建设任务，三是明确并优化中国特色的东南亚学知识生产路径。

关键词　区域国别研究　东南亚学　知识生产　中国学派

---

[*]　吴坚，华南师范大学副校长，东南亚中文教师教育学院院长，东南亚研究中心主任，教授，研究员，博士生导师。

[**]　钟燕慧，华南师范大学东南亚研究中心特聘研究员。

本文所谓"刍议"，是基于国内学界对"东南亚学"的学术化讨论与使用仍然处于较为初步的阶段。承此，本文既有从区域国别研究视角下解释"东南亚学"是否区别于"东南亚研究"之目的，即"东南亚学"之独立必要性，也有探讨"东南亚学"立足之源流，及其作为一门科学知识的可持续性发展路径之意。

根据现有的研究与相关探讨，我国学界对区域国别研究的肯定与质疑、期待与警惕是并存的。一方面，受启示于区域国别研究经验的国际比较溯源，学界对我国区域国别研究的真正驱动力持谨慎判断与观望态度：究竟是国强之必然，还是国际问题研究之本质驱动的时代反映？① 抑或两者兼具？对此问题的回应将直接影响"区域国别学"作为一门学科或社会科学知识之学术规范建构。另一方面，国内学界对"区域国别学"基础研究、政策研究的关系如何处理有着较大争议，② "学术中立性"是横亘在不同观点间的本质问题。区域国别研究是否会导致学术为单纯政治目的做嫁衣，成为政策工具，③ 这也是部分学者持谨慎态度的原因之一。

在我国学界对区域国别研究渊源进行的回溯性分析中，二战前后的美国区域研究成为典型样本，不少学者认为美国的区域研究发挥了研究范式和科研机制建设等方面的引领作用。整体来看，从"政治－学术"的主线上透视美国研究样本牵发出两条具有启示性的经验。一是部分区

---

① 参见钱乘旦《以学科建设为纲 推进我国区域国别研究》，《大学与学科》2021 年第 4 期；江时学《评中国学术界对区域国别研究和区域国别学的认知》，《拉丁美洲研究》2022 年第 2 期。

② 参见郑春荣《区域与国别研究的若干问题与改进思考》，《俄罗斯研究》2021 年第 3 期；李安山《中国的区域国别研究：历史、目的与方法》，《云大地区研究》2020 年第 2 期；唐世平、张洁、曹筱阳《中国的地区研究：成就、差距和期待》，《世界经济与政治》2005 年第 11 期；安刚《对中国区域国别研究的几点思考——访北京大学副教授牛可、云南大学教授卢光盛》，《世界知识》2018 年第 12 期；严安林《正确处理好区域国别研究中的五对关系》，《俄罗斯研究》2021 年第 3 期。

③ 冷战结束后，在美国，政府资助学术项目的军事化现象越来越突出，国家奖学金及补贴政策极大地影响了学术研究的导向，学者须要突出自己研究对政治政策的意义才能够获得更多的支持。参见程多闻《国际学界对区域研究的反思与再定位》，《国际论坛》2019 年第 2 期。

域研究行为受本土狭隘政治利益操控走入了学术腐败、研究失真与存续危机，典型的如美国"苏联学"，它体现出为冷战中美国对苏联进行遏制战略服务的强烈工具性。这说明以失去客观性的区域研究成果来指导实践是危险的，难以持久。二是对美国的区域研究的动机及其影响应客观对待，美国自 20 世纪 40 年代中期至 50 年代中期及此后的 20 年，其区域研究得以以跨学科的中心和研究所为主要组织形式牢固地嵌入高等教育制度体系。① 有观点认为，美国的区域研究历程非但不是一种自然演进或积累的变迁产物，反而是一项长期智识议程（long-standing intellectual agenda）。② 而当前学界未能客观认识到此意义的重要性，其原因是社会科学史、高等教育史和学术思想史等相关领域仍然欠缺深入分析与客观评价。③

以上两条启示性的经验值得国内学者重视与反思。一方面，区域国别研究带有显著的"本土"成长性特征，"政治－学术"关系是区域国别研究的社会属性，保持研究的客观中立性与研究实践应用的本土有效性需要进一步优化区域国别学的知识生产与管理模式；另一方面，区域国别研究的最终目的是促进区域间、跨区域的理解与交流，将"区域国别学"作为一门智识路径（intellectual approach）有助于本地和域外知识的交融与共进。从知识生产角度来分析"区域国别学"之意义，既是因为它关系到学科建设及知识生产与积累过程中的理念、方法、价值和规

---

① 刘青：《区域和国际研究：关于历史和"原理"的思考——牛可副教授访谈》，《国际政治研究》2018 年第 5 期。Anouar Abdel-Malek，"Orientalism in Crisis，"*Diogenes*，Vol. 44，No. 1，1963，pp. 104 – 140.

② T. Bender，"Internatioanl Studies in the United States：The Twentieth Century，"*International Rectors Conference*，Feb. 22，1997，p. 4.

③ 牛可：《地区研究创生史十年：知识构建、学术规划和政治－学术关系》，《北京大学教育评论》2016 年第 1 期。牛可对 1943—1953 年美国的地区研究创生史进行了翔实的历史述评，引用资料横跨美国政治及军事历史档案，并梳理分析了美国学术界有关冷战时期地区研究的各类文存，为国内综合史学、高等教育学、知识社会学角度关于美国 20 世纪 40—50 年代及之后 20 年地区研究分析最为全面、深入的文章。他认为，早在 1946 年成立的、基本由社会科学家组成的"世界地区委员会"（CWAR）就已标志地区研究的规划彻底脱离战时形成的路径和组织模式，实现了美国地区研究由战争驱动向长期学术建设方向的关键转换。而美国地区创生史展现了学术组织和学术规划在一个重要知识领域之形成中的决定性作用。

范的综合体建设，也是因为它涉及知识生产主体对知识的评价与评估、管理问题。对此，本文首先分析"区域国别学"作为一门智识路径之发展期待，以此为基础再对"东南亚学"之研究边界进行深入探索，并试论中国"东南亚学"的可能性发展方向。

一 "区域国别学"：作为一种智识路径

围绕"区域国别研究"和"区域国别学"，我国学界关于"研究"与"学"两者差异问题的讨论已有不少。① 2022 年 9 月，国务院学位委员会、教育部印发《研究生教育学科专业目录（2022 年）》，正式将区域国别学纳入交叉学科一级学科，可授予经济学、法学、文学、历史学学位，至此区域国别学正式确定了其学科归属。② 这直接从教育与学术体系上赋予了"区域国别学"独立地位，至少从教育体制意义上回应

① 有部分学者认为，学与研究几乎无本质区别，只是名称上的差异，更应着眼于对区域国别研究本质内容及方法的讨论。江时学认为，学术创新必不可少，但不必以"××学"取代"××研究"，差异性微乎其微，难以界定。参见江时学《评中国学术界对区域国别研究和区域国别学的认知》，《拉丁美洲研究》2022 年第 2 期。张蕴岭提出了"国际区域学"一词，起因是它有"学"为后缀，学科性更强。李晨阳则认为中国学术界宜统一使用"国别与区域研究"以减少歧义。参见李晨阳《关于新时代中国特色国别与区域研究范式的思考》，《世界经济与政治》2019 年第 10 期。刘立群认为，不能看见标以"学"字的语词就望文生义地以为一律是严格意义上的科学，尽管它们必然与学术性研究有关，从这个意义上说，把日本研究称为日本学、美国研究称为美国学等，多少会引起某种误解，不过，既然已经约定俗成地有了这类称谓，那么欧洲学这个称谓便同样可以成立，只需弄清它们并非严格意义上的一门科学，而只是对国别或洲别进行综合性学术研究便可。参见刘立群《欧洲学刍议》，《欧洲》1995 年第 4 期。而根据刘鸿武对"非洲学"的定义，非洲学是一门以非洲大陆的人文与自然为研究对象，探究非洲文明历史进程及其当代政治、经济与社会发展问题的综合交叉学科，其内容既包括对非洲大陆做专门化认知研究的各类探索活动与探索过程，也包括经由这些认知探索活动所积累而成的系统化的概念与方法、知识与思想，即非洲学是一种学科化的知识门类。参见刘鸿武《非洲学发凡——实践与思考六十问》，人民出版社，2019，第 24 页。
② 国务院学位委员会、教育部：《研究生教育学科专业目录（2022 年）》，学位〔2022〕15 号，第 12 页，中华人民共和国教育部网站，2022 年 9 月 13 日，http://m. moe. gov. cn/srcsite/Azz/moe. 833/202209/t20220914_660828. html，最后访问时间：2023 年 10 月 23 日。

了"学"独立于"研究"的疑问。体制之于学术的重要性影响不仅显于我国教育体系中，在美国区域国别研究历史上也同样有过深刻的经验教训，由于区域国别研究不具有独立的学科归属地位，学术评价及学术激励难以标准化及具备可持续性，人才梯队的稳定性备受考验，学术升迁机制的残酷性导致学术资源流失难以避免。从历史经验及学术发展环境上看，从学科规范上给予"区域国别学"独立地位能够为其作为一门学科知识的生产提供稳定可预期的制度保障。

然而，体制上的保障并不等同于"区域国别学"自动具备了科学知识之属性。直视这一问题有两大必要性。一是从知识社会学、研究方法及路径角度讨论"区域研究"所阐发的问题时，目前学者多将讨论重点放在"区域研究"作为一门知识与国家制度体系之间的关系上，①而较少专门讨论其"科学性"问题。原因之一是社会科学知识之"科学性"争议由来已久，它不仅涉及科学知识社会学其中的核心命题，②还涉及社会科学与自然科学之间的研究范式与方法论差异问题，对此，"区域研究"或只能提供部分经验参考。二是"区域国别学"的发展标准离不开"科学性"之基础。区域研究领域包罗万象，其研究主题碎片化与分散化的特征已成为其明显短板，而要获得一种比较成熟的"概念化"和原理性认识，仅靠今天不同学科和专门领域中原有的、自发

---

① 为数不多的从知识生产的视角对中国区域研究进行分析的成果，参见任晓《本土知识的全球意义——论地区研究与21世纪中国社会科学的追求》，《北京大学学报》（哲学社会科学版）2008年第5期；程多闻《国际学界对区域研究的反思与再定位》，《国际论坛》2019年第2期；刘青《区域和国际研究：关于历史和"原理"的思考——牛可副教授访谈》，《国际政治研究》2018年第5期；曾向红、杨恕《中国中亚研究30年来进展评估——基于观察视角与研究主题的评估框架》，《国际观察》2020年第6期。以上文章多将区域研究专门作为一门知识提出，并讨论了其如何发展的问题。

② 这一核心命题是：科学知识究竟是自然界之客观规律所决定的，还是本质上由社会所建构的。这一命题同样提出了硬科学与软科学的地位问题，即表现为自然科学与社会科学之科学性的评估问题。主要观点参见迈克尔·马尔凯《科学与知识社会学》，林聚任等译，东方出版社，2001；张建忠《曼海姆知识社会学思想研究》，上海人民出版社，2013；贾向桐《从反映自然到社会的建构——析传统科学形象的转变》，《自然辩证法通讯》2005年第4期。

的、比较狭窄的学术史概念、问题意识和知识背景是不够的,① 而探索其中的"科学性"并为之建立知识管理的科学评价标准会有助于为"区域国别学"打下更坚实的基础。郑永年认为,西方社会科学的方法论大都来自自然科学的方法论,社会科学将其逻辑性应用到本学科的研究,而保持方法论的科学属性是利用综合性的交叉学科框架打造具有中国特色的知识体系的必要路径。②

从知识社会学角度来看,知识生产的科学性倾向是一个不自觉的过程。科学和知识这两个术语之间的应用界限在很多表述中是模糊的,17世纪以来的知识生产史可以被书写为一部先前的非科学知识的拥有者努力为其知识生产博得科学之名的历史。若知识生产不为科学所认可,即将自己置于边界之外。科学这一术语在今天的语境中已经意味着一种明确的知识生产形式。③ 因此,科学与知识并不绝然等同,知识生产是向科学无限靠近的过程。那么,如何认识"区域国别学"(或"区域研究")之科学性呢?牛可认为,区域国别研究是一种"智识路径",是在常规社会科学学科通则(nomothetic)趋向之外的以地理、政治、文化单位为实体对象,强调"情境具体性"(context-specificity)的学理方案,也是一种超越常规学科体系的宏观知识架构和学术组织方式。他认为区域国别研究是由多个既包容各学科内部的对外研究,又试图超越单一学科,在各学科间——包括人文学科和社会科学之间——建立多样化的、复杂灵活的智识联系和组织网络。④ 他指出了区域国别研究超出一般知识生产路径的不同之处,既有知识生产内容上的特殊性,也有知识

---

① 刘青:《区域和国际研究:关于历史和"原理"的思考——牛可副教授访谈》,《国际政治研究》2018年第5期。

② 《郑永年:如何构建知识强国》,中国新闻社,2022年6月9日,https://baijiahao. baidu. com/s? id = 1735140399384718192&wfr = spider&for = pc,最后访问时间:2022年12月12日。

③ 迈克尔·吉本斯等:《知识生产的新模式——当代社会科学与研究的动力学》,陈洪捷、沈文钦等译,北京大学出版社,2011,第2页。

④ 参见安刚《对中国区域国别研究的几点思考——访北京大学副教授牛可、云南大学教授卢光盛》,《世界知识》2018年第12期。

间的网络构成方式上的差异性。从内容生产上看"区域国别学"之概念及内涵指向，就其名称而言，我国研究术语"区域国别学"与海外存在差异，将区域与国别相提并论，是中国特色的发明，也是中国特色的差异。[①] 其共同点是以超越国别（意义）为主视角，通过特定时间、空间、学科、视角立场、话语和意识形态含义，以特定的框架、范式针对世界某个区域、国别问题展开研究。[②] 从其本体论和认识论上看，区域国别研究的核心特征是在各种复杂"情境"（context）中探索"地方性知识"，包括研究者的立场性（positionality）和反思性（reflexivity），也即知识的在地性。[③] 因此，"他域"（ontological stability of "others"）视

---

① 吴小安认为有两类国别。其一是指国际上美国主导的区域研究范式，以民族国家为宏大叙事、身份认同和分析单元的范畴，特别是指区域研究的重点地区如亚非拉地区的国别和区域研究范式，以国别为分析单元的专门指涉。其二是指中国的"区域国别研究"，既包括作为研究对象的西方大国的国别，又包括作为区域范畴内的非西方的国别。参见吴小安《区域与国别之间》，科学出版社，2021，第3页。

② "区域研究"（Area Studies）是海外学术界比较通行的学术用语，此外，"Global Studies""Regional Studies"等学术用语也有交叉研究范围，对于中国所用的"区域国别研究"说法，牛可认为中外用语习惯有差异。一方面，英文的"area"或"region"从区域研究在美国发端时就涵盖了国家之上、国家和次国家的地理与文化空间单位，所以将"区域国别研究"直译为"area and country studies"，有构词法上的语义重复问题。另一方面，由于区域研究在智识和组织上的包容性与沟通性，表现出对二战后形成"传统"区域研究格局局限性的一种反思和矫正，越来越多地使用"area and international studies""international studies""interregional""transnational"等，重新构建和凸显跨越各种边界的联系，而避免让研究的地区单位成为封闭自足的容器。但整体而言，"international"一词被认为包容性最强，也是得到制度性认可最多的一个用语。而我国在相关正式文件中也采用了"international and regional studies"作为"区域国别研究"的翻译。参见刘青《区域和国际研究：关于历史和"原理"的思考——牛可副教授访谈》，《国际政治研究》2018年第5期；Craig Calhoun, "Renewing International Studies: Regional and Transregional Studies in a Changing Intellectual Field, " in David S. Wiley and Robert S. Glew, eds., *International and Language Education for a Global Future: Fifty Years of U. S.*, Title VI and Fulbright-Hays Programs, East Lansing: Michigan State University Press, 2010, pp. 242 – 247.

③ Vee Chansa-Ngvej and Kyu Young Lee, "Does Area Studies Need Theory? Revisiting the Debate on the Future of Area Studies," *The Korean Journal of International Studies*, Vol. 15, No. 1, 2017, p. 98; Katja Mielke and Anna-Katharian Hornidege, "Crossroads Studies: From Spatial Containers to Interactions in Differentiated Spatialities," *Crossroads Asia Working Paper Series*, No. 15, 2014, pp. 24 – 25; 杨昊：《东南亚区域研究的技艺：新生代国际关系学者应有的方法解放论》，《亚太研究论坛》（台湾）第54期，2011年，第131页。

角是"区域研究"的天然属性,"区域研究"如何进入属地的知识体系并能形成固定的知识生产模式和渠道是其服务国家知识工程的基本功能。从中国话语背景来看,"区域国别学"则是在承袭和吸纳现有"区域研究"经验积累的基础上,致力于在中国本土生长、代表中国国际价值观的一门学科知识。

对区域研究的溯源有助于了解其知识生产的脉络。我国许多学者认为中国对"他域"的研究及"区域时空观"的形成由来已久。刘鸿武认为,中国区域国别研究可追溯到两千多年前的《诗经》,① 理由是它体现出对认识世界的理性觉悟并以此为智识基础形成了精神传统,并影响了中国学术对于时空、区域、文明的独特理解。李安山、唐世平、张云、任晓等学者则引据《史记》《山海经》《大唐西域记》《四洲志》《海国图志》等典籍作为中国"区域研究"学术贡献之证明,② 其共性是对他域知识的系统性经验记录。然而,对于海内外区域研究渊源的讨论,时间先后并不是主要的,能否形成知识生产的有效机制才是关键。

区域研究(其早期被理解为"域外知识")的智识谱系来源较为广泛。③ 在此方面,域外知识在欧洲与美国的不同生长环境中形成了两条

---

① 刘鸿武:《中国区域国别之学的历史溯源与现实趋向》,《国际观察》2020年第5期。

② 李安山认为应注意到中国区域国别研究的历史传统,当前国人对世界的认识均建立在早期的史料基础之上。而任晓则认为中国的区域国别研究真正开始于19世纪中国在西方炮艇的胁迫下被动地融入全球历史进程之后,中国先进知识分子"开眼看世界"所引进及编撰的关于世界其他地区的资料才能被列入"区域国别研究"。相关观点可参见李安山《中国的区域国别研究:历史、目的与方法》,《云大地区研究》2020年第2期;唐世平、张洁、曹筱阳《中国的地区研究:成就、差距和期待》,《世界经济与政治》2005年第11期;张云《国际关系的区域国别研究:实践转向与学科进路》,《中国社会科学评价》2020年第4期;任晓、孙志强《区域国别研究的发展历程、趋势和方向——任晓教授访谈》,《国际政治研究》2020年第1期。

③ 吴小安认为区域研究拥有三大智识来源:一是欧洲以古希腊、古罗马为本源,以语言、文本、人文为传统的古典学;二是欧洲对亚洲,特别是以中国、印度、阿拉伯世界古文明为基石,以文本、考据、地理为传统的东方学;三是西方殖民地和其他地区原始部落,以人类学为主要特征的殖民研究。参见吴小安《区域与国别之间》,科学出版社,2021,第10页。

明显分野。欧洲的区域研究早于美国，欧洲国家在贸易、殖民、对外政治军事活动和文化扩张中产生的对域外知识的巨大需求成为主要驱动力，形成了14—18世纪以独立于政府的个体学者为主导研究，以及19世纪初至二战以政府鼓励和支持研究制度化发端的两个时期。政府机构是这些知识的主要生产者和组织者，对殖民地的以人类学、社会学为主要特征的东方学研究成为二战前欧洲国际研究的主导。然而，东方学未能在欧洲被纳入主流的学术知识体系，没有社会科学的大规模参与，制度与权力背景下的学术机构渗透着种族主义色彩。① 反观美国，在当前它之所以成为全球区域研究学术路线的中心，得益于它在二战前后受国家政治利益驱动下的"政治－学术"双向体式的发展。然而美国区域研究这一段发展历程及其影响在学术界有着不同的解读，一种观点将它看作20世纪40年代以来美国海外军事行动扩展的必然结果，"地区和语言"类的项目正应"战略情报"所急需，它得到了政府、学术及雄厚社会资本的扶持，"区域研究"从开始就是一个彻头彻尾的冷战社会科学交易（full-blooded cold war social science trading）。② 这种受政治利益驱使的发展模式也被定义为一种扩张的冲动，它与美国海外利益扩张的目标指向是一致的，与传统区域研究模式有着明显的区别，且有着强烈的反传统特点。③ 另一种观点认为，过于简单化的"冷战知识史"或"社会科学史"并不符合这一实际历史过程。它作为知识领域和国

① 蒂姆·尼布洛克：《过去的经验，未来的远景》，蒂姆·尼布洛克、杨光、周燕主编《地区研究：新现实与新构想》，中国社会科学出版社，2020，第5—18页。

② Mark Solovey and Hamilton Cravens, eds., *Cold War Social Science: Knowledge Production, Liberal Democracy, and Human Nature*, N. Y.: Palgrave Macmillan, 2012, p. 38.

③ 该观点认为，虽然冷战最初被用于对区域研究发展的解释，但越来越多的学术文献反其道而行之，将区域研究作为冷战的解释。美国的地缘政治操纵被认为是一个体系性的现象，语言与地区不是个例，它还涉及社会运动、家庭再生产、性别关系、城市形式、区域规划等更广泛的领域。参见 Trevor Barnes, "What Regional Studies Might Have Been: Cold War American Social Science," *Regional Studies*, Vol. 47, No. 3, 2013, pp. 461 – 464; T. J. Barnes, "The Rise (and Decline) of American Regional Science: Lessons for the New Economic Geography?" *Journal of Economic Geography*, No. 4, 2004, pp. 107 – 129.

家权力领域在二战中的交叠汇合，是一场规模宏大、影响深远的知识构建事业、学术体制改造工程和学术思想运动，是美国区域研究之创生史开篇。经 1943—1953 年 10 年创生史及之后 20 年的发展，区域研究得以以跨学科的中心和研究所为主要组织形式牢固地嵌入高等教育制度体系。[1] "区域研究"被认为是一项强大的社会和智识发明（powerful social and intellectual invention）。[2] 可以说，美国案例提供了一个用知识社会学剖析"区域研究"的样本，它的启示意义在于，客观评价"区域研究"与属地知识体系、教育机制之间的关系，有助于为我国"区域国别学"提供现实经验。美国区域研究不仅受益于二战后多学科知识的融合、更迭与革新，更通过政治、经济及学术资源合力将"他域研究"及"域外知识"融入美国的主流知识生产体系，因此，对海外不同区域、成体系的、人文学科与社会科学合作的研究范式的包容和吸纳增强了美国区域研究的生命力。[3]

吴小安认为，区域研究是以美国为中心的，美国的研究区域覆盖了除美国和西欧之外的世界广大地区，因而发展成为一种流行的国际研究模式和范式。[4] 事实上，随着西方高等教育制度及学术规范的全球传播，美国的研究模式和范式一直在进行世界性延展，区域研究也不例外。可以说，美国区域研究的知识生产模式也随之形成了相应的外部效仿。

就知识生产模式的转型而言，它是内在的知识生产诉求和外在利益主体交互影响与高度耦合的结果。在不同的时间和知识生产领域，特定国家或地区的知识生产模式呈现不均衡的状态。从纵向上看，知识生产

---

① 刘青：《区域和国际研究：关于历史和"原理"的思考——牛可副教授访谈》，《国际政治研究》2018 年第 5 期。

② D. L. Szanton, "Area and International Studies in the United States: Intellectual Trends," *International Encyclopedia of the Social & Behavioral Sciences*, 2001, pp. 692 – 699.

③ M. L. Stevens, C. Miller-Idriss and S. Shami, *Seeing the World: How U. S. Universities Make Knowledge in a Global Era*, New Jersey: Princeton University Press, 2018, pp. 27 – 28.

④ 吴小安：《区域与国别之间》，科学出版社，2021，第 8 页。

模式的更迭是个由单一向多元发展的过程，比较有代表性的是英国学者吉本斯等人总结的以"默顿规范"①为传统科学规范结构的"知识生产模式 I"及其基于此提出的"知识生产模式 II"，亨利·埃茨科威兹（Henry Etzkowitz）等人进一步提出了专注"大学—产业—政府"协调互动关系的"三螺旋理论"及埃利亚斯·G. 卡拉雅尼斯（Elias G. Carayannis）提出"知识生产模式 III"——"学界—产业—政府—公民社会"，即"四螺旋"创新生态系统模型。其核心规律是知识生产模式多向演进：由单一学科向跨学科的转变，由特定学术共同体主导向以多维聚合型知识群的转变，由学术权威的知识生产监督向公民社会、产业等多元主体的监督转变，由知识的学术情境转向更丰富的"应用语境"。②以上宏观知识生产模式演变规律为观察区域研究的知识生产提供了参照，五个方面的指标对区域研究来说更为突出，分别为知识生产的主体、驱动力、智识来源、生产机制及应用。若以知识生产主体为核心驱动，可将区域国别研究的知识生产划分为四个阶段（见表1）。

表1　区域国别研究知识生产模式

知识生产模式与特点	阶段	知识生产主体	知识生产的动力	知识生产的智识来源	知识生产机制	知识的应用
"旅行家学者"模式	14—18世纪	独立于政府的个体学者，多拥有丰富的域外游历经验	传教、文化交流、外交事务	旅居经历、游记、调查记录、翻译文献与档案等	出版与传播	应用于国家政治经济交往、宗教传播、社会往来等需求中

---

① 默顿首先提出科学制度的必要条件。他认为，科学的制度性目标是扩展被证实了的知识。科学制度性必需的规范有普遍主义、公有主义、无私利性、有条理的怀疑主义，它构成了现代科学的精神气质。此外，他又增加了另外一些规范要素，如首创性、谦逊、独立性、情感中立性和无偏见性。参见迈克尔·马尔凯《科学与知识社会学》，林聚任等译，东方出版社，2001，第30—31页。

② 相关观点可参见迈克尔·吉本斯等《知识生产的新模式——当代社会科学与研究的动力学》，陈洪捷、沈文钦等译，北京大学出版社，2011。

知识生产模式与特点	阶段	知识生产主体	知识生产的动力	知识生产的智识来源	知识生产机制	知识的应用
"政府支持下的早期制度化"模式	19世纪初一二战	政府资助下的地区研究机构	殖民统治、帝国主义扩张	领域知识与学科知识生产、旅居经历、游记的学术化加工、调查记录、翻译文献与档案等	早期教育机构内设的专门研究机制、政府部门的情报、档案、文献等研究机制	应用于殖民统治、帝国主义扩张、社会对外交往等
"学术共同体驱动"模式	1945—1990年	以大学为核心的学术共同体	对外政策需求、学科建设	学科与跨学科知识生产、政策研究、理论及研究方法发展	学科化学术产出机制、政府政策研究机制、社会公立/私立基金专设研究机制等	应用于学科知识再生产、对外政策、商业往来等
"全球化下的在地化发展驱动"模式	1990年至今	学界、产业、政府等多元主体	学科知识建设、对外政策、经贸商业、社会对外交往等需求	学科与超学科知识生产、政策研究、商业情报、多领域社会知识产出	学科化学术产出机制、政府政策研究机制、商业机构专设研究机制、社会公立/私立基金专设研究机制、社会团体专设研究机制等	应用于学科与超学科知识的再生产、对外政策需求、商业情报需求、社会对外交往需求、智识爱好等

在知识生产模式的迭代与优化上，区域国别研究事实上呈现一种积极的趋向。首先，区域国别研究学科归属已被明确地纳入了交叉学科的范围，跨学科、超学科研究视角和工具已成为其基本特征，即既定学科从事区域国别研究必然要借助其他学科的研究范式或方法，以及对同一问题的研究必须从多种学科角度来进行观察，这在学术共同体中已心照不宣。其次，区域国别研究"同质性互动"与"异质性互动"并重，且"异质性互动"呈现越来越明显的制度化特点，它表现了学术共同体作为区域国别研究的知识生产核心增强了与其他参与者（如政策制定者、公共/私立基金、商业管理者、媒体、社会活动家等）之间的磋商、交流及协作。区域国别研究专业及职业网络的扩大，一方面有利于知识

生产规范的重构，另一方面也有利于增强知识应用与社会监督机制的建设。最后，区域国别研究呈现"学术使命"与"社会责任"并重的特点，从第二阶段向第三阶段的发展过程中，它体现出区域国别研究的学术建制和智识生产使命的强化，同时也体现出其知识生产之外在社会需求的变化，即从帝国主义、殖民主义的驱动转为国家外向型发展政策的需求，其本质是一种特定社会责任的历史变化。但在当前阶段中更强调的是社会公共需求对区域国别研究的驱动，即它不仅是为了满足国家的外交政策需要，还更广泛地为多领域、深层次的社会公共及私人间交流合作所需要，此外，公民的知识积累与素养提升也成为区域国别研究不可推卸的"责任"。

可以说，区域国别研究具备了当前科学知识生产先进模式的相应基础，但同时也存在亟待解决的问题。从当前学界对其科学性的质疑来看，区域国别研究的知识生产体现出两大方面的缺陷。一是知识生产科学门类归属的问题。由于区域国别研究的跨学科特点，学界多认为区域国别研究综合了自然科学及社会科学的研究方法，对于区域国别研究的对象本质上还是归类于社会科学。然而，区域国别研究议题的"无所不包"使社会科学问题更易于与人文学科问题混于一起，事实上，在我国两者在学科上统称"哲学社会科学"，但两者在知识生产的科学性上有着较大的差异，社会科学之规律为"发现"，而人文学科知识却为"创造"。① 例如，区域国别研究议题中对区域国别文学、艺术创造的研究属于典型的人文学科，而社会政治、经济、地理等则属于社会科学，将两者适用于同一类科学知识标准来进行评估，是有显著缺陷的。二是区域国别研究受限于发展阶段而出现的问题。首先是其研究方法之科学性与有效性的问题，它特别反映在量化与实证科学研究方法对区域国别研究情境性知识和历史经验分析的冲击和批评上，"区域国别研究"中讨论较多的是以理性选择路径方法研究。正如罗伯特·H. 贝茨（Robert. H. Bates）之言论，他认为学术界已达成共识，即区域国别研究无法产

---

① 乔晓春：《中国社会科学离科学还有多远？》，北京大学出版社，2017，第12—13页。

生科学的知识。尽管贝茨的判断有过于偏颇之处，但也有观点认为，区域研究存在"守边"思维，经验性的知识未能形成通用的理论框架。①它从侧面体现出研究者仍然存在学科思维藩篱以及对研究成果科学性的评估上缺乏合适的标准。其次，区域研究知识生产中的权力属性问题也是分歧与矛盾之一，西方理论范式和研究议程在国际区域研究学界中仍然享有优势话语，它既有以语言为载体的思维与传播方式上的社会科学概念特权，还有对理论框架与研究范式上难以逾越的后殖民学术色彩，②但发展中国家视角与本土学派的崛起正逐渐与之形成知识生产上的竞争。

承此，在当前区域研究知识生产模式下，以形成区域国别研究独立的知识谱系为目标过于远大。形象地看，"区域国别研究"如同一棵关联着多学科、多研究路径的大树，它既需要多学科从研究根基上相联通，共享养分，还需要从研究成果和目标上有着共同的朝向，以实现"株殊"而"生长同向"，将研究成果应用于解决问题中。但矛盾的是，定位为"他者研究"的"区域研究"不免会形成差异，即在同样的目标和预期下，研究结果可能会形成较大差异，它引发了对研究尺度、研究方法科学性的质疑和思辨，这种质疑和思辨将需要在不同的学术社会环境中不断被探索与论证。因此，对于中国的区域国别学而言，它正面临两大任务：一是将区域国别学纳入知识生产的科学化规范轨道，并通过对其进行知识学结构的剖析与论证，建立研究过程及成果的管理及评估标准；二是处理好区域国别学中"政治－学术"的关系。中国作为一个处于快速上升阶段的发展中国家，对更高水平的国际战略需求也在

---

① 相关区域研究与学科方面的讨论可参见 Robert H. Bates, "Letter From the President: Area Studies and the Discipline," *APSA – CP*, Vol. 7, No. 1, 1996, p. 1; Bo Petersson, "We Don't Do Area Studies: Reflections on the Development of the Genre of Research from a Political Science Perspective," *Forum of Ethno Geopolitics*, Vol. 3, No. 2, 2015, p. 40。

② Monica Rodriguez de Luna, "Are Area Studies Diversifying European Political Science? Perspectives from Germany and Portugal," *European Political Science*, Vol. 15, Iss. 4, 2016, p. 520; Bernd Reiter, "Fuzzy Epistemology: Decolonizing the Social Sciences," *Journal for the Theory of Social Behavior*, Vol. 50, Iss. 1, 2020, pp. 103 – 118.

不断增加。在解构区域研究霸权话语的同时也承担着建构自身学术话语体系的任务。应使我国的"区域国别学"成为一个与外部学术界和社会对话的桥梁和通道，而非小院高墙、自说自话的围栏式学术天地。

二　东南亚学：如何定义它的边界？

从区域国别学视角出发，在当前对"东南亚学"之内涵及范围的讨论中，将"东南亚学"作为一门科学知识，首先要确定的是边界问题，即"东南亚学"的研究目标、研究对象及其研究方法的问题。在国际学术研究中，"东南亚学"（Southeast Asian Studies）是一个被广泛使用的名称，其中文表述通常为"东南亚研究"，从实际运用上看，"东南亚学"对学术化的研究规范及其知识谱系的建设更为强调。然而，从研究对象及内容上看，两者并无本质差别。当前，我国学界对"东南亚学"的追问，其目的是以我国通常意义上的"东南亚研究"为基础进行学科化，并推进它的科学知识建构。

可以说，"东南亚学"是一门附着于特定地理基础之上的领域性学问，单就"东南亚"而言，它可以是一个地理概念，也可以是一个文化概念，更可以是一种政治概念。从不同专业及知识背景出发，对"东南亚学"的理解可能会有"万花筒式"的呈现。本文认为，"东南亚学"立学之必要，原因是它以东南亚地区之上层建筑与经济基础架构为核心研究对象，是以东南亚地区为范围界定的、将地区知识实现理论化与抽象化，并经过验证的系统知识与思想表达。因此，并非冠以"东南亚"地区的研究均可被认为是"东南亚学"，本文认为它至少须具备几个方面的特征。

其一，它须是以东南亚区域、次区域、国别或具备以上地理属性的为主体。历史上，东南亚研究长期依附于"印度学""汉学""东方学"，[①]独立的区域化地理名称的获得是在二战后。东南亚区域的界定

---

① 梁志明：《关于中国东南亚学研究的几个问题》，《东南亚研究》2007年第2期。

并非一个从选定核心至确定边缘的放射式过程，而是一个根据周边区域边界由外至内的过程，即从地图视觉上，将印度、巴布亚新几内亚、澳大利亚及中国的部分领土排除后，东南亚才更容易被勾勒出来。① 这一特点反映在史学溯源上，"东南亚"逐渐从"南洋"、"风下之地"（lands below the winds）②、"东印度"等诸多相关地理名称的历史书写中剥离与抽取而来。③ 尽管出于对东南亚与东亚历史联系的传统因素考虑，当前东南亚仍然被纳入东亚史的研究范畴，这有利于从更广阔的视野看待东南亚与东亚作为世界古典文明重要区域的多重关联。④ 然而，"东南亚"地理历史书写之独立性与自主性正迅速增强，东南亚的历史叙事正从"区域史观"向"全球史观"过渡。⑤ 因此，"东南亚"之独立地理特征应是"东南亚学"研究对象的基本属性。

其二，它须是基于东南亚作为地理属性之上的领域性研究，而非仅具有地理相关性的技艺、方法研究。早期的东南亚研究均以人文学科为主，多从历史学、地理学、考古学、民族民俗学、宗教学等领域的问题切入研究。二战后，研究者逐渐从政治学、经济学、社会学等领域多元化地对东南亚问题进行观察，形成了覆盖东南亚区域与国别经济基础和上层建筑的领域性问题知识光谱。应做区别的是，从"东南亚学"研究的目标与意义来看，它须是获得对附着于该地理属性之上的具有普遍性与特殊性的规律与思想表达，而非纯粹的技艺与方法研究。例如，对东南亚地区的冶金业研究，若其目的是对东南亚经济政策、科技政策的研究，则其属于东南亚学的范畴，若其对象是冶金业技术之方法与锻造工艺，则不适于因其具有东南亚地理之名而归于"东南亚学"。此外，

---

① 查雯：《迟到的东南亚》，中国社会科学出版社，2022，第 2 页。
② 安东尼·瑞德：《东南亚的贸易时代：1450—1680 年》，吴小安、孙来臣、李塔娜译，商务印书馆，2010，第 14 页。
③ 参见 D. Emmerson, "Southeast Asia: What's in a Name?" *Journal of Southeast Asian Studies*, Vol. 15, No. 1, 1984。
④ 陈奉林：《对东方国家崛起趋势下东亚史学科建设的总体构想》，《华中师范大学学报》（人文社会科学版）2020 年第 2 期。
⑤ 张云：《东南亚史的编撰：从区域史观到全球史观》，《史学理论研究》2019 年第 3 期。

在当前的比较研究方法中，当东南亚案例被用于证明其学科理论模型的有效性样本时，这种研究类别也应做情况上的区分，引述量化政治学者加里·金（Gary King）的观点："所有科学家的专业目标都应该是试图证明这个框架（context）的稳定性与无可辩驳性。"① 即对于专注于模型之有效性的研究而言，越南与墨西哥的样本变量并无差别。由于其样本之特殊地理属性并未构成研究之重要背景或变量，此类研究归于"东南亚学"范畴或较为牵强。

其三，它须是基于对东南亚相关领域理论进行归纳、验证或实践活动的系统化总结与规律性论证，纯粹事实的陈述或信息的表达不能简单归于"东南亚学"。承前文所述，学术界对"区域国别研究"之价值争论核心点是其是否能够产生具有通则性的理论，或是可被科学方法检验与反复论证的规律性知识，它说明学术界对"区域国别研究"的理论贡献与价值之强调。② "东南亚学"也面临同样的问题，即何种层次或用何种方法的研究可被认为是"东南亚学"。本文认为至少两种层次可做区分：一种是纯粹的事实陈述或信息的表达与传递，如有关于东南亚的新闻、历史档案、政策或报告的报道、陈述与翻译，即它属于对有关东南亚信息的初级加工，基本不涉及或较少涉及理论、规律的归纳与总结，不适于直接被认为是"东南亚学"的研究成果；另一种是传统研究路径中对附着于东南亚地理属性下的经验研究，如对研究对象的访谈实录及现象陈述，并依此进行的定性研究及经验性的总结。学界有观点认为经验研究缺乏知识边界，属于新闻式、照相机式的研究。③ 但从方法层面来看，经验研究依相关理论路径对目标问题进行有选择性的切

---

① Gary King, "Why Context Should Not Count," *Political Geography*, Vol. 15, No. 2, 1996, pp. 159 – 164.

② 学科与区域国别研究之间的紧张关系已成为东南亚研究方法论核心问题，其诉求体现于学科或跨学科的研究方法如何能够使语境性的区域国别研究获得理论的进阶。参见 Thomas B. Pepinsky, "Disciplining Southeast Asian Studies," *Journal of Social Issues in Southeast Asia*, Vol. 30, No. 1, 2015, pp. 215 – 226。

③ Amitav Acharya, "Remaking Southeast Asian Studies: Doubt, Desire and the Promise of Comparisons," *Pacific Affairs*, Vol. 87, No. 3, 2014, pp. 463 – 483.

入，它以具体问题为导向，若其形成了对相关领域理论进行归纳、验证或实践活动的系统化总结与规律性论证，则符合对研究价值贡献之要求，应属于"东南亚学"的必要范畴。

可以预见的是，随着"东南亚学"作为区域国别学下的学科性建设功能的强化，它的边界会逐渐清晰，同时其知识管理评价机制也会更加严格。在追问"东南亚学"知识生产的特点及模式时，有必要从东南亚研究的本体论着眼，进一步分析其知识来源及知识生产的主要矛盾，以厘清它的整体轮廓。

一是当前研究对东南亚区域国别研究核心问题的解释路径进一步明晰化，跨学科研究与对话有助推进理论合流。东南亚研究中的"理论焦虑"及"存在主义焦虑"与区域国别研究是几乎同步的。① 就理论张力及有效性而言，不存在一个可以横贯区域国别研究的宏大理论框架或模型。然而，就区域国别研究核心问题而言，当前存在几条较为成熟的学科性理论路径。何为东南亚研究的核心问题？本文认为，东南亚地区作为"区域"之整体定性以及它在全球视野下的角色与身份问题为东南亚研究的核心问题，它包括如何看待东南亚的"出生"与源流问题即元叙事问题、如何看待它的政治地理边界与社会文化边界问题、如何看待东南亚在全球政治与经济结构中的地位问题。以上核心问题构成了贯穿历史学、人类学及政治学的东南亚研究的主线，并推动了东南亚研究理论阶梯的形成，促进了理论对话。

海瑟·苏瑟兰德（Heather Sutherland）认为："所有有关东南亚的历史研究都需要首先考虑'东南亚'一词的含义，其应然及实然意义何在。"② 事实上，这一问题不仅是历史学所关心的，也同样是政治学与人类学的研究起始。从宏观研究角度来看，历史学、政治学及人类学对东南亚的研究分别形成了对区域"结构"、"制度"及"角色"的三

---

① Erik Martinez Kuhonta, "Southeast Asia and Comparative-Historical Analysis: Region, Theory and Ontology on a Wide Canvas," *Pacific Affairs*, Vol. 87, No. 3, 2014, pp. 485 – 507.

② Heather Sutherland, "Southeast Asian History and the Mediterranean Analogy," *Journal of Southeast Asian Studies*, No. 1, 2003, p. 6.

角支撑。历史学方面，如何对东南亚整体史观的合理性进行论证是首要问题，它需要系统性地回应东南亚历史的"自主性"问题：在东南亚早期及晚近史中，如何在强大的外来影响中挖掘当地动力？如何认识东南亚文化的形成力量及传播机制？它是视角、框架还是观点选择问题？如何看待东南亚的历史结构问题？海洋与陆地的地缘环境如何造就其在全球史中的角色？对于这些问题的研究，为人类学在区域社会认同、民族意识的形成，为政治学在国家制度建构、区域权力的格局演变等命题的研究提供了理论呼应。正如东南亚研究学者安东尼·瑞德（Anthony Reid）在《东南亚史：危险而关键的十字路口》中所指出的，在试图理解东南亚根深蒂固的多元化时，我们必须放弃欧洲或中国历史中有关将文明和国家相结合以实现崛起的假设。这对东南亚文化及其所产生的政治环境的特殊性研究，为人类学有关社会文化创造的问题扩大了解释空间，"东南亚地区有着多个流动中心，该地区的很多文化创造正是人们在没有任何国家权威高压下，凭借虔诚和信仰而建成的"。①

政治学方面，对东南亚区域内关系的研究路径也体现了这种三角支撑模式，理论上的融合更为明显。例如，吕振纲、张振江总结了东南亚区域关系史研究的三种路径：曼陀罗、上下游交换和高地低地研究路径。三种路径分别依据不同历史背景下区域政治权力的地缘分布特点，通过分析各种地缘结构下的政治权力形态解释了因此形成的区域经济社会体系的变迁原因。② 人类学方面，对跨国主义、地方－全球互动、后殖民主义和后现代主义理论的专注以中观及微观层次的案例为东南亚区域－全球、跨国及区域间的结构与制度建构提供了研究支撑。而历史学与政治学的宏观理论进展也有助于为人类学提供超越原始数据的概念化经验。③ 典型的

---

① 安东尼·瑞德：《东南亚史：危险而关键的十字路口》，宋婉贞、张振江译，上海人民出版社，2021，第 4 页。
② 吕振纲、张振江：《东南亚区域关系史研究的三种路径》，《南亚东南亚研究》2022 年第 1 期。
③ 有观点认为区域研究和学科的关系不仅是共存和互补，更应体现为重叠（overlap）。采用理论模型的研究需要更多地接受演绎式研究支撑，理论的可信度的 （转下页注）

理论融合与互构的研究如刘宏从跨国主义和体系结构角度对中国 – 东南亚国家（地区）关系中的个人、群体、社团乃至网络进行了解构。其研究通过对现象的描刻，形成了对地理概念的重新估价，实现了中国 – 东南亚关系的再定位及拓宽了不同学科理论的交融运用。[①] 固然，东南亚研究的理论贡献并不仅来自以上三个学科，[②] 而是由于以上三个学科的主要研究内容及主题间的渗透性与关联性更强，成果能够更直接地支撑东南亚研究核心问题的解释。

应当注意到的是，东南亚研究学界对以比较研究进行的跨学科理论融合路径有着较多的认同，对于历史学、政治学与人类学在比较研究中的先驱性作用，跨界对话在历史学及政治学中具有研究传统上的优先性，[③] 而对话有助于形成对核心问题之统一方向性的达成，人类学家约翰·科马洛夫（John Comaroff）认为，研究的统一性（the unity of study）

（接上页注③）追求以及田野研究学者自发的理论创新也需要其他相关领域的理论支持。参见 Donald K. Emmerson, "Southeast Asia in Political Science: Terms of Enlistment," in Kuhonta et al., eds., *Southeast Asia in Political Science: Theory, Region, and Qualitative Analysis*, Stanford: Stanford University Press, 2008, p. 304。

① 参见吴前进《跨国的视野 体系的建构——刘宏博士〈中国 – 东南亚学：理论建构、互动模式、个案分析〉述评》，《国际观察》2003 年第 3 期。

② 有学者从学科的认识论和方法论的特征入手，对不同学科在区域国别研究和学科之争的光谱上的位置进行了描述。在光谱的一端是经济学，其采用普遍适用的理性人的假设和定量研究的方法，具有浓厚的实证主义色彩；在光谱的另一端则是人类学，其研究情境性的过程和现象，主要采用民族志的定性方法；居于中间的则是历史学、社会学和政治学，其中历史学更靠近强调情境的一端，而社会学和政治学内部则包含了诸多的研究路径，它们在如何对待情境这一问题上的立场各异。Mikko Huotari, "Introduction: Fostering Methodological Dialogue in Southeast Asian Studies," in Huotari et al., eds., *Methodology and Research Practice in Southeast Asian Studies*, Berlin: Springer, 2014, p. 8，转引自程far闻《区域研究与学科之间的争论与融合》，《国际观察》2018 年第 6 期。

③ 对于区域国别研究与学科的融合，有观点认为它得益于区域国别研究在 20 世纪 90 年代学界推进的"跨（trans-）"学科、区域的研究努力，这是一个自然的理论进阶路线。参见 Katja Mielke and Anna-Katharina Hornidge, eds., *Area Studies at the Crossroads: Knowledge Production after the Mobility Turn*, N. Y.: Palgrave Macmillan, 2017, p. 8; Erik Martinez Kuhonta, "Southeast Asia and Comparative-Historical Analysis: Region, Theory and Ontology on a Wide Canvas," *Pacific Affairs*, Vol. 87, No. 3, 2014, pp. 485 – 507。

远远不是一个方法上的细节问题，最终是一个理论问题。① 东南亚研究的核心问题均体现出高度的结构化，它反映出东南亚研究本体论的特质，把握核心问题的结构有助于增强它对长时段影响的理论预期，而核心问题中对大概念（如种族、宗教、政治权力等）的研究聚焦其区域的意义与价值，有助于为中观及微观研究提供理论靶向。本文认为，在当前的研究进展中，与本体论建构有关的区域之"结构"、"制度"及"角色"已呈现较为清晰的宏观理论路径，它勾勒出探索"东南亚学"本体论的边界。

二是当前东南亚研究中的"去欧洲中心化"与"去殖民化"进程加速，如何在书写历史与书写当代中塑造本土学术话语成为重要挑战。作为区域国别研究的重要议程转折，"去欧洲中心化"与"去殖民化"伴随着东南亚研究的进一步成熟与转型。尽管"去欧洲中心化"与"去殖民化"两者之内涵不能等同，然而对于以"他者"和强烈依赖情境的区域国别研究而言，它们均代表了对区域国别研究话语、对研究生态的批判与抗争。从学术史上看，东南亚研究中的"欧洲中心论"体现于早期殖民时代地缘文化和学术话语。虽然"东南亚"之英语术语迟至殖民时代晚期才被创造出来，但东南亚作为一个文化领域的概念却在欧洲早已使用，尤其是在德语学术界。欧洲早期研究中包含了不少对东南亚的地缘隐喻，如"亚洲巴尔干半岛"（Balkans of Asia）、"桥梁大陆"（bridge continent）、"混合地区"（hybrid region）、"拼贴画"（collage）、"拼图游戏"（jigsaw puzzle）或"粉碎带"（shatterbelt），② 这显著地体现了东南亚地区之边缘化与碎片化的建构思路。这种研究镜像在二战后得到了学术界系统的反思：一方面，随着殖民体系的崩溃，欧洲中心主义理论在解释全球各种复杂进程的演变中明显乏力；另一方

① 转引自 Craig Reynolds, "A New Look at Old Southeast Asia," *Journal of Asian Studies*, Vol. 54, 1995, p. 439。

② Christoph Antweiler, "Area Studies @ Southeast Asia: Alternative Areas Versus Alternatives to Areas," in Katja Mielke and Anna-Katharina Hornidge, eds., *Area Studies at the Crossroads: Knowledge Production after the Mobility Turn*, N. Y.: Palgrave Macmillan, 2017, p. 69.

面，美国区域研究的兴起推动了对传统欧洲东南亚研究理论与方法的变更，后现代、后殖民思潮兴起，东南亚研究呈现从"西方"社会的重点关注到非西方社会、从传统人文学术与单一学科主导取向到现代社会科学与多学科取向、从欧洲中心论到本土中心论的多重转向。①

值得注意的是，上述的多重转向仍然面临许多深层矛盾。首先，"学科去殖民化"所涉的对象遍及"非西方的""本土社群"的传统现代社会科学、人文学科，例如东方学、人类学、历史学、宗教学等，且"后殖民"研究主题纷繁、方法多样、立场多元、特色各异，这种本雅明式的"星丛关系"②的话语谱系使"去殖民化"难以统一立场及评估成效，它容易导致"去殖民化"流于道德感召和学术站队，整体来说"破"多于"立"。例如，对东南亚研究的批评多集中于西方霸权的影响，认为"东南亚"仅仅是一个被西方建构起来的概念，这是典型的"他者"建构，东南亚完全就是一个政治战略和权力的概念投射。③ 然而，对它解构与再构的历程却仍然漫长。

其次，西方学者在去欧洲中心主义及反殖民传统的学术行动中仍然发挥了重要作用，这一点在东南亚史学的书写中尤为明显。在东南亚作为全球史中的整体性区域呈现、本土内生性动力在地区文化传播中的作用、东南亚从区域史学至全球史学的理论建构等方面，西方学者的研究成果获得了优势性与主导性的传播力和影响力，这与学术话语能力的建设是分不开的。当然，尽管本土学者在东南亚研究的反殖、反霸议程中扮演了中坚立量，但根植于西方研究范式传统的现代知识生产模式，使本土学派的学术影响力和前沿研究的领导力需要时间来充分成长。此外，全球学术的等级结构也构成其中重要的因素，从哲学到史学的各个领域的相互作用模式中，许多等级结构仍然成为超越西方叙事的系统性障碍。

① 吴小安：《区域与国别之间》，科学出版社，2021，第 59 页。

② 罗如春、苗智越：《再解复数的"后殖民理论"》，《湘潭大学学报》（哲学社会科学版）2022 年第 6 期。

③ P. Thum, "Southeast Asian Studies as a Form of Power, " *International Institute of Asian Studies*, Newsletter, Vol. 62, 2012, pp. 12 – 13.

非对等知识要求（non-reciprocated requirements）或非对称无知（asymmetric ignorance）成为横亘西方与其他地区学者之间平等对话的鸿沟，在人文学科领域，它表现为非西方学者几乎必须引用西方文献，才能获得西方学术界的可信性（credibility），这在东南亚研究领域并不鲜见。[①] 当前，西方国家（如美国、英国、澳大利亚和荷兰）的东南亚研究机构仍然发挥着学术前沿作用，东南亚研究成果严重偏向于英语文本。

最后，本土东南亚研究需要在书写历史与书写当代的过程中得到话语突破，这不仅是学术能力竞争的体现，更是超越西方认知镜像、实现区域形象与认知再建构的必经之路。爱德华·W.萨义德在《东方学》中指出，东方学是一种文化和政治的现实，它是西方地域政治意识向美学、经济学、社会学等领域的利益分配，制造出"东方人"的形象剥夺了一种权利，即知识与权力之间联结的权利，它不单纯是学术问题，而且还是重要的智识问题。[②] 应当看到，这种学术与智识问题是紧密联系的，作为传统东方研究的一部分，东南亚研究的知识框架与价值立场都有受到西方视角下东方形象的规训痕迹，"自我东方化"在本土东南亚研究中不可避免地存在，进步与停滞、民主与专制、文明与野蛮等二元对立的价值观在学术书写中仍在蔓延。在东南亚的中国形象中也成为当地"自我东方化"叙事的一部分。[③] 吴明兰（Goh Beng-lan）认为，区域国别研究仍然未能产生超越西方-非西方学科分歧与权力等级的综合性知识。[④] 东方视角下区域国别研究的客体化，对了解真正的东南亚

---

① 夏多明：《解殖与全球人文学科》，李立敏译，汪晖、王中忱编《区域》第8辑，社会科学文献出版社，2021，第161页。

② 爱德华·W.萨义德：《东方学》，王宇根译，生活·读书·新知三联书店，2019，第16—17、36—37页。

③ "自我东方化"是后殖民主义文化批判理论中重要概念。它指西方人规划的世界秩序在政治、经济、文化上同时向非西方世界推进，加入现代化进程的亚洲国家，在被迫接受西方殖民主义帝国主义政治经济秩序后，也在文化上相继主动接受了西方现代的世界观念秩序。参见张旭东《东南亚的中国形象》，人民出版社，2010，第6—7页。

④ Goh Beng-lan, "Disciplines and Area Studies in the Global Age Southeast AsianReflections," in Goh Beng-lan, eds., *Decentring and Diversifying Southeast Asian Studies: Perspectives from the Region*, Institute of Southeast Asian Studies, 2011, p. 1.

是有缺陷的。因此，去中心化、建立本土社会科学、体现出本土话语的再生产问题是东南亚研究实现本质突破的关键。

三是传承式回溯与批判式创新成为当前东南亚研究方法论两条并行轨道，知识生产及应用的变革正催生更符合时代需求的东南亚研究模式。回溯东南亚研究学术史，受到历史渊源及社会时代背景的影响，不同地区的东南亚研究各具特点。从国际东南亚研究的传统上看，可以从大致三个学术地理分布来透视东南亚研究知识生产的特色。

第一种是欧洲路径。欧洲国家是最早对东南亚研究形成专业学术建制的，在对外扩张与殖民需求的历史驱动下，英国、法国、荷兰、德国等成为东南亚研究的前沿国家。以英国、法国、荷兰为代表的东南亚研究形成了在本土及东南亚殖民地的专业研究机构及队伍建设。如英国于1878年在新加坡出版《皇家亚洲学会海峡分部杂志》；1904年成立暹罗学会，并出版了《暹罗杂志》；1910年于缅甸成立缅甸研究会及发行《缅甸研究会杂志》；1932年伦敦大学东方与非洲学院成立东南亚和群岛系，它成为欧美学术界首个东南亚研究建制机构。[①] 这些早期的研究机构人员以殖民地官员及所在国派驻殖民地的商旅人士居多，研究内容主要为历史、地理及考古、社会学，它为二战后欧洲及本土东南亚研究打下了人才培养、资料积累和学术组织经验上的基础。东南亚研究尽管是欧洲东方学的重要组成部分，但在整体欧洲区域国别研究视野中处于边缘地位。[②] 与东南亚殖民地的多渠道社会联系和丰富的历史档案推动了以英国为代表的欧洲国家形成在宏观历史书写、考古学、人类学等领域的研究特色，以东南亚区域整体为研究对象的史学使欧洲成为东南亚宏观史理论研究的前沿阵地，年鉴学派的长时段及结构分析法成为欧洲

[①] 包茂红：《国际东南亚研究的演变——以东南亚史研究为重点》，《陕西师范大学学报》（哲学社会科学版）2021年第2期。

[②] Song Seung-Won, "Southeast Asian Studies in the U. S.: Construction of Traditions of an Autonomous History, Its Limitations, and Future Tasks," in Park Seung Woo and Victor T. King, eds., *The Historical Construction of Southeast Asian Studies: Korea and Beyond*, Singapore: ISEAS Publishing, 2013, pp. 400 – 401.

东南亚史学研究的特色路径。值得注意的是，东南亚史学研究中有不少学者虽然并非原籍欧洲，但其或在欧洲接受了正统的学术训练，或受到欧洲东南亚史学研究之影响，也较为符合欧洲路径式的东南亚研究，如曾于马来西亚、新加坡、美国、英国等地从事研究的澳大利亚籍学者安东尼·瑞德，其对东南亚史的宏观结构研究体现出浓厚的欧洲史学传统。

第二种是美国路径。美国的东南亚研究与其区域研究的整体发展脉络和逻辑是较为一致的。尽管起步晚于欧洲，但在知识生产与应用机制上的更高效率，使美国迅速超越欧洲，成为东南亚本土外综合研究实力最强的国家。其主要有两大鲜明特点。一是美国早期对跨学科研究方法的重视，推动了高校与科研机构的东南亚研究快速实现建制化发展。相较欧洲对东南亚历史的研究倾向，美国着眼于当代东南亚的政治、经济与社会研究，在服务于美国对外战略的强烈需求下，早在20世纪40年代初就提出以整合社会科学和人文学科的跨学科方法来推进地区研究。从二战至20世纪70年代，美国在高校建立了8个东南亚研究机构。应当看到，包括东南亚研究在内的区域研究在美国处于一个反思中推进的状态。本尼迪克特·安德森在著作《椰壳碗外的人生》中对康奈尔大学东南亚研究之特点进行了分析，他认为从师资、专业藏书、课程设置和培养方案来看，康奈尔大学在美国东南亚研究中属于佼佼者，但是仍然有失衡之处，包括学科之间的失衡以及社会科学与人文学科之间的失衡。前者直指美国社会学研究视野的狭窄，东南亚社会学缺乏与政治学和人类学的对话，而且其研究方法也难以适用于东南亚。后者的失衡体现为，由于东南亚国家在宗教、文化上的巨大异质性，美国的东南亚学科建设模式难以在文学、古代史、艺术等领域深入，[1] 而对现代问题的专注使美国东南亚研究缺乏欧洲东南亚研究的传统旨趣。二是美国批判式地承袭了欧洲东南亚研究方法，并成为东南亚本土外最具综合研究实

---

[1] 参见本尼迪克特·安德森《椰壳碗外的人生》，徐德林译，上海人民出版社，2018，第58—61页。

力的国家。由于语言及文化上的亲近，美国充分继承了欧洲在东南亚研究上的殖民学术根基，并进行了有效率的美式创新。一方面，美国更注重对东南亚方向人才的沉浸式与体验式的培养，尽管美国与其他西方国家相比，在殖民地一手历史档案遗存方面的优势仅能体现于菲律宾研究，但其通过多种渠道不断补足及完善东南亚研究的专业资源。除一手殖民地文献外，美国还拥有东南亚本土外较为丰富、全面的专业文献库。此外，美国还通过田野调查基金及语言培训课程等鼓励研究者体验东南亚的语言及社会文化，培养学术研究者而非业余的官员成为"东南亚通"。另一方面，美国社会科学及人文学科的革新思潮也影响了东南亚研究，其突出特点是后殖民理论、后结构主义理论及实证主义研究不仅引起了东南亚研究议题的多元化，还使美国成为全球东南亚量化研究理论创新最为前沿的阵地。此外，美国对东南亚"自主史学"（autonomous history）的开创性，使其建立了区别于殖民史学及民族主义史学的研究路径，而它所倡导的"大结构"（big structure）与"长时段"（large processes）路径与欧洲东南亚史学研究传统有着深厚传承关系。[1]

第三种是东亚路径。理论上而言，由于区域研究天然的"他者"属性，东南亚本土研究是应该区别于域外亚洲国家的，然而，应当注意到的是，东亚地区间存在区域国别研究的历史亲缘性，本文将东南亚本土研究归于东亚路径旨在更好地分析区域间不同研究路径上的承接关系。东南亚研究的东亚国家有中国、日本、韩国，其中中国在东南亚研究发挥了先行者的角色。中国是拥有记载东南亚古代史料最多国家，主要有"正史"、"类书"及"专著"三类文献，[2] 这对东南亚古代史的研究意义重大。中国古籍对东南亚的研究具有无可替代的价值，不仅为国际东南亚史研究填补了文献空白，也为东南亚新兴国家重建民族谱系提供了支撑，[3]

---

① 参见 Charles Tilly, *Big Structure*, *Large Processes*, *Huge Comparisons*, N. Y. : Russell Sage Foundation, 1984。

② 梁志明、李一平：《中国东南亚史学研究的进展与评估》，《世界历史》2011 年第 2 期。

③ 祝湘辉、李晨阳：《区域国别视野下的中国东南亚史研究》，《史学理论研究》2022 年第 2 期。

还成为日本东南亚研究的起点，[①] 并为延展至东南亚本土的南洋研究奠定了基础。此外，东亚与东南亚的广泛社会交往渠道使东亚国家的东南亚研究更具有深度的社会视野，特别是中国、日本与东南亚国家悠久的移民、商旅往来历史，它使侨社、移民等主题成为东亚东南亚研究的鲜明特色。从差异性上看，日本二战后对东南亚的整体战略逐步成型，其东南亚研究更多地转向服务日本在东南亚的政治与经济合作目标，强调多学科研究方法、加强中观与微观层面的研究议题、重视与本土东南亚研究的互动成为日本东南亚研究的主要特点。值得注意的是，日本对二战后东南亚国家经济政策研究连贯性较强，并形成了覆盖大部分东南亚国家的经济合作文存。[②] 相较而言，中国与东南亚本土研究之间的关系则具独特性，南洋研究在东南亚本土的发展历程与 20 世纪动荡的社会历史构成合奏，南洋研究本身就成为海外华人作为侨居者及建设者如何看待中国、东南亚与世界的一个微缩。以许云樵、王赓武等为代表的一批南洋研究学者为华人华侨拓展南洋视野、增进中国与东南亚的侨社纽带关系奠定了宝贵基础。[③] 二战后东南亚的国家建设成为时代主流，东南亚建国工程、区域合作、经济发展与新社会等成为新时代东南亚研究

[①] Yu Insun, "Studies of Southeast Asian History in Contemporary Japan: The 1990s and 2000s," in Park Seung Woo and Victor T. King, eds., *The Historical Construction of Southeast Asian Studies: Korea and Beyond*, Singapore: ISEAS Publishing, 2013, pp. 80 – 83.

[②] 日本东南亚研究的文存多可见于几个路径：一是日本官方机构所保存的日本与东南亚各国的官方及重要民间往来历史文献，如其外务省所公布的双边、多边合作文献，时间延续性上强，覆盖了多数重要合作文件；二是日本参与东南亚国家合作的社团机构，如日本协力机构（JICA）等，对于日本官方与民间的经济与社会重要合作内容及其运行情况的评估多有公布，特别是在日本对东南亚的官方发展援助（ODA）数据方面；三是日本的东南亚研究团体和高校科研机构，如 20 世纪 80 年代成立的日本东南亚史研究协会、东京大学东南亚研究机构等，其研究方向涉及政治、经济、社会文化等多个学科领域，发挥了东南亚研究为学术创新及社会服务的重要作用。

[③] 南洋研究之角色和社会作用从许云樵主办的《南洋杂志》可见一斑，张礼千在《南洋杂志》第 1 期中刊载的《南洋研究的重要》一文中说："以中国和南洋历史关系的悠久，经济关系的深切，地理相接，侨民千万，为什么要现在国内海外还没有一个像样的研究机构呢？……研究南洋学术，或许无补时艰，且费力甚大，速效难期，然我终愿提出，以促国人注意者，因为发扬祖国文化，提高侨胞地位，那么南洋研究实为今后重要课题之一。"参见《南洋杂志》第 1 卷第 1 期，1946 年 10 月，第 5 页。

的主题。中国在承扬华人华侨、史学研究传统的同时，逐步加强了对东南亚以政治学为先锋，兼具人类学、社会学特色的区域与国别理论创新和经验研究。本土研究方向上，以新加坡为代表的东南亚国家致力于增强东南亚研究范式的国际化联通，广泛吸纳域外东南亚研究人才，重视欧美研究方法，提升本土学派的研究话语能力，走出了一条在全球化时代以学术研究促进区域认同与国家建设的综合性研究道路。

应当看到，这三种路径所代表的模式之间并没有清晰的围栏，而且边界在不断被重塑，国际东南亚研究共同体已具备形态。尽管区域国别研究的知识生产有着深刻的国家机制烙印，但由于人文学科天然的祛私利性，跨国、跨区域的共有知识库正在不断扩容。整体而言，全球化与大数据时代的东南亚学知识生产既与默顿"学院科学"的规范内涵一致，也兼具齐曼的"后学院科学"规范特征，[①] 东南亚学的知识生产已经实现相当程度的社会化，其知识生产主体已超出以学者为主体的学术圈层。对研究结论进行系统审查的程序是科学的基本特征，它体现出怀疑主义的知识生产规范，其促使东南亚研究的学术圈层形成对其他社会参与主体的向心力，后者得以因此获得研究的可信性及应用的科学性。它表现为政府、企业及社会团体的东南亚研究需求与学术研究需求在生产端形成了以学术为主导方向的融合，而在需求端则呈现"后学院科学"中的所有者归属、服务局部及任务定向的规范特点。研究学者在政府研究部门、企业咨询部门及私营智库中出现"旋转门"现象越来越多，学术机构与非学术部门的联合研究也迅速普及，这种联合研究在跨部门、跨境、跨行业中也并不罕见。东南亚学的知识生产已被纳入广泛

---

① 对于具有广泛代表性的默顿规范，作为科学前沿研究的科学技术学家，齐曼提出了"后学院科学"规范以形成对当代科学新变化判断及进化论的科学认知论。其概括出的"后学院科学"具有五个特点：所有者归属（proprietary）、服务局部（local）、权威所统辖（authoritarian）、任务定向（commissioned）和专门性人才（expert）。他认为科学也是一种社会建制，应当认识到时代变化带给科学知识生产规范上的变革。参见约翰·齐曼《真科学——它是什么，它指什么》，曾国屏、匡辉、张成岗译，上海科技教育出版社，2008，第13页。

的社会分工体系，如何在这个多种社会角色参与的社会互动和社会磋商中，塑造合理的研究文化，寻找恰当的制度安排，以进行更高效的知识生产是至关重要的。而其中的难度则体现于如何保障默顿科学规范中的公有主义及普遍主义，它对东南亚学提出的要求是：作为一门公共知识，在启智社会和科学传播过程中建立思想严谨的研究语境，保证东南亚学作为一门科学化的知识，研究者给予的科学贡献不会因为种族、国家、宗教、社会地位或学术圈的私利化标准而被排除在外。

三　东南亚学在中国

在区域国别研究中，东南亚别具独特性。东南亚地区的自然景观、地理风貌、族群分布和人文特征对来自各种职业的"探险家"，无论是早期欧洲书写东南亚文献的商人、传教士和航海家等，还是为中国古籍书写做出贡献的宗教人士、猎奇文人、移民流亡者，具有不可抗拒的吸引力。现当代也仍然有众多人前赴后继地投身于东南亚这片充满挑战并富有智趣的土地，这个多元群体将东南亚的知识创造融入了生命与生活，应当看到，这种自发的知识生产本质上是超越学科与学术框架的。多元多样的东南亚作为一个场域的存在既挑战了亚洲古老的知识生产方式，也挑战了源于欧洲的现代学术研究。[1] 对东南亚学究竟是领域性（area based）的，还是学科性（disciplined based）的思考，从社会价值产出的角度来看，它均需要回应中国东南亚学作为全球东南亚学之一部分，其主要任务是什么。正如梁志明所指出的，东南亚学的兴衰，归根结底取决于它是否能够满足社会发展的需要，为满足社会主义现代化大发展的需要和适应中国作为亚洲和世界大国的地位之需要。[2]

依区域国家间战略定位，中国与东南亚国家要建设"更为紧密的命

---

① 张云：《探索、历险与超越：庄礼伟"人之共同体"建构及其"东南亚研究"》，《东南亚研究》2019年第1期。

② 梁志明：《关于中国东南亚学研究的几个问题》，《东南亚研究》2007年第2期。

运共同体"，① 这一定位既是中国对外关系建构中共生与共利理念的体现，也是中国希冀与东南亚国家共同走出一条超越丛林式国际关系，建立在亚洲价值观基础上的以人为本、共赢共享的新路向。它为我国东南亚学的建设提供了导向。

本文尝试从这几个方面理解东南亚学在中国的建设任务：依托学术与学科之框架为东南亚学建立理论创新与格局塑造的主要阵地，兼采跨学科、交叉学科之研究视野和研究方法，协同多元社会力量，为全球化动态形势下中国与东南亚的重大战略关系定位及发展方向提供科学指引，为中国与东南亚的互利共赢合作提供有效方案。

为此，中国东南亚学需要考虑三大方向的建设问题：

（1）建设及优化以区域国别学学科培养与学术研究为核心，辐射社会多层次、多领域的东南亚学知识生产与应用机制；

（2）为新兴形势下的东南亚研究贡献中国智慧，分担中国学派在东南亚研究领域的建设任务；

（3）为中国东南亚学建立以科学性为导向的知识评价标准，搭建更具高效的知识生产体系，提升中国学者对国际知识创新的贡献及话语权。

当前，在科学知识生产的资源禀赋、需求空前以及对科学知识生产规律的理性认识和价值判断等因素的影响下，区域国别研究的知识生产范式也在逐步地转型、探索与重建。应当看到，从古代"哲理思辨式"和"经验试错式"至近代"以实验为主式"，再至当代"实验全面渗透式"的知识生产范式，知识生产范式的"共时多样性"与"历时进化性"同在。② 从东南亚知识生产的主体及方式来看，中国区域国别研究

---

① 参见《习近平在第十七届中国 – 东盟博览会和中国 – 东盟商务与投资峰会开幕式上的致辞》，中国政府网，2020 年 11 月 27 日，http://www. gov. cn/xinwen/2020 – 11/27/content_5565310. htm，最后访问时间：2022 年 12 月 25 日；《中国与东盟共筑 30 年情谊：构建更为紧密的命运共同体》，中国网，2021 年 6 月 10 日，https://baijiahao. baidu. com/s？id = 17 02158576273352842&wfr = spider&for = pc，最后访问时间：2022 年 12 月 25 日。

② 参见陈亮、徐林《跨学科组织融合：知识创造价值的理性诉求》，《现代大学教育》2022 年第 4 期。

交叉学科的建设已开始消解学科壁垒与界限，跨学科研究团体在中国科研机构中已较为常见，可以说，中国东南亚学已经历了知识本体论中从早期总括性知识至学科分化性知识，到当前学科融合型知识的转型。

对中国东南亚学知识生产的演进逻辑或可从如下三个方面进行理解。

第一，时间逻辑：在中国哲学社会科学发展原则指导下，发掘与遵从区域国别研究的时代规律，促进中国学派在全球化视域中东南亚学研究的引领性贡献。

东南亚学作为一门区域国别研究知识，本质上是一种动态的知识，并具有鲜明的时间属性。围绕其核心问题所进行的理论创新需要把握好东南亚的发展规律，即不仅要回溯既往，把握现在，更要放眼未来，在这一维度下，我国区域国别研究的理论创新离不开正确的方向指引。习近平指出："坚持以马克思主义为指导，是当代中国哲学社会科学区别于其他哲学社会科学的根本标志，必须旗帜鲜明加以坚持。""要加快构建中国特色哲学社会科学，按照立足中国、借鉴国外，挖掘历史、把握当代，关怀人类、面向未来的思路，着力构建中国特色哲学社会科学，在指导思想、学科体系、学术体系、话语体系等方面充分体现中国特色、中国风格、中国气派。"[1] 学术体系与话语体系是哲学社会科学的一体两面，二者缺一不可。一个学科只有构建成学术体系和话语体系的统一体，才是成熟的、健全的学科。[2] 中国东南亚学的发展亦是如此。

如前文所述，东南亚研究之本体论、认识论、方法论仍然有大量需要进一步回答、解释、再审视的问题。郑永年认为，中国的知识体系没

---

① 《"平语"近人——习近平谈哲学社会科学工作》，求是网，2019 年 4 月 24 日，http://www.qstheory.cn/zhuanqu/bkjx/2019－04/24/c_1124408157.htm，最后访问时间：2022 年 12 月 25 日。

② 田心铭：《做好哲学社会科学工作的根本遵循——习近平总书记关于哲学社会科学重要论述对马克思主义的继承和发展》，光明网，2022 年 8 月 5 日，https://m.gmw.cn/baijia/2022－08/05/35933754.html，最后访问时间：2022 年 12 月 25 日。

有经历"宏大的论述"阶段，就直接进入了微观研究阶段。社会科学，尤其在美国，已经转移到微观研究。欧洲还继续有"宏大的论述"的传统，当代优秀的社会科学理论仍然出自欧洲社会科学家。① 因此，从中国视角来看，对东南亚学的宏观理论研究是深化与创新之根本，当前可以为之促进的路径或有：夯实、扎根中国东南亚学在古籍文献、华人华侨等领域的研究，吸纳国际东南亚学之先进经验，增强对东南亚学之核心问题的理论解释能力与经验分析能力。脱离"中国中心主义""东 - 西方二元论"视角，做出中国学派在东南亚史学宏观理论、区域秩序与治理、全球视野下中国与东南亚的战略发展走向等东南亚学核心问题上的独特与引领性贡献。当前或可加快推进的研究工作有：系统、全面地对我国涉东南亚地区古籍文献的整理与翻译工作，让更多我国关于东南亚的独创性历史知识跨出学科樊篱，通过不同语言深入东南亚本土研究圈，以东方史料而非殖民史料增进与海外同行的对话与交流，实现中国东南亚学的古树新发之引领作用；正视当前理论落后于实践之突出问题，加快中国与东南亚在发展理论方向上的研究，为新时代背景下的区域合作理念提供哲学源泉与现实方案。

第二，实践逻辑：坚持知识生产的人文关怀与发展促进导向，推动东南亚学研究科学性与社会性价值的高效结合，为研究工具及研究方法的创新提供支持与保障。

中国的知识体系创新，其任务不仅是解释中国的现代化发展道路，还需要解释中国与世界的关系。中国当代新知识体系的构建是对世界整体性发展的自主回应，而中国现代化建设的经验与思想也为当代知识生产提供了背景与空间，它本质是一种文明的互鉴、人文的相通。区域国别研究的知识生产也应重视人文关怀与发展的积极导向，正如翟锦程认为，知识体系作为文化传承、创新和发展的重要基础与直接载体，也是一种文化的核心价值观念体系养成和延续的载体。② 以人文关怀和发展

① 郑永年：《中国知识体系建设的未来》，《联合早报》2011 年 9 月 27 日。
② 翟锦程：《中国当代知识体系构建的基础与途径》，《中国社会科学》2022 年第 11 期。

价值的塑造为引导，东南亚学的科学化知识生产既要重视研究中的学术性，也不能忽视学术研究之社会价值，特别是它在解释具体社会问题中的现实方法问题，使学术更具社会温度。

对此，东南亚学的建设应推进学术性与社会性价值的结合，找到社会科学研究中政治性原则与人文关怀之平衡点。客观来看，政治性是区域国别研究之基本属性，为政治利益服务是区域国别研究的发展动力之一，而知识生产之科学性要求则需要恰当把握区域国别研究的政治性原则，既要明确区域国别研究之成果为我所用，也应重视避免以自我为中心解读他者，而由此导致科学性之要求浮于冰冷理论表层。当前，区域国别研究对西方理论在社会科学研究中所产生的结构性压力及对话鸿沟多有反思和批判，[①] 我国社会科学界中国学派在国际上呼声渐高，以折中理论视角及基于中国哲学的社科理论创新走出了有别于西方二元理论范式的中国道路，例如我国国际政治学者提出的"关系理论""道义现实主义"等。我国应加快此方向的推进，形成中国学派的群体性效应，建强理论创新集群。推进中国学派理论对东南亚社会、人文等多领域的发展问题的研究，切实地将中国经验与中国思路落地。对知识生产的需求端进行细分化管理，根据研究成果的不同用途进行研究方法与研究导向上的区分。

此外，东南亚学要求进一步对研究工具及研究方法的创新提供支持与保障。一方面，在交叉学科建设背景下，推动大数据研究工具、统计计量工具、地理与地缘空间研究工具在区域国别研究机构的普及化，为研究者降低新兴研究工具的可获得性成本，如此将极大地深化我国对东南亚地缘政治、地缘地济、社会民生等重要问题的研究层次，提升技术之研究辅助效率。另一方面，加快我国研究者的本土化研究能力建设，联动东南亚企业及海外社团组织为研究者提供田野研究渠道，使实地调

---

① K. Kaczmarska and S. Ortmann, "IR Theory and Area Studies: A Plea for Displaced Knowledge About International Politics," *Journal of International Relations and Development*, No. 24, 2021, pp. 820 – 847.

研常态化与机制化，提升东南亚研究的现实转化能力。

第三，主体逻辑：优化中国东南亚学研究之组织与队伍建设，增强对国际化专业人才的吸纳及培养，为多元化的研究成果建立科学的评估与应用机制。

东南亚学的发展离不开组织与人才队伍建设，当前从事区域国别研究的主体已呈现跨学科、跨行业、跨境之特点，研究部门也从以高校科研机构为核心，延伸至政府政策研究机构、企业科研部门、社会智库等多种组织。正如习近平在党的二十大报告中强调："必须坚持科技是第一生产力、人才是第一资源、创新是第一动力，深入实施科教兴国战略、人才强国战略、创新驱动发展战略，开辟发展新领域新赛道，不断塑造发展新动能新优势。"[①] 应当看到，区域国别研究成果应用范围之广泛，它既涉及国家对外战略及政策的制定，还有对中国与世界其他地区的发展合作之政策导向作用，此外，区域国别研究还是我国增强国民国际知识素养、提升中国国际形象和对外传播能力的知识基础。因此，科学化知识生产下的东南亚学建设须从主体逻辑上重视组织与人才队伍建设之战略性，以我国科技创新与教育强国之内在要求为发展导向，实现从组织建设、人才队伍及发展机制上的升级与转型。

本文认为，先行对多元化的研究成果建立科学的评估与应用机制是推动人才与组织工作的必要前提条件。从致力于形成东南亚高质高效研究成果的产出来看，应扩大对东南亚研究成果的生产渠道的评估与成果采纳机制。若从东南亚理论与实践问题研究来划分，学术机构对理论的研究占据绝对前沿与主导地位，而实践问题研究则不限于学术机构，尽管学术影响力有限，但后者在实务研究之需求与应用中发挥着越来越大的作用，且它与学术机构之间的互补性也越来越显著。对此，应加快对区域研究优秀成果的评估、认定与采纳和应用机制建设，将社会的知识

---

① 习近平：《高举中国特色社会主义伟大旗帜 为全面建设社会主义现代化国家而团结奋斗——在中国共产党第二十次全国代表大会上的报告》，中国人大网，2022 年 10 月 17 日，http://www.npc.gov.cn/npc/c30834/202210/572b16d3e9224d81868e2dcd73337d0b.shtml，最后访问时间：2022 年 12 月 24 日。

生产进行更为科学规范化的管理。

在此基础上，加快推对东南亚学专业人才的识别与组织建设工作。对于识别属于东南亚学建设的人才，应着眼区域研究国别之长期规划及以更具包容性、战略性的眼光，将不同类别的知识生产端的专业人才纳入东南亚学的人才范围予以激励、培养。例如，以区域国别研究成果的认定机制为前提，对满足区域国别研究之专业能力、专业贡献能力及水平、专业发展规划的人才或可以将其归于区域国别研究人才库，根据不同的人才禀赋，提供相关的职业生涯发展空间。此外，从美国、新加坡等国家的东南亚研究人才建设经验来看，对东南亚国际人才的吸纳与激励也至关重要，不少外籍东南亚研究专家侨居或采取旅行式学术的模式到美国、新加坡等国进行教学科研工作。采取广纳天下英才的包容性思路是其能够实现从研究方法与研究视野不断创新与保持活力的关键。对此，我国或可扩大与全球东南亚学同行的知识生产交流，推动在区域国别研究理念与价值上的对话与交融，促进与外部东南亚学知识生产机制的对接与合作。

余 论

有一句拉丁谚语恰拿捏住区域国别研究之特殊性，"In regione cae-corum rex est luscus"（英文中常用作：In the land of the blind, the man with one eye is king），中文译作"盲瞽之国，独目为王"。[①] 它所影射的是受早期条件限制，区域国别知识仅为少数人所拥有，即使一知半解甚至是误读，或也会被视为权威。在当前的全球化与信息化大数据时代，可见的奇观是，公众可获得的他域知识在海量地增长，且掌握了强有力的自主信息读取能力。然而，"盲瞽之国"却仍然存在，对他域的信息失真、认知扭曲、形象误读比比皆是。这一现实给区域国别研究之重要

---

① 转引自牛可《地区研究创生史十年：知识构建、学术规划和政治－学术关系》，《北京大学教育评论》2016 年第 1 期。

警示，即如何对域外知识进行认知、解读、加工直至传播直接影响了"他者"镜像的建构。形象地看，若将国家作为他域认知的主体，则每个国家均是一个持镜人，同时也成为他国之镜像，这一复杂的映射与被映正是区域研究之真实写照。

当前，区域国别研究在我国迎来发展热潮，它所获得的社会关注与政策支持前所未有。当前面对的是区域国别研究的多重转型，即它正走出传统学术研究之围栏，进入了我国公众乃至国际社会的广阔视野。承述本文分析，区域国别研究要发展，及要为我国现实需求所用，它的科学化与规范化发展将是必由之路。东南亚研究也不例外，而以学科建设为目标的"东南学"正在快速争取学术养分和社会认可，以在区域国别学之发展势头上，实现在学科建设、前沿研究及实务应用中的飞跃。然而，受国际问题研究之特殊性影响，真正找到通向兼具社会包容性与学术/学科可持续发展的道路却注定是曲折、充满回避与争议的。如何看待"东南亚学"在我国区域国别研究中的独特性？中国作为国际东南亚学的重要组成部分，如何规划自身的发展定位与路径？在国际主流的"西方范式"影响下，"全球范式"的未来在哪里？对此中国东南亚研究的目标和期望是什么？"东盟在大国之间搞平衡并非是一种好的选择，而是应该用一种新的眼光审视它在东亚的位置"，多年来，这个观点盛行，并获得了以东盟为组织载体的东南亚国家的逐步认同。东盟在政治与经济上的全球影响力快速提升，已成为国际制度与国际规范竞相影响与争取的区域，同时其自身也正致力于积极贡献有全球影响力的制度与规范。在此背景下，中国如何看待东盟在全球系统中之演化路径，而又将有何战略思路？这些均是"东南亚学"需要解释和回应的问题。

成熟的学科体系将不再是知识的基本单元，而是能够形成理论与经验的知识系统，并有着稳定且具有开放成长空间之研究范式，它可持续推进知识证伪，并形成知识的更新与再生。从知识生产之角度看，它或将是加速推进"新时代中国特色国别与区域研究范式"的构建进程之可行方向。

区域研究视域下的东南亚学：
比较经验与重点方向

王泽壮　严双伍　吴　卡　陈利君　葛红亮　范若兰

编者按　"跨界"与"比较"是区域国别研究的重要方法依凭，其主要目的是通过适当样本的选择，以超越研究对象自身维度之视角，对两个或两个以上的研究样本进行异同分析，从而获得普遍性及特殊性经验与规律。在此方法下，区域国别研究理论与方法不断获得反思、创新与活力。东南亚学是区域国别研究之重要地区分支，跨界与比较研究方法也广为东南亚研究者所使用，从宏观层次上看，比较研究之典型如维克多·李伯曼（Victor Lieberman）在鸿著《形异神似：全球背景下的东南亚，公元800—1830年》（*Strange Parallels: Southeast Asia in Global Context, c. 800 – 1830*）中将东南亚纳入欧亚大陆之地缘范围，与欧洲国家进行长时段历史比较，突破性地展示了东南亚之独特线条，有力地推动了对"欧洲中心论"外异面东南亚之历史建构。此外，从中观及微观层次的跨界与比较研究更是不胜枚举。当前，中国区域国别研究的发展正急需动力与养分，东南亚学之研究生态与学科建设更是期待新思路和新路径。对此，编辑部特邀从事西亚北非、非洲、欧盟及东南亚区域国别研究的六位学者，分别从区域国别研究之学科界限与价值判断，中国欧盟学的起源与发展，非洲法律研究对东南亚法律研究路径的启发，我国南亚东南亚研究的云南建设经验，东南亚学之本体论、认识论与方法论，如何在东南亚从事比较研究等方面切题，阐释其区域国别研究经验对东南亚学建设之启示。

区域国别研究的学科界限和价值判断

王泽壮*

2021 年 12 月，在教育部公布的新学科专业目录征求意见稿中，把"区域国别学"正式列为新增"交叉学科"门类下的一级学科。应该说这是区域国别研究走向学科化、专业化的制度保障和升级，凸显了区域国别研究这门学科对当下中国的现实意义和价值，充分反映了中国在走向百年复兴新时期对这门学科的需要和期待。随后，国内不少学术刊物发表了众多国内学者，尤其是笔者所熟悉的亚非研究领域的学者，对"区域国别学"的学科内涵、路径、方法和要求以及兴起的背景与意义等相关问题，发表了许多真知灼见，针对性和启发性都很强。区域国别研究的小阳春已经到来。笔者在这里结合自己的实际工作经验和体会，就区域国别研究的学科界限和价值判断问题谈谈个人的粗浅看法，供同行批评。

第一，区域国别学的学科界限不等于区域国别研究的问题界限。区域国别研究以特定地区或国家作为研究对象，比如说以中东、拉美、欧洲、东南亚、南亚等区域为研究对象，或者以美国、日本、俄罗斯、伊朗、土耳其等国别为研究对象，但无论是区域还是国别仅仅是一个特定

---

* 王泽壮，北京语言大学国别与区域研究院教授。

的地理单位而已，任何一个地理单位都会涉及其政治、经济、历史、军事、外交、宗教、文化、体育、教育等各种各样的问题，五花八门，从学术上讲，这些问题都值得研究。但教育部在公布交叉学科类一级学科"区域国别学"时，给出了明确的学科归属指导意见，即"可授予法学、文学和历史学学位"。笔者认为，这主要根据新时期以来我国区域国别研究工作主要依托国际关系、外国语言文学和世界史三个一级学科而开展起来的实际操作经验而提出的，是教育行政管理部门为了学科学位管理方便而提出的权宜之计。

实际上，从事区域国别研究的学者在日常工作中都能感受到，区域国别研究涉及的问题远不止上述三个学科所能回答，而且这三个学科的学科思维也各有特点（国际关系的框架思维、外语学科的文本思维和历史学科的过程思维），相对于实际需要似乎都有自己的学科局限性，比如研究中东石油，无经济学专业背景难以深入；研究中东宗教，不具备中东地区的小语种背景难以登堂；研究非洲农业，不懂非洲地理学、土壤学、气候学只能流于表面。几年前安徽有家大型农业企业有拓展非洲农业合作的意愿，希望我们根据乌干达和津巴布韦两国的现有粮食政策、种植规模、待垦荒面积、作物品种、土壤条件等写出一份综合性的中非农业合作可行性调研报告，坦率地说，这项任务已完全超出从事国际政治、非洲史研究者的能力，需要真正的非洲农业专家介入才能完成。还有一例是安徽对外经贸中小企业商会有意拓展非洲市场，希望我们对西非几个法语国家的小商品市场准入政策如环保质量标准、关税与销售税率、国际品牌市场份额以及进口管理机构和规定等方面拿出调研报告，这种专业性极强的任务，最终我们只能借力于对象国在华留学生和当地的专业性咨询机构的参与和合作才基本完成。举这些例子是想说明，区域国别研究不仅是学理性的学术研究，也是面向现实需求的对策性研究，不仅要做到仰望星空，还要脚踏实地。实际需求的具体性和多样性决定了区域国别研究这门学科的跨学科性和开放性，这就要求从事区域国别研究的机构和学者必须做到以实际需要为牵引，有针对性地以围绕实际问题来借力和援引其他学科研究力量，强化开门意识，不能搞自我封闭。只有这样，区域国别研究才能获得源源不断的动力和活力。

第二，价值判断不能代替事实判断。作为一门学科，区域国别研究在当下能成显学，最主要原因还是中国迫切的现实需要，但在研究范式、路径上，我们仍要深入借鉴欧美区域国别研究100多年的成功经验，其中有两点特别值得注意，一是适度把握事实与价值的关系，不能用价值判断取代事实判断，二是田野调查的方法论基础。事实与价值的关系是一个古老且永恒的哲学话题，从古希腊开始直到今天也没有形成一种普遍认可的看法或观点。从自然科学来说，事实判断不成问题，其假说可以通过实验和实践予以证实或证伪，是科学还是谬误不容置疑，但是对于以定性和思辨研究为主要特点的社会科学、人文学科来讲，为了保证研究结论最大限度地接近事实真相，借鉴自然科学的定量和经验研究方法即"科学化"是唯一选择。尽管我们在实际研究工作中很难做到价值中立、价值无涉，但研究者心理上至少要有价值判断必须以事实判断为基础的原则，弄清事实在先，然后推导出价值判断，而不是相反。笔者曾经评阅国内一篇研究伊朗伊斯兰革命卫队的论文，论文引用的材料几乎全部来自美国智库公开的相关研究报告，然后就得出伊斯兰革命卫队支持恐怖主义、垄断全国经济、既腐败又暴力的结论。且不说作者引用材料的真实性本身就存在很大问题，从学术论文写作的基本要求上来说，起码就存在引用材料不全面的问题。这些智库报告多是美国外交政策的学术注脚，看似言之凿凿，中立公正，但实际上存在明显的政治立场和偏见，对于其中的证据数据必须谨慎使用才行。作者不去引用伊朗国内材料而是单方面引用这些公开的智库报告，更没有看到伊朗革命卫队对伊朗现行政治体制和地区安全环境所起到的积极作用，而是草率地得出个人倾向十分明显的价值判断。此外，国内至今还有少数学者对执政40多年的伊朗现行体制的合法性表示怀疑，认为现政权宗教属性是"原教旨主义"，违背政教分离的大势，是一种"倒退行为"等。殊不知这些带有明显价值判断色彩的观点是20世纪80年代到90年代初西方学术界曾经流行的观点，现如今即使在西方学界也已经得到很大的修正了。如果说一个学术新手得出草率结论还情有可原的话，那么从事区域国别研究的学者有这样的认识就说不过去了。如果以诸如此类的观点、结论和判断来指导实践，其危害性就更大了。

在笔者看来，造成这种以结论代研究的现象主要是因为研究者缺少必要的"同情式理解"（sympathetic understanding）。区域国别研究的对象都是域外国家和地区，对研究者来说是"他者"，与"我"相比天然存在历史相对性和文化差距性。怎样才能真正走进"他者"的世界，认识一个真实的"他者"？笔者以为"尊重"是最好的通行证。尊重是一种平等的态度，既不仰视也不俯视，而是平视，能做到换位思考，能在对方的立场、处境、情感上理解对方，这样的理解才能叫同情式理解。同情式理解需要培养，而最有效的培养方式就是深入所研究的对象国和地区做沉浸式的田野调查，亲身观察对象国风土人情和鲜活的生活场景，与对象国各阶层的人打交道以体会他们的真实情感，感受他们的文化、艺术和日常生活的喜怒哀乐。身临其境的田野调查会使调查者产生很多非常特殊的感受，如现场感、真实感、立体感，甚至还有时空穿越感，有过田野调查经验者与无经验者对许多问题的看法迥然不同，前者对问题的看法会更加全面、立体、深刻。笔者注意到，学界那些对区域国别研究越是深入的学者对很多相关问题越不敢轻易下结论，其原因恐怕主要在此。比如少数学者可能是受到西方媒体或者国内某些倾向性比较强的媒体的影响，也认为当今伊朗在国际关系中孤立于世界体系之外，四处为敌，但是所有到过中东乃至伊斯兰国家访学交流的学者则可能拥有完全不同的感受。伊朗在伊斯兰世界的影响力不仅表现在文化、艺术、宗教生活中，也表现在日常社会经济生活中，从迪拜和卡塔尔的艺术博物馆收藏，到伊朗传统节日诺鲁兹在中东、中亚和南亚十几个国家被共同欢度，从伊拉克卡尔巴拉和拉贾夫两个小城市的什叶派伊玛目陵墓的伊朗门卫，再到阿塞拜疆和格鲁吉亚建筑工地大量使用的钢筋和水泥，都说明伊朗具有广泛的影响力。2016 年 6 月，笔者与国内几名学者受邀到德黑兰参加霍梅尼逝世 27 周年纪念会，印象中除了沙特阿拉伯的学者外，共有 40 多个伊斯兰国家和非伊斯兰国家的学者参会。笔者利用会议空余时间与尼日利亚、亚美尼亚和塞尔维亚等国的学者交流，真切地感受到这些学者对伊朗历史和现状的了解和认可，感受到伊朗的国际影响力。在重视对象国语言和田野调查这一问题上，必须承认欧美学者乃至日本学者已经为我们树立很好的榜样，像研究伊朗艺术史的美国学者亚瑟·波普、研究中国改革开放和邓小平的美国学者傅高义、研究一战后奥斯曼土耳其帝国政治思潮的日本学者山内昌之等，都非常值得我们学习。学术乃天下之公器，学者理应秉持公允平实之心，遵从论从史出、根据事实做判断、从事实判断到价值判断的基本规范。笔者认为，同情式理解是区域国别研究学者必须培养的基本素质，也是保证学术研究成果质量和水平的基本要求，带着这样的素养和要求去对象国或地区做沉浸式田野调查，才是区域国别研究方法论上的正道。田野调查的基本功课做不足，区域国别研究很难走深、走远、走实，因为它是培养同情式理解进而克服以价值判断取代事实判断这一不良倾向的最有效手段，没有之一。

两轮欧盟项目与中国欧洲研究

严双伍[*]

近年来，随着"一带一路"的推进和国家有关政策的支持，区域国别研究在中国发展迅速，成为我国人文社科领域研究的新亮点。回溯既往，中国先贤自晚清开始睁眼看世界；民国时期，官方和当时的学界主要聚焦于美欧；1949年之后，我们则以苏联为师；改革开放后，我国的人文社会科学才重新关注和研究美欧。出于多种原因，当时我们对国外的研究主要是国别研究，集中在一些大国如美国、苏联（俄罗斯）、日本、英国、法国等，而区域研究基本上是缺失的。严格说来，中国区域研究的开启可能源于20世纪90年代。在世纪之交的10多年内，欧盟对华连续资助了两轮欧洲（欧盟）研究项目。正是这两轮项

* 严双伍，武汉大学政治与公共管理学院教授，中国领土主权与海洋权益协同创新中心研究员，博士生导师。

目的实施，有力地推动了中国的欧洲研究，使我们的欧洲研究水平有了大幅度的提升。

第一轮欧盟项目——中国－欧盟高等教育合作项目（EU-China Higher Education Cooperation Programme，1997－2001）。冷战的结束使欧洲的地缘政治环境发生了根本性的变化，当时的欧洲政治精英充满自信，普遍认为苏联解体给欧洲带来了空前的发展机遇。在创建欧洲经济货币联盟和欧洲政治联盟之后，便急欲扩大自身在世界的影响，使自己获得更多的认同。由此，正在积极推行改革开放的发展中大国——中国，就自然而然地成为欧盟关注的重要对象。当时中欧关系发展良好，但欧盟并不满足于此，期望中国扩大和加深对欧盟的了解，提升中国对欧盟的认知度。1996 年 5 月，当时的中国对外贸易经济合作部副部长孙振宇、欧盟委员会副主席布里坦分别代表中欧双方，签署了"中国－欧盟高等教育合作项目"协议及其议定书。项目旨在提高中国学者对欧洲（欧盟）的研究兴趣，促进中国对欧盟的认知和理解，提升中国的欧洲（欧盟）研究水平，进而推动中欧双方在高等教育领域的全面合作。协议规定欧盟为该项目资助 975 万欧元（按当时汇率计算，为人民币 1 亿多元），中方则配套投入相关的人力和实物，以保障项目的顺利执行。

根据双方商议，分别在瑞典隆德大学和中国人民大学设立项目管理办公室，隆德办公室主要负责项目的财务事宜，中国人民大学项目办公室主要负责项目的运行。在中国人民大学项目办公室，设立欧方主任和中方主任各一名。同时设立项目学术委员会，由中欧双方有关领域的专家组成，负责具体项目的遴选和学术活动的指导。中方学术委员会成员有中国社会科学院欧洲研究所所长周弘研究员、复旦大学戴炳然教授、教育部社会科学司科研处处长张保生等。第一轮欧盟项目主要开展了四种类型的学术和教学活动：一是资助中国学者赴欧洲大学和研究机构做访问研究，四年间共遴选了来自中国 18 个省市的 452 位学者，前往欧盟 14 个国家的大学和研究机构访学；二是资助中国专家（或与欧方专家合作）进行有关欧洲问题的研究，四年间共支持了 142 个研究项目；三是资助中国高校进行有关欧洲课程的开发，共批准了 36 个课程开发项目；四是举办有关欧洲问题的讲习班，召开了 36 次国际国内学术会议，以及资助有关研究著作的出版。此外，项目办公室还对当时中国主要的欧洲问题研究中心以及欧洲研究机构提供了设备和图书资料方面的资助（有关该项目的详情参见项目办公室编印的《中国欧盟高等教育合作项目－项目报告》）。

第二轮欧盟项目——中国－欧盟欧洲研究中心项目（2004—2008）（EU-China European Studies Centres Programme，2004－2008）。2001 年 9 月，第一轮欧盟项目总结大会在北京香格里拉酒店举行，无论是欧方还是中方，大家普遍认为该项目取得了成功。正是基于项目的成功，在第一轮项目结束之时，欧方和中方就开始酝酿新的合作项目。欧方认为，第一轮欧盟项目的实施，已经较好地推动了中国的欧洲（欧盟）研究，下一步的任务是致力于中国的欧洲（欧盟）研究的可持续发展。因此，2002 年 4 月，中国对外贸易经济合作部部长石广生和欧盟委员会对外关系委员彭定康在北京共同签署了"中国－欧盟欧洲研究中心项目（2004—2008）"协议。协议规定，欧方为项目提供 1030 万欧元，中方配套 70 万欧元，合计 1100 万欧元。

该项目的宗旨是"更好理解欧洲，更好理解欧盟"以及"中欧共同面向美好的未来"。项目意在支持中国欧洲研究的可持续发展，巩固和加深中国对欧洲（欧盟）问题的理解和认识，提高欧洲（欧盟）在华的政治形象。项目基本任务是"在中国的高等教育体系中促进欧洲研究，在中欧合作的框架里加强中欧高等教育机构的联系和交流"。第二轮项目的管理办公室设在中国社会科学院，欧方主任和中方主任各一人，项目管理办公室负责项目的日常运行。同时设立一个指导委员会负责领导和监督项目的实施，设立一个由中欧双方专家组成的学术委员会为项目提供学术指导，中方学术委员会成员有周弘研究员、戴炳然教授以及曾令良教授（武汉大学）等。第二轮项目的执行分为四个阶段：（1）评估，对参与项目的机构的水平、不足和发展潜力进行分析和评估；（2）以评估结果为基础，各欧洲研究中心拟定发展规划；（3）根据各个中心的发展规划，项目管理办公室提供支持和指导；（4）在项目结束前，建立可持续发展机制，保证各中心此后的发展。具体来说，本轮项目要求在项目框架内，广泛开展中欧高校之间的欧洲（欧盟）研究的交流和合作活动，包括加强中欧高等教育机构之间的合作，发展彼此的伙伴关系；共同开展中欧高校之间有关欧洲研究的教学活动，博士、硕士研究生前往欧洲大学学习，中欧双方学者共同进行有关欧洲问题的研究；推动可持续发展，如推广新的教学模式和方法，建立数据库以及课程开发等；联合举行专题研讨会和学术会议进行学术交流，以及促进对相关学位和证书的认可等。

中国－欧盟欧洲研究中心项目对外公开发布招标书后，中国的10多所大学立即行动起来，不仅有参与第一轮项目的已经建立较早的欧洲研究中心的大学，而且一些具有一定基础条件的大学也纷纷成立欧洲研究中心，积极参与投标。最后，经过项目指导委员会和学术委员会的评估斟选，有15所大学的欧洲研究中心成功中标，被项目管理办公室确定予以资助。考虑到中国幅员辽阔，为使欧洲研究中心布局更为合理，项目管理办公室两次发布"项目建议征集"，帮助建立了丝绸之路欧洲研究联合中心和南京大学欧洲研究中心，前者由西安交通大学、兰州大学、西北大学和新疆大学的欧洲研究中心共同组成。根据各个欧洲研究中心的具体条件和基础情况，项目管理办公室、指导委员会经过讨论，把17个欧洲研究中心划分为三种不同的类型。第一种类型是研究团队很强，研究基础、研究条件很好，研究成果较多，与欧盟大学的合作关系比较密切的欧洲研究中心，给予重点资助，每个中心资助额度为50—60万欧元。该类型的欧洲研究中心共有五家，即中国社会科学院欧洲研究所，以及北京大学、中国人民大学、复旦大学和武汉大学的欧洲（问题）研究中心。第二种类型是研究基础、研究水平、建设状况较好的欧洲研究中心，每个中心资助额度为30万—40万欧元。第三种类型是基础和条件相对较弱一点，每个中心资助额度为20万欧元左右。前15个中心共资助了600多万欧元，后征集建立的两个中心资助了90万欧元。另外，在中国社会科学院和复旦大学建立了两个欧洲研究图书资料库。在第二轮欧盟项目的资助下，221位中国学者赴欧访学，170

名博士、硕士研究生前往欧洲大学学习，231 位合作伙伴单位的欧洲学者来华讲学或授课。此外，举办了 20 次国际学术会议和 80 多次学术研讨会，出版了 55 部欧洲研究的学术著作，发表了数百篇学术论文。

第二轮项目与第一轮项目比较起来，在要求和运作方面存在一定的不同。首先，第一轮项目是参与其中的各个大学的学者个人自主申报并自己选定申报类别，而第二轮项目则是各个学校以欧洲研究中心的机构名义集体投标。其次，第二轮项目要求各投标单位必须具有三个欧盟大学作为合作伙伴。最后，第一轮项目的财务事项由欧方负责管理，而第二轮项目的财务事项则由各个欧洲研究中心所在的大学管理。

世纪之交两轮欧盟项目的实施，给中国的欧洲研究带来了多方面的深刻影响，最直接的效果是，在短时间内极大地推动了中国欧洲研究的发展。

第一，它吸引了许多中国高校教师积极投入欧洲研究，形成了中国学术界研究欧洲的热潮。20 世纪末的中国财力，与今天相比差异甚大。笔者清楚记得当时教育部官员所言，这是中华人民共和国成立以来，我国人文社科领域资助额度最大的项目。当时，中国政府能够支持人文社科研究的经费还是很有限的，欧盟项目的推出，一下子吸引了许多中国高校社科教师转向欧洲研究，由此形成了中国欧洲研究的学术队伍和学术梯队。尤其值得肯定的是，欧盟项目界定的"欧洲问题研究"是指"与欧洲联盟有关的社会科学、应用人文科学、法学、历史学、经济学和政治学"研究，所以该项目极大地改变了中国学术界过去长期单一学科各自分散研究的状况，出现了多学科的综合研究。

第二，相当程度上推动了中国欧洲研究的可持续发展。在该项目推动下建立的一批欧洲研究中心，虽然今天有的已经实际停顿了，但有些不仅坚守了下来，而且积极活跃在欧洲研究的前沿，突出的如中国人民大学欧洲问题研究中心、复旦大学欧洲问题研究中心、四川大学欧洲问题研究中心等。参与两轮欧盟项目的一大批学人（包括研究生），今天虽然有部分人已经退休，但其中相当数量的人成为现在中国欧洲研究的领军人物和主要力量。今天中国欧洲学会的主要骨干，有不少就是当年参与欧盟项目的人。特别是该项目所推动建立起来的中欧高校之间的合作交流关系，在长时间内发挥着积极的作用。

第三，在项目带动下国内学术界相继产出了一大批欧洲研究的学术成果，出版了一系列高水平的研究著作，发表了大量学术论文，把中国的欧洲研究提高到了一个崭新的水平。20多年来国内有关欧洲问题研究的学术成果，相当部分是在两轮欧盟项目的直接或间接影响下面世的。两轮欧盟项目，使中国的欧洲研究开始紧跟国际学术前沿，聚焦于重大问题，同时基本达到了国际研究的水平，例如在项目实施过程中，国内学界对欧盟共同外交和安全政策、欧盟宪法条约、欧盟治理的研究，以及后来的欧债危机、难民危机、英国脱欧等重大问题的研究。

作为两轮欧盟项目的参与者和受益者，回顾这一中欧学术交流史上的幸事，笔者能有机会和国内外同行一起共事合作，深感教益良多，值得记忆。

联系此次笔谈的主题，中国的欧洲研究对东南亚研究有何参考？窃以为有以下几点。第一，深入开展东南亚研究要有一个明确的牵头单位。目前高校纷纷建立起不少的东南亚研究机构，但从全国来看，急需一个高效的协调指导单位。两轮欧盟项目设有专门的管理办公室，其后，中国社会科学院欧洲研究所和欧洲学会承担了指导协调职能，但目前我国东南亚研究还缺乏明确的指导协调机构。第二，东南亚研究与欧洲研究一样，存在两个层次，即联盟层次和成员国层次，而且东盟的一体化程度低于欧盟。这一状况，要求东南亚研究必须将两个层次的研究有效地结合起来进行。第三，全国东南亚研究的各个单位和机构，既需要相互密切合作，又需要各有侧重，形成合理的分工。中国的欧洲研究已经形成了良好的布局与分工，如中国人民大学欧洲问题研究中心侧重欧盟的政治研究，复旦大学欧洲问题研究中心侧重欧盟的经济研究，武汉大学欧洲问题研究中心侧重欧盟的法律研究，等等。目前东南亚研究机构虽然在不同国家方面呈现分工，但研究领域的分工布局似乎尚未形成。总之，从未来发展看，上述几点应该予以重视。

要重视和加强对东南亚法的研究

吴　卡*

近年来，随着区域国别研究成为显学，对与中国一衣带水的东南亚地区的研究也日益受到重视，华南师范大学等高校正在建设"东南亚学"特色交叉学科。东南亚法学是东南亚学的重要组成部分，开展东南亚法研究应是推进东南亚学建设的重要内容之一。笔者长期从事非洲法研究工作，并多次赴南非、肯尼亚、坦桑尼亚、埃塞俄比亚、纳米比亚等非洲国家开展学术交流和实地考察。东南亚法研究与非洲法研究同为区域国别法研究，因此二者有诸多共通之处。借这次笔谈机会，笔者从自身开展非洲法研究的感想和经验出发，就东南亚法研究提一些粗浅的想法，希望有一定的启示意义和推动作用。

一　为什么要开展东南亚法研究

从东南亚法的研究现状来看，无论是国别法研究还是东盟组织法研究，不仅落后于欧美法研究，甚至也落后于非洲法研究。

这种情况亟须改变。为什么这么说呢？有两方面原因。一方面，东南亚法研究在东南亚研究中具有基础性地位。法律是治国之重器，法治是治国理政的基本方式，东南亚国家在实践中如何推进法治建设来实现治国理政目标？法治在国际合作中具有先行作用，我国与东南亚国家合作如何更好运行在法治轨道上以行稳致远？这两大主题，即"当代东南亚之法律发展"和"中国与东南亚合作之法律问题"，不仅交织互融，而且都是东南亚研究绕不过去的重大问题。当前，我国与东南亚共建"一带一路"以构筑更紧密命运共同体正不断向纵深发展，重视和加强对这两大主题的研究是国内法学界回应时代之需的必要举措。

---

* 吴卡，浙江师范大学法政学院院长，非洲法律与社会发展研究中心主任，教授，博士生导师。

另一方面，开展东南亚法研究，在学术和实践层面，都具有重要意义。就学术意义而言，开展东南亚法研究，有助于拓展中国法学的学术视野，增加中国域外法律知识，加强与东南亚各国在法治领域的交流互鉴，从而加快构建支撑、解释和服务中国与东南亚命运共同体的双方共建共享共通的知识体系。就实践意义来说，开展东南亚法研究，可加快与东南亚合作法律信息的畅通，有助于双方间形成以法治为核心的营商环境；可提供及时、准确、有效的当地法律信息，有助于防控经贸投资领域的法律风险与纠纷；可推动中国法治经验向东南亚国家和地区的传导，并促进国际法治发展。

二 如何开展东南亚法研究

那么，怎么开展东南亚法研究呢？作为非洲法学者，笔者认为我国非洲法研究的经验教训值得借鉴吸取。我国非洲法研究已历经20余年，但总体而言还处于艰难爬坡阶段，尚存在几个明显短板：一是研究机构和人员偏少，成规模、成气候的研究团队则更少；二是研究成果偏少，非洲国别法与非洲区域组织法等研究成果更是缺乏；三是国内协同、中外协同尤其是中非协同研究较少，国内外高校有组织的科研力量极其薄弱；四是研究成果的影响力尤其是国际影响力偏小。总之，相较于非洲在政治、经济与外交等方面对我国的重要性，我国的非洲法研究现状与之极不相称，还远远不够。

造成上述短板不是偶然的，而有深刻的历史与现实原因：一是非洲大陆遭遇了很长的被殖民历史，导致西方法律与非洲本土习惯法、伊斯兰教法等法律混合交错，被称为"世界法律的万花筒"，研究起来相对困难；二是与英法等国在非洲的长期存在相比，我国对非洲总体而言是一个后来者，对非洲法等领域的研究则更晚；三是非洲作为发展中国家最集中的大陆，生活、工作、学习条件相对艰苦，且距离遥远，导致不少学者学生将去非洲视为畏途；四是有关区域国别学的核心期刊少，而在传统刊物上发表非洲法论文较难。

我国开展东南亚法研究在时间上比非洲法研究更晚，因此上述非洲法研究的各项短板也都存在，甚至更为严重，其成因也有相似的地方，如当地法律的复杂性、研究意愿不足、研究不便利、研究成果落地难等。

鉴于此，笔者认为，要推进东南亚法研究，应首先设定一个合理可行的研究目标，进而厘清研究的思路，把握研究的原则，然后在研究机构与团队建设、研究内容开展、研究方式创新和人才培养等方面持续发力。

一是研究目标。这有学术与实践两个方面。其一，学术目标是，通过积极创造条件，持续增加投入，扭转不能、不愿、不敢开展东南亚法研究的状况，加快形成东南亚法研究的国内外协同创新团队，夯实东南亚法研究的理论基础，拓展我国法学界对东南亚法的认知，在此基础上构建起我国的东南亚法学术体系，提升和扩展我国东南亚法学术话语权和影响力。其二，实践目标是，产出真实可靠、切合实需的东南亚法翻译和研究成果，对东南亚合作法律信息保持基本通畅，使东南亚法治化营商环境得到显著优化，我国企业预防和解决对东南亚经贸投资法律风险与争议的能力得到提升，我国与东南亚官方和民间的法律交流合作实现常态化，双方以法治为核心的治国理政经验的交流互鉴得以广泛深入开展。

二是研究思路。以"当代东南亚之法律发展"和"中国与东南亚合作之法律问题"两大研究主题为导向，以学术与实践两方面预期目标为引领，坚持国际化、协同化和交叉性等原则。首先，有组织地开展对东南亚法的翻译工作。其次，在此基础上采用社会调查、历史分析、比较研究、跨学科研究等多元研究方法，逐步深入开展研究。最后，可加强东南亚法的数据库建设。

三是研究原则。其一，国际化与协同化相支持原则。组建由中外尤其是我国与东南亚的法学学者为主体、其他领域学者为补充的国际化研究团队，对东南亚法开展协同创新研究。其二，基础性与前沿性相结合原则。聚焦上述两大研究主题，前者主要就东南亚国家和东盟组织法律的历史沿革、当代发展及治国理政效能等基础性问题进行研究，后者重点对我国与东南亚合作尤其是经贸合作中的前沿法律问题进行研究。其三，理论性与应用性相促进原则。就"当代东南亚法律之发展"而言，需要对东南亚法律开展系统化的翻译与研究，因此以理论研究为主；就"中国与东南亚合作之法律问题"而言，需在翻译与研究的基础上，具体对我国与东南亚关系中的法律问题进行调研分析并提出建议，因此以应用研究为主。其四，专业性与交叉性相协调原则。开展东南亚法研究，不能脱离东南亚特殊的政治、经济、文化、传统、历史等因素以及我国与东南亚之间独特的政治、外交、经济等各领域合作关系，因此开展跨学科研究实属必要。

四是研究机构和团队建设。我国有条件的高校可根据实际能力和需要，自行设立东南亚法研究机构，打造东南亚法研究团队。设立研究机构可采用两种形式：一是学术机构；二是实务机构。这两种机构虽然功能上各有侧重，但总体上都应兼具科学研究和社会服务功能。东南亚法研究机构和团队建设，首先可吸纳国内从事法学研究的人员参加。其次，鉴于东南亚法研究的跨学科性，还可以吸收其他领域的中外研究人员，这不仅有助于开展中外协同研究，而且有利于形成跨学科研究的特色与优势。再次，开展东南亚法研究，不能没有来自我国涉东南亚法律问题实务部门的参与。我国驻东南亚使领馆、中资企业、律所等，是开展东南亚法研究的"一流人脉"和"一线资源"，可为我国东南亚法研究提供必要的课题、案例和资料，从而使我国的东南亚法研究更"接地气"，更具实用性。最后，东南亚法研究团队要加快"走出去"步伐，积极赴东南亚国家开展学术交流和实地调研。

五是研究内容。围绕两大主题，东南亚法研究可具体开展以下工作。首先，东南亚国家和东盟组织法律文本的翻译，这是基础性工作。其次，东南亚法律发展和我国与东南亚法律比较研究：（1）对东南亚法进行历时性研究，考察其产生、发展与规律；（2）对东南亚法进行共时性研究，比较研究东南亚各国不同的法律制度，分析它们的性质、特点及相互关系；（3）我国与东南亚法律比较研究，找出差异，并提出协调方案，从而构建我国与东南亚法律协调机制。再次，我国与东南亚关系中的法律问题研究：（1）重点研究双方经贸关系法律；（2）研究其他合作领域中的法律问题，如政治、外交、军事、科技、人文等领域；（3）研究第三方尤其是美国介入双方合作关系所涉法律问题。最后，分国家、分领域、分主题地开展东南亚法数据库建设。该数据库不仅储存并及时更新法律文本及其译文，而且附以相应介绍或解释。鉴于东南亚国家及其法律数量众多，且数据库建设需要长期、持续、大量投入，所以这无疑将是一项长期工作。

六是研究方式。一方面，采用国际化和协同化方式，在中外尤其是我国与东南亚国家间开展协同研究。另一方面，把理论研究与应用研究结合起来，既"下马观花"，对东南亚国家和东盟组织的法律文本进行精准且成体系的翻译与研究；又"驻马种花"，深入东南亚一线进行调研，取得一手资料。为此，可由我国驻东南亚国家使馆或中资企业提供必要的协助，并与东南亚高校开展协同研究。为形成研究特色与优势，在方法上还可融合领域学、区域学、国别学和专题学，并结合东南亚独特的政治、经济、文化、传统和历史等开展跨学科交叉研究。

最后，再简单谈谈东南亚法人才培养问题。目前，我国东南亚法人才的数量还很少，这对东南亚法研究可持续性和成果应用造成了严重制约。对此，一要以语言为基，突出东南亚语言在人才培养中的地位，加大我国高校对相关东南亚国家小语种人才的培养，为此可在"外语＋"跨学科人才培养体系中专门开设相应语言课程。二要以学术为根，夯实学术研究的育人基础。为此可推动上述两大主题的协同研究，在夯实学术研究基础上提升东南亚法人才培养的整体能力。三要以应用为重，多方参与推进人才共育共享。推动我国高校与涉东南亚组织和机构的互补合作，提升以实践应用为导向的协同育人效果。四要以传播为继，增强人才国际传播力与影响力。为此可开展"东南亚法＋传播学"复合型人才培养，重点培养一批讲政治、业务精、外语好、懂传播的法官、律师和学者，在东南亚讲好中国法治故事。

区域国别视域下东南亚研究需要系统谋划的几个问题

陈利君*

近年来，随着中国开放的大门越开越大，区域国别研究全面兴起，且取得了丰硕成果。这对于深化国际问题研究、推动区域国别合作、促进民心相通、参与全球治理、发出中国声音、促进互利共赢与共同发展等发挥了十分重要的作用，但区域国别研究面临的困难与挑战也是多方面的，还需要更系统的研究和谋划。东南亚学作为区域国别研究的重要方向，由于此处位于我国周边，地理位置临近，华人华侨众多，与我国合作交流悠久且频繁，国内对其情况相对了解和熟悉，国内的研究机构、研究人员、研究成果都相对较多，为我国面向东南亚的开放做出了积极贡献。但从国家设立区域国别学一级学科的要求看，也存在不少问题需要共同努力克服和解决，才能更好地推动东南亚研究可持续发展和学科体系走向成熟。

当前，我国东南亚研究与国内区域国别研究其他方向存在的问题大致相同，主要有"四个错位"。一是人才培养与岗位需求的错位。东南亚区域国别研究是针对东南亚、东盟、澜湄等区域或东南亚国家而开展的研究，与传统的国际问题研究虽然有密切关系，但又有较大的不同。过去和现在的主体教育、培训、研究体系除语言外，很少有针对东南亚区域或全覆盖东南亚国家的，专门教材、专业课程少，学科、学位点设置及人才普遍不适应形势发展和国家、社会需求。就是语言的学习教育也不均衡，研究力量更是不平衡。但我国与东盟的合作交流早已遍及各个领域、各个角落。这就使我们的教育、培训、研究存在诸多"冷热不均"甚至"空白"的情况，总体呈现"北强南弱""宏观多于微观"的状态，高质量人才供给成为当前东南亚区域国别研究的最大制约因素，不少单位的东南亚区域国别研究机构还处于到处"挖人"甚至

---

* 陈利君，云南省社会科学院、中国（昆明）南亚东南亚研究院副院长、研究员。

"拼凑"科研人员的状况。这很难适应学科建设以及国家和社会的需求。二是研究内容与可操作性的错位。传统国际问题的研究十分重视宏观总体问题的把握,体现了国际大视野,战略性、全面性、整体性、广泛性、规范性较高,但深度、及时性、应用性不足。其研究内容往往重视一般、普遍的大问题,比较学术化和抽象化,忽视了对东南亚区域国别具体情况的把握,这使许多研究没有抓住问题的关键、本质、重点和要害,也难以动态把握东南亚区域国别的最新动向。当前,虽然东南亚研究正在克服这些短板,产生了一批名家,但主要成果从国家、企业、社会的现实和长远利益出发,提出可供决策参考的、有针对性和可操作性的决策咨询建议的仍然不多。三是研究成果与服务对象的错位。开展区域国别研究的一个重要目的是服务国家发展战略和地方党政部门、企业的决策,或丰富、深化社会、民众对区域国别的了解,从而做出正确的认知和选择。但东南亚形势错综复杂,深入了解、准确掌握并不容易,再加上传统注重理论研究或学术探讨的方法,其成果很难满足服务对象的需求。四是研究机构与学科建设的错位。东南亚区域问题多,国别也多,需要统筹兼顾,区分轻重缓急,突出重点,但高校、科研机构、智库等在设立相关区域国别研究机构时,往往根据各自人员、资源状况而设立,并不太多考虑学科建设和社会需求。由于研究机构布局不合理,研究资源分散,有的扎堆研究,低水平重复明显,而一些国家、地方、企业、民众需要的却没人或很少研究。这既浪费宝贵的科研、人才资源,影响研究的覆盖面以及研究机构和人员的稳定性,并制约人才的成长,又不能突出重点,影响学术积累、研究水平的提高以及学科体系、知识体系的全面系统化构建。

尽管区域国别研究不能忽视"战略性""综合性""系统性",但重点是"区域性""国别性""深入性""应用性""政策性""服务性",以体现"专"的特点、"新"的思维、"实"的举措、"用"的效果,更好地为决策咨询提供学术支撑。如果区域国别研究不能对某个或某类问题进行深入细致和更为具体的研究探讨,就很难为现实服务。在东南亚区域研究方面,从当前形势看,需要有专人研究中国-东盟自由贸易区、"印太战略"、澜湄合作、中国－中南半岛经济走廊、南海、中国－东盟命运共同体构建等问题，这涉及政治、外交、经济、安全、社会、文化等领域，也涉及中国与之关系以及区域内外关系、合作与竞争、稳定与冲突等问题。在东南亚区域国别研究方面，不仅同样涉及上述这些问题，而且更需要对一国的国情、历史、文化、民族、宗教、政治、经济、外交、环境等问题进行专门研究，有的甚至需要对一国某个地区、某个城市、某个党派、某个部队、某个组织、某个群体、某个产业、某个企业、某个人等进行专门研究。还有的需要跨学科、多手段进行长期跟踪、综合研究、定点观察、随时研判，以防止臆想，减少误读、误解、误判。这使东南亚区域国别研究也还处于"干中学""边干边学"的状态，全国及各地方、单位没有统一固定的模式。目前，各单位主要根据自身情况和对区域国别的了解而进行探索和实践。对于如何加强东南亚区域国别研究，下面结合云南省社会科学院的情况谈一点看法，供交流参考。

（1）强化学科规划引领。学科建设，规划先行。无论是国家、高校、科研机构、智库，还是具体的研究实体和研究人员，都要把规划（计划）放在突出位置。从国家层面出台专门的区域国别研究与发展规划，有利于统筹协调，合理布局，整合资源，培养人才，强化为国家发展战略和总体外交服务的职能。对高校、科研机构、智库来说，有利于贯彻落实国家规划和国家战略，结合自身实际，突出特色优势，生产高质量成果。对具体的研究机构和人员来说，有利于明确目标，突出重点，持之以恒开展研究，积累专业资料、知识和成果。云南省社会科学院不仅从院层面制定了南亚东南亚研究与发展规划，明确了研究东南亚的目标、重点、任务、措施等，而且各研究所（中心）也做了部门规划，明确各自的重点与研究方向。同时，科研人员也需明确自己的定位和研究方向。

（2）设立实体研究机构。区域国别研究需要实体性研究机构做支撑，才能稳定经费投入，稳定队伍，稳定研究方向。云南省社会科学院在云南省委、省政府的大力支持下，2006年加挂了"云南省东南亚南亚研究院"的牌子，下设东南亚研究所、南亚研究所。2015 年为贯彻落实习近平总书记考察云南重要讲话精神，云南省委、省政府依托云南省社会科学院成立了中国（昆明）南亚东南亚研究院，除保留原来的东南亚、南亚两个研究所外，新增加了印度研究所、孟加拉国研究所、缅甸研究所、老挝研究所、越南研究所、泰国研究所。同时，将原来由东南亚研究所主办的 1983 年创刊的公开刊物《东南亚》独立出来，专门成立编辑部，并于 2018 年更名为《南亚东南亚研究》，由云南省社会科学院、中国（昆明）南亚东南亚研究院主办。对于国家需要、外方要求的，又没有正式机构编制的，由院成立了巴基斯坦研究中心、柬埔寨研究中心。由此，云南省社会科学院构建了 8 个处级实体研究机构、1 个杂志社、1 个处级管理部门（国际交流中心）以及 2 个非实体研究机构的国际问题机构群。另外，院其他研究机构也可以根据实际情况开展对南亚、东南亚某一领域的研究，以弥补研究力量、研究领域的不足。

（3）服务国家发展战略。区域国别研究的生命力在于实践应用和服务决策，"有为有位"是其显著特点。如果不能准确把握区域国别动向、精准施策、服务国家的研究机构是难以做大做强的，甚至会被淘汰。这要求每个研究人员既掌握国际问题的基础知识、基本理论和研究方法，又强化国际思维、需求导向，从问题入手，多视角、跨学科、多手段进行研究，提出"学以致用"的成果（包括中国智慧、中国方案、中国经验），以更好地服务国家、惠及世界和掌握国际话语权。为此，需要更多长期专注某一区域或国别研究的复合型、专业性人才，培养更多的"国别通""区域通"。同时，要打破部门封锁和认知偏见，加强机构交流、资源整合、人才共用、成果共享，推动区域国别研究、理论与应用研究、智库与学科建设相互促进，以加快区域国别自主知识体系建设。2009 年，云南省委、省政府在云南省社会科学院加挂了"云南智库"的牌子。2018 年，云南省新型智库联盟成立，云南省社会科学院作为理事长单位，牵头负责智库联盟工作。近年来，云南省社会科学院紧紧"围绕中心、服务大局"发布和安排了国家、地方、社会、企业、民众关心的一系列科研项目。这些项目大体可分为基础研究和应用研究两大类，可通过云南省社会科学院、中国（昆明）南亚东南亚研究院、云南省社会科学院青年项目、云南省社会科学院智库项目等渠道申请立项。其研究重点是服务国家和地方党委政府的决策咨询类项目。完成成果主要是"一域一策""一国一策""一事一策"的智库成果。

（4）打造高水平学术平台。平台建设是推动区域国别研究良好发展的基础。这里的平台既包括学术会议、图书、杂志，也包括数据库、成果报送渠道等。云南省社会科学院不仅主办中国－南亚东南亚智库论坛、中缅智库高端论坛以及澜湄、中缅、中老、中柬等区域国别论坛（或学术研讨会），还积极推动和参与中国－东南亚商务论坛、中国（云南）－越北、中国（云南）－老北、中国（云南）－泰北等合作机制或论坛，专门打造了《东南亚报告》蓝皮书（年度报告）、"南亚东南亚研究丛书"等图书平台，编辑发行《南亚东南亚研究》刊物，建设东南亚数据库，并通过专门渠道向相关部门报送研究成果。通过这些学术平台及活动的开展，畅通国际交流渠道，共享研究成果，推进与国内外政府部门、使领馆、高校、智库、社会组织、企业、商学会等机构的合作交流。

（5）深入推进实地调研活动。加强对研究对象的调研是推进区域国别研究走深走实的重要举措。在某种程度上，调研决定了区域国别研究的深度和广度。调研除了到对象国或特定区域组织外，还包括到其他国家的高校、智库调研其开展东南亚区域国别研究的情况。各机构开展调研的途径很多，包括留学、访学、任教、专题调研、共同举办专题会议等，以搜集一手资料。云南省社会科学院专门出台管理办法，积极推进"智库专家南亚东南亚行"活动，以支持出国调研。在新冠疫情暴发前，每年都会安排30多次出访，并常态化推进人员到研究对象国留学、访学、实地调研等，疫情期间也根据情况举办线上线下结合的学术会议。

（6）完善评价、激励制度。区域国别学作为新兴交叉学科，需要建立新的评价、激励制度，才能吸引人才和稳定队伍。由于当前高校、科研机构的成果导向是在核心期刊发表论文、在知名出版社出版著作、争取国家级项目、获得高层次成果奖励等，而区域国别研究往往范围、方向、影响较窄较小，有许多成果还不能公开发表或出版。如果不改变评价、激励制度，大多数科研人员在申请项目、发表论文、出版著作、评奖等方面都处于劣势，从而影响区域国别研究人员的积极性。还会导致扎堆研究最有影响的区域组织、热点国家、热点问题，而不愿研究相对落后、资源少、环境不好的区域国别，或者即使要研究"小国""弱国"也共同追逐热点、主流，而不愿对国家、地方、企业急需了解的问题进行深入研究。云南省社会科学院为解决这些问题，专门修改了科研管理、科研激励、经费管理、人才评价、职称评审等 10 多个办法。科研成果虽看报刊档次及"影响因子"，但更看重进入文件、政策、规划和解决实际问题，以及被"采用""批示"等情况。在课题立项中，发挥特色优势，对不属于南亚、东南亚问题研究范围的项目不予支持或减少支持。在资源分配方面，向区域国别研究倾斜，每个科研所每年都安排一定学科建设经费，并在科研立项、人才引进、成果报送、岗位设置、职称评审等方面大力支持。同时，将智库成果纳入职称评审等评价体系，对决策部门采用、领导批示的高质量成果或领先团队给予特别的激励。

东南亚区域国别学的本体论、认识论与方法论

葛红亮[*]

一 引问

2021 年 12 月，国务院学位委员会下发《博士、硕士学位授予和人才培养学科专业目录（征求意见稿）》，将区域国别学列为交叉学科一级学科。在时间上，这距 2011 年 11 月教育部决定在部分高校和研究机

---

* 葛红亮，广西民族大学东盟学院副院长、研究员。

构建设国别和区域研究培育基地，已经 10 年时间。这 10 年间，从首批教育部区域和国别研究培育基地到后来如雨后春笋一般设立的备案基地，再到国家民委等部门也纷纷设立区域国别研究基地，区域国别研究可以说经历了前所未有的快速发展时期，并在机构与制度建设、人才培养、科学研究、政策咨询与社会服务等方面初步取得了一些进展与成绩。

但与之不相匹配的是，区域国别研究的学科地位不高，这成为严重制约区域国别研究的制度因素。虽然区域国别研究是交叉学科一级学科，但大量的区域国别研究中心或基地更多作为智库而存在，人才培养、科学研究等则依附于政治学、人类学、民族学、法学与教育学等学科。

区域国别研究的依附地位还严重地限制了自身的发展。我国高等教育的一个重要特征就是学科制，这以人才培养为导向，同时也影响着科学研究的开展。学科制是当前高校设置二级学院最重要的依据，这不仅决定着资源的流向，还因其学科边界分明、壁垒森严，让区域国别研究开展跨学科、交叉学科研究和组建团队无从谈起。成果是学科评估的重要指标，区域国别研究的依附属性也让成果归属与成果评价成为难题，成果成了"绣球"，评价却隔行如隔山。区域国别研究的人才培养方面也有难处，例如出身政治学的博士生导师所指导的区域国别研究方向的博士研究生，他们的博士学位论文很可能难以获得外国语言文学一级学科盲审专家的认可。更为重要的是，区域国别研究目前所培养的人才和科学研究成果与国家的需要还存在很大的差距。

在这一形势下，区域国别研究的持续发展显然需要改变其学科依附地位，促使其独立发展。这意味着区域国别研究将能获得更多的资源支持，更能够在学科制的大环境下建立区域国别研究人才培养、科学研究等的学科体系和评价机制。区域国别学被列为交叉学科一级学科显然是一道分水岭，但这同时也要求尽快解决区域国别学学科的建设与发展问题，而这一问题的核心则展现为区域国别学的本体论、认识论和方法论及其统一。笔者长期从事东南亚研究，姑且以东南亚区域国别学为例，谈谈这一问题。

二 东南亚区域国别学的本体论

东南亚区域国别学的本体论是个基本和首要的问题。本体论（Ontology）作为一个哲学范畴，意为关于存在、存在物的学说，这是人类用于理解和把握世界及其事物的一种特有的哲学思维方式、一种理论视野和解释原则。换句话说，本体论被定义为"对存在的研究"，它关注的是"我们研究的是什么样的世界，是存在的本质，是现实的结构"。对于不同的方向来说，本体论也有其不同的含义，这为区域国别学的本体论界定提供了空间。

从本体论来看，区域国别学意为关于区域国别的学说，其研究和关注的是特定的区域国别，而非全球，聚焦相关区域国别的一切存在的本质和现实的结构，旨在构建关于特定区域和国别研究的知识体系，以期促进对特定区域国别的了解与相互了解、文明互鉴。鉴于此，区域国别学的本体研究展现出三个特征，具体如下。

其一是地域性，有明确的地理范围和以具体的区域国别为研究对象。其二是全面、复杂与综合，区域国别研究除了研究特定国家或区域的语言、民族、文化、历史、宗教、政治、经济、社会、外交与安全等人文社会科学内容外，还应该包括该国家或区域的地形地貌、水文、生态、生物科技等与自然科学的有关内容，否则构建一个国家或区域的全面、准确和客观的知识体系将无从谈起。其三是双向性，区域国别研究在以往欧美霸权逻辑下坚持单向性的研究，以区域国别研究服务于维护欧美在全球的霸权地位，但在全球化时代，特别是新兴国家群体性崛起的背景下，区域国别研究已转向双向性，不仅需要系统研究特别的区域或国别，还需要能够架起本体研究者所在国和对象区域或国别相互了解、文明互鉴的桥梁。

区域国别本体研究的地域性和复杂性特征给其二级学科或研究方向的设置增添了不小的难题，除了区域国别学的理论与方法外，不同的区域与国别既存在交叉性的内容，又更多地呈现差异性的区域或国别特点。不仅如此，现有一级学科的二级学科或研究方向既为区域国别学的学科设置提供了启发，也带来了困惑，规避重复和交叉则应成为一个原则。因而，区域国别学的学科设置应依据于其本体论的特点及依照现有学科作为参考系来建立。

东南亚区域国别学是对东南亚区域和国别进行综合、多学科研究的一门学问，旨在建立关于东南亚地区和国家的知识体系。这在内容上包罗万象，包括东南亚地区和国家的政治、经济、社会、历史、文化、民族、宗教、外交与地形地貌等诸多内容，还应该包括世界其他地区或国家与东南亚地区或国家进行往来和文明交流等内容。由此，东南亚区域国别学理所应当包含基础研究和应用研究两个层面，前者有利于建立起东南亚地区和国家的知识体系，而后者则有助于国家之间相互了解、文明互鉴和开展资政咨商。因此，作为区域国别学在东南亚地区和国家的体现，东南亚区域国别学的学科设置与发展，既要考虑到区域国别学的理论与方法，又要突出和反映东南亚区域国别研究的特色及应有的内容。另外，需要指出的是，东南亚区域国别学不等同于"东盟学"，东盟仅作为地区最重要的政府间国际组织，尚不能代表东南亚地区如万花筒般的政治、经济和社会、民族、文化等存在，东南亚区域国别学相比"东盟学"，在本体论研究上要更为宽泛，也更为复杂。

三 东南亚区域国别学的认识论

东南亚区域国别学的认识论是一个基本和关联性的问题，是对本体论的回应，也在根本上决定了方法论，而这首先需要我们掌握的是区域国别学的认识论问题。

"认识论"意指关于知识的学科，以知识的属性、来源和范畴等问题为研究对象，而在现代人文与社会科学领域，"认识论"主要聚焦于在人类文化与物质世界之间相互认知关系的问题。也即，认识论与本体论相联系，关注的是认识本体的过程，回答的是如何认识本体及存在哪些认识方式的问题。鉴于此，在哲学上，本体与客体间的关系是认识论的核心命题之一。对于这一命题，马克思的哲学革命将认识论引向一个全新的科学方向，将"感性"和"实践"引入认识论，人认识和改造世界的过程是感性生产的过程，感性是理解现实世界的经验起点，而实践是认识论的首要原则，人应该在实践中证明自己思维具有客观真理性。同时，马克思主义认识论还强调生产力与生产关系、经济基础与上层建筑、社会存在与社会意识之间的辩证把握，而这对于人文社会科学来说，认知主体与本体间就存在双向互动性、能动性及辩证性。

区域国别研究素来被称为大国的需要，而这也从一开始就决定了西方区域国别研究的认识论。西方的区域国别研究出于殖民扩张和殖民统治的需要，"东方学""埃及学"则是早期西方区域国别学的代表，而到二战后，美国的区域国别研究成为彼时的代表，但没有改变的依旧是在全世界范围内确立美国文明的主导性地位和霸权性解释话语，一来根据美国国家利益及需求来确定研究与资助选题，二来重视美国文明史在区域国别研究中的地位。由此，欧美"西方中心主义"，也即从欧美国家需要来研究其他区域或国家，曾长期主导着区域国别研究的发展，而这是以研究者为中心的认识论，在相当长时期内促使研究对象实际上陷入了失语状态。这深远地影响了区域国别研究本身的发展，中心地区衰微势必将导致区域国别研究衰微，还深刻影响了全球对非洲、东南亚等地区和国家的认知和持续研究，而这一点甚而到今天还难以完全消除。

与"西方中心主义"相对应，"非洲中心主义""亚洲中心论"等相继出现，前者希望建立一种聚焦于非洲人民能动性的理论视角，而后者则以亚洲人民为主体视角来看待亚洲现象。这在认识论上以研究对象为中心，但也忽视了研究者和研究对象之间的互动与能动关系。

诚然，区域国别研究有其经验性和在地性，研究者深入对象区域或国家开展深入的实地考察与田野体验并在其中获取第一手的知识对于区域国别研究来说极其重要，但在研究者视角和田野体验之外，区域国别研究还需要从体验中跳出来。也只有这样，区域国别研究的研究者和研究对象才可能有良好的双向互动和能动作用，真正做到和实现跨文化的学习、阐释与研究，站在研究者的立场或研究对象的角度来开展区域国别研究都可能带来认知的偏见和不足。显然，这为我们开展东南亚区域国别研究在认识论上提供了启示，中国东南亚区域国别研究或区域国别学的发展绝不是以中国为视角对东南亚地区和国家的想象，也不能纯粹地陷入在地化的体验，更不能简单地沉浸在西方对东南亚区域国别研究的既有知识中，架起一道中国和东南亚地区或国家在区域化和全球化时代相互认知、相互了解与文明互鉴的桥梁应成为中国东南亚区域国别学的认识论原则。

四　东南亚区域国别学的方法论

东南亚区域国别学的方法论是一个基本和关键的问题，在逻辑上与东南亚区域国别学本体论、认识论相统一。东南亚区域国别学本体论告诉我们何为东南亚区域国别学的问题，东南亚区域国别学认识论决定了我们发展怎样的东南亚区域国别研究，而东南亚区域国别学方法论则直接告诉我们应该怎样开展和推动东南亚区域国别研究的发展。

如何认识与改造世界的理论即方法论，旨在认识世界、改造世界和探索实现主客观世界相一致，但在具体的学科下，有其具体的科学方法论。从方法论的角度，我们质疑欧美区域国别研究的"西方中心主义"的同时，却不能忽视欧美区域国别研究给我们带来的方法论启示。这些启示包括：（1）重视语言教学和跨学科研究，语言技巧被视为基础，以单一学科为中心的研究传统被打破，大学与政府机构、非政府组织的合作得到重视；（2）重视课程设置和构建成熟的区域国别研究人才培养模式，语言课程成为先决条件，区域国别政治、历史、经济与文化等成为选项和需要融会贯通；（3）高度重视数据库建设及其全面化和特色化。同时，中国早期区域国别研究也得到了关注，而在古代丝绸之路开辟与兴盛发展过程中，张骞、康泰、朱应和法显、玄奘、赵汝适等通过出使、来往给我们带回了对沿线各地区与国家的最早的历史、文化与地理知识，魏源、黄遵宪等则成为近代中国研究区域和国别的重要代表，他们的著作更为系统，也即，在地化的体验和实地考察成为中国早期区域国别研究重要方法。可以说，正是这两方面构成了我国区域国别学建设与发展的方法论源泉。以东南亚区域国别学的建立与发展为例，其在方法论层面至少应注意如下几点。

首先，是要解决培养什么样的人才和怎样培养人才的问题。人才培养是学科建设的重中之重，区域国别学的人才培养针对区域国别研究的人才需求，他们不仅要有广博的地区知识，也要有精深的专业知识，在语言沟通方面也不应存在障碍。因此，语言教学和跨学科专业课程的学习应该得到重视。东南亚地区素来被称为语言的宝库，除了通行的英语外，还有越南语、他加禄语等七种非通用语种；同时，东南亚地区又被视为是民族、宗教与文化的万花筒，地区内国家的政治制度、经济发展水平等又千差万别。显然，这为东南亚区域国别研究人才培养带来了巨大的挑战，同时也意味着"语言 + 专业/技能""专业/技能 + 语言"应成为面向东南亚区域国别研究开展人才培养的路径。当然，同时也要有技能应用型人才和专业研究型人才之分。此外，也需要重视的是，政府部门、企业与非政府组织以及东南亚地区与国家的合作伙伴在人才培养过程中的角色。

其次，是学科交叉与跨学科的维度问题。我国区域国别学的学科发展已经迈开了第一步，但实现中国区域国别学的高质量建设与发展还需要更多的思考。区域国别学学科的建立有其基础，比如法学、外国语言文学和历史学等，但毫无疑问的是，现有学科依旧固守学科方向、学术理论和研究方法等显然已经不再适宜，学科间的主动对话、交叉成为必要，而这不仅将促进学科融合和交叉，而且对形成区域国别学新的研究范式也大有益处。东南亚区域国别学因此对政治学、外国语言文学、法学、人类学、民族学、教育学等均提出更高的要求，而以广西民族大学"东盟学科群"为代表，学科间的对话与交叉势在必行，否则在东南亚区域国别学建设与研究发展中将毫无意义。

再次，是基础数据建设在区域国别学和区域国别研究中不能被忽视。这既是西方区域国别研究带来的启示，也是我国区域国别研究最近10多年发展的重要经验。在这一方面，有全面性的数据库，例如社会科学文献出版社所打造的国别区域与全球治理数据平台（CRGG），也有面向地区、国别或功能行业的特色数据库，诸多高校或政府有关机构，例如暨南大学、广西大学等也在特色数据库方面取得了不小的成绩。虽然如此，基础数据建设显然依旧不能满足区域国别学和区域国别研究的发展需要，国家应以委托的方式发挥好出版社、杂志社与高校、科研机构的作用，在顶层进行基础数据建设，同时加强开源性和避免重复建设。

最后，是建立跨文化的区域国别研究范式。区域国别研究归根到底是在国家和区域实体对象层面研究"人"的学科，以人为核心的整体观要突出人的主体地位，而避免将研究对象实体抽象化、符号化，及注重人文向度与凝聚区域国别研究中的道德理性和价值共识。这就要求区域国别学的建设与区域国别研究的开展在建立跨文化的视野和思维之后，既要勇敢地"走出去"开展在地化研究，又要果断地"跳出来"进行价值判断和学理研究。虽然中国与东南亚陆海相连，文化和民族等方面也有相通相似之处，但这并不意味东南亚区域国别学和区域国别研究的发展就不需要跨文化的思维，在地区化和全球化之下了解东南亚和让东南亚了解中国，以及促使双方能够求同存异、文明互鉴和实现美美与共，构成了跨文化开展东南亚区域国别研究范式的主旨。

多样化的东南亚与比较研究的重要性

范若兰*

比较研究是学术研究的重要方法之一。甚至可以说，比较研究无处不在，大到国家与国家、区域与区域的比较，小到个人与个人、群体与群体的比较，各个学科都要使用比较研究方法。因为只有通过比较，才能揭示研究对象的共性和差异，深入分析其根源和影响，并上升到理论层面。

东南亚地区充满多样性和差异性，为比较研究提供了广阔的空间。

从历史来看，东南亚国家在历史上从来不是统一的国家，殖民地时期的宗主国也不相同，分别为英国（新加坡、马来西亚、文莱、缅

* 范若兰，中山大学国际关系学院、东南亚研究所教授，博士生导师。

甸）、法国（越南、老挝、柬埔寨）、荷兰（印度尼西亚）、西班牙和美国（菲律宾）、葡萄牙（东帝汶），不同的殖民统治深刻影响了东南亚国家的发展。

从政治体制来看，东南亚国家可分为两大类——君主制和共和制。君主制国家又可分为两种：专制君主制和君主立宪制。文莱属专制君主制国家，马来西亚、泰国、柬埔寨（1953—1970 年，1993 年至今）和老挝（1953—1975 年）属于君主立宪制国家。共和制国家可分为三种：总统制、内阁制、议会制。印度尼西亚、菲律宾、缅甸、东帝汶属于总统制，新加坡、缅甸（1948—1962 年）属于内阁制，越南和老挝是议会制。不同政治体制对东南亚国家的发展产生深刻影响。

从经济发展程度来说，东南亚国家可分为三类，有发达国家（新加坡），有发展中国家（马来西亚、泰国、菲律宾、印度尼西亚、越南、柬埔寨、老挝），也有欠发达国家（缅甸）。

从宗教来说，东南亚地区是世界众多宗教的博物馆，它大致可概括为四大宗教文化圈：一是儒教文化圈；二是上座部佛教文化圈；三是伊斯兰教文化圈；四是天主教文化圈。东南亚不同的宗教文化圈尽管有一个宗教居于主导地位，但它并不是独一的，同时还有其他宗教存在，可称为小宗教文化圈：儒教文化圈内有大乘佛教、道教、伊斯兰教、基督教和民间信仰；上座部佛教文化圈内有大乘佛教、基督教、伊斯兰教和民间信仰；伊斯兰教文化圈内有基督教、印度教、佛教和民间信仰；天主教文化圈内有基督新教、伊斯兰教、佛教和民间信仰。这些不同的文化圈层嵌套在一起，形成"你中有我，我中有你"的局面，愈发突显了这一地区的宗教多样性和联系性。

东南亚地区和国家的多样性，既为比较研究提供了丰富的案例，也喻示必须用比较研究的方法才能深入分析其共性与差别，并揭示其背后的根源。笔者从事东南亚研究多年，深感运用比较研究方法的重要性。

以东南亚女性政治领袖研究为例。"关于政治领导人的研究最终必须是比较研究。"对女性政治领袖的研究同样如此。

20 世纪 80 年代中期以来，东南亚一些国家开始了民主化浪潮，在这一从威权政治向民主转型的过程中，涌现出众多女性领袖：1986年科拉松·阿基诺在民主运动的推动下当选菲律宾历史上第一位女总统；1988年缅甸爆发民主运动，昂山素季成为缅甸民主联盟领导人，经过漫长的民主斗争，终于2016年通过大选上台执政，成为缅甸首位女国务资政；1998年印度尼西亚爆发群众运动，梅加瓦蒂是反对派领袖之一，她领导的民主斗争党在1999年全国大选中获胜，她也在2001年成为印度尼西亚第一位女总统；2001年菲律宾爆发反对埃斯特拉达总统贪污腐败的"人民力量"运动，副总统格洛丽亚·阿罗约成为菲律宾第二位女总统，并连任两届；2011年英拉·西那瓦在大选中获胜成为泰国首位女总理。为什么在男性占据主导地位的父权制社会，女性能掌握最高权力？

通过对东南亚女性领袖的比较研究，可以看到一些共性：她们因为是著名男性政治家的妻女姐妹而对民众有较大的号召力；因为具有非暴力和温顺的女性特质而得到对长期专制统治极度不满的民众的拥戴；因为追求自由和民主，而被视为民主象征。这些使她们能在民主化浪潮中成为领袖，团结反对派力量，挑战专制统治，并通过大选登上权力顶峰。

除东南亚外，南亚、拉丁美洲、欧洲、大洋洲也涌现出众多女性领袖，如果将东南亚女性领袖与世界其他国家和地区女性领袖进行比较研究，可以深入分析不同类型民主政治和父权制社会对女性领袖上台路径与从政表现的影响，从而更深刻揭示民主发展程度、父权制与女性领袖的关系。世界上的女性领袖大体可分为三种类型，即政治继承者和替代者（Ⅰ型）、局内人或党内攀登者（Ⅱ型）、局外人或社会活动家（Ⅲ型）。三种类型的女性领袖都是通过选举执掌最高权力，但她们具有许多不同特点。其一，三种类型女性领袖家庭背景有较大差异。南亚、东南亚和拉丁美洲女性领袖大都出身政治家族，或是著名政治家的直系亲属；而欧洲和大洋洲女性领袖不是出身政治家族，也不是著名政治家的亲属。其二，三种类型女性领袖的从政路径不同。南亚和东南亚大部分女性领袖在成为首脑之前较少参与政治，有些人在成为首脑之前有较长从政经历，但不是从基层做起，而是很快成为政党主席、国会议员或内阁部长，起点很高，升迁很快。而欧洲和大洋洲的女性领袖从政之路漫长，属于Ⅱ型或Ⅲ型，她们在学生时代就参与政治活动，加入政党，从基层做起，之后竞选议员，担任内阁部长，成为党领袖，最终当选总理（首相）或总统。还有少数人长期从事社会运动，积累名望和经验，然后参与选举，成为总统。其三，三种类型女性领袖与所在国家女性政治参与的关系不同。南亚和东南亚女性领袖频出，但女性政治参与水平并不高，尤其是南亚，女性领袖出现最早，人数也最多，但女议员比例却最低。拉丁美洲女性领袖当政前后女议员比例差别较大，既有阿根廷的38.5%，也有智利的14.2%，还有巴西的8.6%。西欧、大洋洲女性领袖的出现与女性政治参与基本一致，除英国在撒切尔夫人执政时期女议员比例较低外，其他国家在女性领袖任内，女议员比例都在25%以上。而北欧女性领袖伴随着女性较高的政治参与，北欧国家女议员比例早在1997年已跨越了30%的标准量，目前大都接近40%，内阁中的女部长占一半左右。可见，南亚和东南亚女性领袖现象并不意味着女性政治参与的提高，女性领袖现象与家族政治密切相关，而欧洲、大洋洲女性领袖现象则与女性政治参与提高有较大关联。

三种类型女性领袖之所以有上述不同特点和差异，与其所处国家的政治、经济、社会发展水平息息相关，最关键的变量是各国的民主发展水平和父权制式微程度。民主化与父权制形态有一定的正相关性，民主化程度越高，父权制就越式微。自由民主国家通常都是式微父权社会，它所具有的成熟民主机制、高度经济发展、高教育水平、性别平等，极大地冲击了父权制。民主巩固国家通常属于松动父权社会，这些国家的经济和教育发展水平较高，政治民主化取得一定成就。民主转型国家通常属于松动父权社会，威权国家通常也属于松动父权社会，集权国家通常属于牢固父权制社会。

民主发展水平与父权制式微程度成正比，也与女性领袖上台路径密切相关。父权制越顽固，民主发展水平越低，越没可能产生女性领袖。父权制出现松动，民主发展进入民主转型阶段，涌现出不少Ⅰ型女性领袖，民主发展水平达到民主巩固阶段，产生不少Ⅱ型女性领袖。当民主发展水平达到自由民主阶段，父权制也就式微，女性领袖只能出自Ⅱ型、Ⅲ型，杜绝了Ⅰ型的可能。东南亚国家还处于民主转型和父权制松动阶段，产生的女性领袖只能是Ⅰ型。

以笔者多年的研究心得，东南亚的多样性决定了比较研究的重要性。这种重要性体现在以下几个层面：第一层面是扎实的国别研究，这是比较研究的基础；第二层面是东南亚区域内的比较研究，包括不同国家、不同群体、不同组织、不同个人的比较；第三个层面是东南亚与其他区域的比较，如与南亚、拉丁美洲、欧美的比较，既包括国家与国家的比较，也包括区域组织的比较，还包括群体、个人的比较。只有通过不同层面的比较研究，才能深入分析东南亚的相关问题，并提出有启发性的理论命题。

区域国别视角下的"东南亚学"学科建设

赵自勇[*]

摘　要　东南亚研究是区域国别研究的重要分支学科。根据国外的学科发展经验，无论是东南亚研究还是整个区域国别研究，在学科建设中都必须把学术研究放在最优先的位置。各国最流行的区域国别研究机构是跨院系的研究中心、研究所或项目，它们虽然没有自己的专职教师和学生，但可以凭借其组织的学术活动对各院系的教师和学生产生强烈的吸引力。跨院系研究机构不仅最适合推动区域国别研究的发展，而且还能充分发挥促进大学人文社会科学甚至自然科学学科发展的作用，能使区域国别研究体现出跨学科的特性。国外区域国别研究的兴起和发展向来是学术团体、大学和政府部门等机构细致规划的产物，国内在大力推进区域国别研究的过程中，主管机构和各大学需要在吸取国外经验教训的基础上进行科学、细致的规划，只有这样才能使学科发展的目标最终变为现实。

关键词　东南亚研究　区域国别研究　学科建设

---

* 赵自勇，华南师范大学历史文化学院教授。

近几年区域国别研究在国内学术界的热度持续升高，谈论该话题的文章数量呈几何级增长，相关的图书、刊物和机构也纷纷面世。2021年12月国务院学位委员会下发《博士、硕士学位授予和人才培养学科专业目录（征求意见稿）》，首次提出将区域国别学列为交叉学科门类下的一级学科，该方案在2022年9月国务院学位委员会颁布的《研究生教育学科专业目录（2022年）》中被正式确定下来。可以预想今后几年国内学术界对区域国别研究的热情将会进一步高涨。虽然说区域国别学被列为一级学科确实是区域国别研究的发展契机，但它仍只是一种可能性，把可能性变为现实仍有很多工作要做。

区域国别研究作为一种学术研究和人才培养理念与机制，在国外大学里往往具体化为冠以不同地理区域或国别名称（如东亚、东南亚、南亚、中东、东欧、非洲、拉美、中国、美国、俄罗斯等）的分支组织机构，其关系类似于社会科学与政治学、经济学和社会学等分支学科之间的关系。东南亚研究（东南亚学）作为区域国别研究（区域国别学）的重要分支（无论区域国别学一级学科下面的二级学科将来如何设置，根据国内外比较普遍的做法，东南亚学成为一个二级学科应该是没有悬念的），与后者一样也迎来了发展的机遇，但如何改变国内的东南亚研究相对薄弱的局面，绝非赋予独立学科地位就能够轻而易举地得到解决的。本文将结合国外东南亚研究发展的经验，就东南亚学的学科建设谈一些个人想法。由于作者视野的局限，一些说法可能未必合理和可行，只是借此引起国内对东南亚研究和区域国别研究学科建设问题的关注。

一　名称："东南亚研究"还是"东南亚学"？

作为一个学科或者知识领域，应该使用"东南亚研究"还是"东南亚学"称呼，其实无关紧要，只是一个个人或机构的偏好与习惯问题。虽然国内长期比较流行的称呼是"东南亚研究"，但"东南亚学"

并不是近几年才出现的新称呼，二者已经在国内共存了 20 年以上。① 表面上看，"东南亚学"作为一个学科的称呼更为正式，其实只是一种心理作用，在追求形式上的统一，最后的结果就是"区域国别学"（一级学科）→"东南亚学"等（二级学科）→"印度尼西亚学""泰国学""越南学"等（专业方向）这样的学科体系构成。其实把上面的所有"×××学"更换为"×××研究"，不会对学术研究本身造成任何影响，而且在国际学术交流时可能更为方便。②

（一）　"东南亚研究"　似乎更为规范

无论是"东南亚研究"还是"东南亚学"，所对应的英文都是 Southeast Asian Studies，似乎没有通过添加表示"×××学"后缀的英文称呼。查阅国内外出版的英文词典，都可以发现 study 其实就有"学科"这样的释义。③ 这一点儿都不奇怪，因为第二次世界大战之后，西

① 梁志明主编《面向新世纪的中国东南亚学研究：回顾与展望》，香港社会科学出版社，2002。该论文集由 2001 年 11 月在北京大学召开的中国东南亚研究会第六届代表大会暨学术研讨会的会议论文结集而成，论文集的书名以及书内梁志明、张锡镇和杨保筠合写的同名文章内部使用了"东南亚学"，但书内也有其他学者文章的标题使用了"东南亚研究"。2002 年 9 月北京大学成立跨院系的东南亚学研究中心，现挂靠历史学系，而外语学院东南亚系现在则设有东南亚研究所。

② "区域国别研究是一门学问，区域国别学是这门学问的理论体现。"张蕴岭主编《国际区域学概论》，山东大学出版社，2022，总序，第 1 页。按照张蕴岭教授的这一说法，区域国别学和区域国别研究是有区别的。张教授把"区域国别学"作为学科的名称，显然是用社会科学研究的思维方式（张教授是国内国际政治研究的资深学者，所以他理解的"区域"是当代各国讨论国际区域合作时的政治经济和文化概念，而不是国际学术界通常理解的地理概念）思考区域国别研究。作为一个跨学科的研究领域，区域国别研究 99% 以上的工作应该是具体问题的实证研究。

③ 美国梅里亚姆－韦伯斯特公司编著《韦氏大学英语词典》（*Merriam-Webster's Collegiate Dictionary*, eleventh edition），中国大百科全书出版社，2014，第 1239 页。Study 用作名词时，义项 5a 是 "a branch or department of learning：SUBJECT—often used in pl"（指学问的一个分支或一部分，与 subject 同义，常用复数）（第 1243 页），subject 用作名词时，义项 3a 是 "a department of knowledge or learning"（指知识或学问的一部分）（第 356 页），discipline 用作名词时，义项 3 是 "a field of study"（指学问的一个领域）。郑易里、曹成修编《英华大词典》（修订第 3 版），商务印书馆，2000，第 1530 页。Study 用作名词时义项 1 当中有"学问，学业，学科"一组释义。

方大学里的学科构成日益复杂,出现了大量新兴学科,大学系统不断膨胀,组织结构也比战前复杂很多,大量从事地区研究的研究中心、研究所和项目的出现就是这种变化的一部分。随着学术的不断发展,在大学的组织结构里,19世纪现代学科体系形成时出现的带有"×××学"后缀的常规学科在整个学科体系中所占的比重不断下降。其实也不是所有现代学科的创始学科都带有某个表示学科的后缀,如"历史学"(history)其实只是赋予了"历史"新义而已。

从现代学科体系演变的过程来看,"×××学"之类称呼的使用也不体现创新和与时俱进的精神。19世纪开始西方大学里出现了"东方学"名目下的"中国学/汉学"(Sinology)和"印度学"(Indology)这样的学术领域,专门研究亚非地区拥有古老文明的国家与地区的语言、文学和历史等。由于这些术语出现时带有西方中心主义文化背景和研究范围的狭窄,第二次世界大战之后在地区研究兴起的背景下,多数已经被"中国研究"(Chinese Studies)、"印度研究"(Indian Studies)这类名称取代。

总之,"东南亚学"和"东南亚研究"都是Southeast Asian Studies,没有任何实质性的区别,学术界没有必要在学科的称呼上有任何的纠结。由于本文内容是在大量介绍国外大学的学科建设经验,照惯例谈到国外应该使用国外的名称——地区研究和东南亚研究,谈到国内用国内的名称——区域国别研究和东南亚研究,至于区域国别学和东南亚学两个名称下文不再使用,免得造成文字上的混乱。至于本文的篇名中使用的"东南亚学",完全是为了因应国务院学位委员会《研究生教育学科专业目录(2022年)》中的"区域国别学"。

(二)"区域国别学"不如"地区研究"

其实,无论是"区域国别研究"还是"区域国别学",都是指 Area Studies,也就是"地区研究"(也有人翻译为"区域研究")。清华大学国际与地区研究院主办、商务印书馆出版的刊物《区域国别学》英文名称是 Area Studies。北京大学区域国别研究院主办、商务印书馆出版的刊物《区域国别研究学刊》英文名称是 Journal of Area Studies。这表明中文名称里的"学"和"国别"都是说给国内学者听的。

国内学者之所以强调在名称里"区域"和"国别"的同时出现，是对地区研究的学术特质有些误解。地区研究以空间（地区，即地理区域）对知识进行分类，是与传统上通过研究对象的性质划分学科不同的知识分类方法。用一个形象的比喻，把全部的知识看作一整块豆腐，学科就好比是沿着与豆腐长边平行的方向进行分割（竖切），地区研究就是沿着短边平行的方向进行分割（横切）。两种不同知识划分方法的并存，结果就是地区研究天然带有多学科和跨学科的特性，每个学科必然要覆盖所有的地区和国家。

二战后西方兴起地区研究是因为此前大多数学科只研究西方，西方之外的广大亚非拉世界留给了东方学和人类学，地区研究就是把过去研究西方的社会科学方法也运用到西方世界之外，从而形成知识的全世界覆盖。现在我们要大力推进区域国别研究，除了国力增强需要更多地了解世界外，更主要的应该从学术发展的角度考虑，把过去我们没有研究或研究不够的地区纳入研究对象。

地理空间是地区研究最重要的学科标志，所以学科体系建构最合理的依据只能是地理区域的不同。国家只是所在大地理区域下面的次区域而已，有些国家甚至大于其他的地区（如俄罗斯、加拿大、中国和美国都大于南亚、东南亚、西欧），所以在地区研究中，国家也是一个地理区域，一些重要的国家可以被单列，置于同大的地理区域并列的地位。

二 目标：确立学术研究的首要位置

近来学术界关于区域国别研究的讨论中往往较为强调其实用价值也就是智库和咨政的作用，对于它作为大学的一个组成部分本应肩负的人才培养和学术研究这两项基本功能则没有给予应有的重视。

（一）区域国别研究的天职是学术

随着中国国际地位不断提升和国际交往日趋广泛、密切，政府的外交外事部门和涉外企事业机构将需要越来越多的熟悉其他国家或地区的语言、政治经济制度、法律法规、社会文化、历史、自然环境等情况的各类人才,大学因此需要开展越来越多的相关学历和非学历教育与培训,区域国别研究的发展必须要应对这种人才需求的变化。

地区研究作为一个存在于很多世界著名大学的学术领域,往往是给这些大学赚取国际学术声望的重要加分项。以东南亚研究为例,一些国际上在该领域享有盛誉的研究重镇,如康奈尔大学、加州大学伯克利分校、京都大学、澳大利亚国立大学、新加坡国立大学、伦敦大学亚非学院(School of Oriental and African Studies,SOAS)等,都是一些世界著名大学。随着中国国际地位的不断提升,中国的教育包括高等教育如何能够获得相应的国际地位,是学术界和教育主管部门应该关注的问题。不仅提升区域国别研究的学术质量本身具有重要意义,而且作为交叉学科,其发展对于整个人文社会科学甚至自然科学一些学科的发展都有促进作用,所以区域国别研究的学科建设要把学术研究放在优先位置,没有高质量的学术研究,人才培养和咨政恐怕也很难有质量保证。

现代意义上的地区研究诞生于 20 世纪 40—50 年代的美国,对于推动其产生和发展的原因,无论是在美国本土还是在海外,有一个流传甚广的说法,也就是把它与美国的冷战战略和霸权政策联系起来,这种观点强调了地区研究从其诞生起就具有满足政府政策需要的实用主义特性。北京大学的牛可教授深入细致地考察了具体推动地区研究在美国创生的"社会科学研究理事会"(Social Science Research Council,SSRC)的历史,认为地区研究创生过程中,"学术和文化方面的意愿和思虑,比政策效用方面的目标和动机有着更大、更深厚、更突出的存在"。[①]

(二) 卡欣与康奈尔大学的东南亚研究

作为美国甚至世界范围内最重要的东南亚研究学术中心,康奈尔大

---

① 牛可:《美国地区研究创生期的思想史》,《国际政治研究》2016 年第 6 期,第 34 页。关于地区研究在美国的创立,还可参考牛可教授的另一篇论文《地区研究创生史十年:知识构建、学术规划和政治－学术关系》,《北京大学教育评论》2016 年第 1 期。

学东南亚研究学科的发展很好地说明了国际上高质量的地区研究发展必然以学术为中心的特性。康奈尔大学的东南亚研究项目（Southeast Asia Program）① 创立于 1950 年，是继 1947 年成立的耶鲁大学东南亚研究中心之后美国的第二个东南亚研究中心，项目主任劳里斯顿·夏普（Lauriston Sharp）是一位研究泰国问题的人类学家。1951 年乔治·麦科特南·卡欣（George McTurnan Kahin）博士毕业加入康奈尔大学政府系，成为东南亚项目的核心成员，同夏普一起为康奈尔大学的东南亚研究学科建设发挥了关键性作用。卡欣是一位具有爱国主义精神的知识分子，主张用专业知识服务于美国的对外政策。一方面，卡欣与美国政府和国会负责外交事务的机构保持着密切联系，长期为这些机构提供咨询，也曾努力把美国国务院和国防部派驻东南亚的官员吸引到来康奈尔大学接受培训，让他们与那些攻读博士学位的研究生一起学习一到两年，以提高其专业水平。②

　　另一方面，卡欣又长期对美国的东南亚政策，尤其是在 20 世纪 60 年代对越南的外交政策提出批评，反对美国政府以遏制共产主义为由不断加强对越南的干预，主张通过和平谈判的方式解决越南的南北分治问题。1965 年美国扩大对越南的侵略战争之际，卡欣做出预测，美国在越南将付出至少与朝鲜战争一样多的生命代价。③ 为了劝阻美国政府武装干涉越南，长期专注印度尼西亚研究的卡欣开始查阅有关越南历史和现状的资料，除了在各种场合宣讲自己的反战立场外，还与同事约翰·

---

① 从创立至今康奈尔大学的东南亚研究机构一直称作项目。虽然康奈尔大学有一个"乔治·麦科特南·卡欣东南亚高等研究中心"（The George McT. Kahin Center for Advanced Research on Southeast Asia，简称"卡欣中心"），但它只是指位于校园旁边的一栋三层小楼。1992 年康奈尔大学董事会为表彰卡欣对东南亚研究做出的杰出贡献，把该建筑命名为"卡欣中心"，移交给东南亚项目用作教师和研究生办公场所和会议中心，但东南亚项目管理办公室在校园内的 Uris Hall。

② 本尼迪克特·安德森：《椰壳碗外的人生》，徐德林译，上海人民出版社，2018，第 57 页。

③ George McTurnan Kahin, *Southeast Asia: A Testament*, London：Routledge Curzon，2003，p. xv.

刘易斯（John Lewis）撰写《美国在越南》一书，在学术界产生广泛影响。[①] 据说1965年约翰逊总统曾因卡欣等人激烈的反战立场而气急败坏地称之为"野蛮人"（wild men）。[②] 但不得不说，从事情后来的结果来看，卡欣等人站在了正确的一边：美国在越南战场上不仅付出了比朝鲜战场更多的人员伤亡，而且造成了美国整体国力和威望的严重受损。越南战争对于美国来说是一场悲剧，卡欣利用自己的专业知识提出了一种可以避免悲剧发生的替代方案。虽然卡欣有强烈的现实关怀，但康奈尔大学的东南亚研究项目以学术为中心的基本原则没有受到影响。

（三）本尼迪克特·安德森和《想象的共同体》：学术大师成长记

康奈尔大学的东南亚研究在美国甚至世界范围内享有盛誉不仅仅因为这里有优秀的学者进行高质量的学术研究，也在于其遍布全球的优秀毕业生，本尼迪克特·安德森（Benedict Anderson）就是代表之一。1958年英国人安德森开始师从卡欣攻读博士学位，为研究印度尼西亚，学习了印度尼西亚语、荷兰语和爪哇语，1961年到1964年到印尼进行田野调查，直到1967年博士学位论文《青年革命：1945—1946年的印度尼西亚政治》（The Pemuda Revolution：Indonesian Politics，1945 – 1946）通过答辩后留校任教。看似漫长的研究生学习，保证了专业训练的高质量，据安德森本人讲，他可以流利地用印尼语写作，甚至有时还会陷入印尼语的梦境。

1965年10月1日印度尼西亚发生政变，安德森与研究生同学弗雷德·邦内尔（Fred Bunnell）和研究人员鲁思·麦克维（Ruth McVey）

---

① 关于卡欣反对越战的情况，可参阅卡欣 Southeast Asia: A Testament 的第九章"反对越南战争"和 Walter LaFeber 教授为该书撰写的前言。"《美国在越南》一书是一部极具影响力的书，它使美国学术圈逐渐转向反战立场。"伊多·奥伦：《美国和美国的敌人：美国的对手与美国政治学的形成》，唐小松、王义桅译，上海人民出版社，2004，第233页。

② George McTurnan Kahin, Southeast Asia: A Testament, London：Routledge Curzon, 2003, p. xiv.

决定对政变进行分析研究。三人利用图书馆收藏的截止到9月30日的大量印尼报纸和杂志，花费三个月的时间，于1966年1月初完成了一篇长达161页的分析报告。[1] 报告认为政变源自印尼军方的内部冲突，而不是当时苏哈托及其支持者所声称的印尼共产党。报告开始时只是在一些信任的学者内部秘密传阅，但后来还是被外界获得并以"康奈尔文件"之名广为流传。苏哈托大为恼火，从1972年开始直到1998年苏哈托下台，安德森被印度尼西亚禁止入境。也正是由于这份报告，印尼情报机构的报纸曾把康奈尔大学与《华尔街日报》、塔斯社和《人民日报》并列为印尼国家的四个敌人，因为当时它们都批评印尼当局。[2]

安德森和撰写"康奈尔文件"的两个伙伴在1966年创办了一份学术刊物《印度尼西亚》，每年两期一直延续到今天，成为印度尼西亚研究的重要学术刊物。由于从1972年开始无法再入境印度尼西亚，安德森学术研究的方向从印度尼西亚被迫转向泰国。这一迫不得已的研究方向调整竟然给安德森长远的学术发展带来了意外的收获，对此安德森后来在回忆录里都认为是一件幸事。"我亏欠暴君苏哈托将军一种奇怪的恩情……倘若我没有被驱逐，我是不可能撰写出《想象的共同体》的。"[3]

1983年出版的《想象的共同体：民族主义的起源与散布》使安德森的学术影响超出了政治学和东南亚研究的圈子，扩大到社会学、人类学、历史学、比较文学等人文社会科学领域。根据安德森本人的统计，到2007年底为止，《想象的共同体》已经出版了29种语言的版本。[4]安德森关于民族主义的建构主义解释，使他成为该学术流派的代表性人物。2011年安德森因《想象的共同体》被美国社会科学研究理事会授

---

[1] "A Preliminary Analysis of the October 1, 1965 Coup in Indonesia," 1966年1月报告油印了20本，1971年由康奈尔大学东南亚项目公开出版。

[2] 本尼迪克特·安德森：《椰壳碗外的人生》，徐德林译，上海人民出版社，2018，第98—100页。

[3] 本尼迪克特·安德森：《椰壳碗外的人生》，徐德林译，上海人民出版社，2018，第62—63页。

[4] 本尼迪克特·安德森：《想象的共同体：民族主义的起源与散布》（增订版），吴叡人译，上海人民出版社，2011，第204页。

予阿尔伯特·赫希曼奖（The Albert O. Hirschman Prize），这是该机构颁发的最高奖项，自 2007 年设立每两年一届。社会科学研究理事会会长克雷格·卡尔霍恩（Craig Calhoun）这样评价《想象的共同体》："本尼迪克特·安德森的著作彰显了其过人才华，论述内容广泛涉及不同学科，面世后在国际学术界广为流传。该著作清楚地表明，根植于地区研究的思考，可以在理论上对一系列学科产生巨大影响。"①

不仅康奈尔大学培养了安德森这样的优秀人才，二战以后西方国家东南亚研究的发展使该领域的人才辈出。2020 年阿尔伯特·赫希曼奖授予耶鲁大学政治学和人类学家詹姆斯·C. 斯科特（James C. Scott），斯科特和安德森一样也是一位从事东南亚研究的学者。在已经颁发的 7 届赫希曼奖中，有两届的获奖者都是从事东南亚研究的学者，某种程度上可以说安德森和斯科特两位大师级学者的成长与康奈尔大学和耶鲁大学的东南亚研究学术环境有着密切的关系。不仅如此，国外的东南亚研究者甚至整个地区研究领域的学者，都会把本尼迪克特·安德森、詹姆斯·C. 斯科特、克里福德·格尔茨（Clifford Geertz）、安东尼·瑞德（Anthony Reid）等顶尖东南亚学者的名字挂在嘴边，他们在学术上的巨大影响力不仅证明了东南亚研究甚至整个地区研究作为一个学科领域存在的价值，也证明了二战以后美国和其他国家把地区研究的方法和制度引入大学确实对整个学术的发展发挥了积极推动作用。

在中国国际地位和影响力不断提升的背景下，如何提高中国大学的学术水平和在国际学术界的地位，是各级高等教育管理部门、大学和学者必须认真考虑的现实问题。根据国际经验，大力推动区域国别研究，至少对于推动人文社会学科的发展来说无疑是一个有效的办法。在考虑如何在大学内发展区域国别研究的时候，一定要把学术研究放在最重要的位置，学科建设的目标首先是要让我们的学科发展具有国际竞争力。

---

① 美国社会科学研究理事会网站 2011 年阿尔伯特·赫希曼奖授予安德森的相关信息，https://www.ssrc.org/programs/council-initiatives/the-albert-o-hirschman-prize/2011-benedict-anderson/，最后访问时间：2022 年 10 月 11 日。

三 组织机构：国外经验

确立了区域国别研究的发展目标，下一步就是如何发展的问题，其中首先要明确区域国别研究应该以什么样的组织形式出现在大学的体制当中。国内有学者强调区域国别研究机构的实体化，也就是建立拥有经费预算和人员编制的"高校内的实体性二级单位"。[①] 当然，学者对于实体化的形式可能会有不同理解，如何和在多大程度上实体化还处于尝试阶段，我们所理解的实体化是否能够达到推动区域国别研究的发展并充分体现其跨学科特质其实都还无法确定，在中国当前的大学管理和学术评价制度下有多大的可行性也都值得进一步考虑。总之，在区域国别研究的学科建设尚处于探索阶段的情况下，区域国别研究到底应该以什么样的组织机构出现在大学中，其实还是一个需要认真思考的问题。下面将主要以国外的东南亚研究为例，介绍一些比较成熟的区域国别研究组织机构形式和运作方式，希望对国内学科建设能够有参考作用。

（一）美国大学的东南亚（或其他）研究中心、研究所和项目

"地区研究创生运动表现出统一规划和整体推进的鲜明特性，但其结果却是'地区研究'的分散型存在方式……地区研究分支具备了较

---

① 李晨阳明确提出这种建议，并概括出国内已有的两条实体化路径："一是清华大学、北京大学和北京语言大学的模式。这三个大学分别成立了实体性的国际与地区研究院、区域与国别研究院、国别和区域研究院，组建了独立的领导班子，有少量的专职研究人员和行政工作人员，主要研究人员分散在其他学院/研究院，总体上是一个协调机构，负责组织全校的国别与区域研究……二是如厦门大学南洋研究院、浙江师范大学非洲研究院、上海外国语大学中东研究所、广西大学中国-东盟研究院、广西民族大学东盟学院、云南大学缅甸研究院和印度研究院、云南财经大学印度洋研究中心等完全独立的国别或区域研究机构，这些正处级的实体机构有充分的人事权和财权。"李晨阳：《关于新时代中国特色国别与区域研究范式的思考》，《世界经济与政治》2019 年第 10 期，第 150—151 页。

强的组织建制，而整体意义上的‘地区研究’只作为宏观组织理念和疏松智识架构而存在。”① 牛可教授的这段话准确地描绘了美国大学里地区研究在现实中存在的组织结构形式，也就是从事地区研究工作的是冠以东亚、东南亚、南亚、非洲等地区名称的中心、研究所或者项目。当然有些大学也把相邻地区的研究中心合并在一起成立一个机构，例如加州大学伯克利分校的“东南亚研究中心”（Center for Southeast Asia Studies）成立于1960年，是美国大学里成立的第三个东南亚研究机构，1969年与“南亚研究中心”合并为“南亚与东南亚研究中心”，1990年又成为独立的机构，2017年加入“东亚研究所”（Institute of East Asian Studies），成为该所下辖的7个研究中心之一，其他6个中心分别是：中国研究中心、日本研究中心、韩国研究中心、佛教研究中心、丝绸之路研究中心和伯克利OPEC研究中心。

在康奈尔大学，从事东南亚研究的组织机构是“东南亚项目”，它是“马里奥·艾诺迪国际研究中心”（The Mario Einaudi Center for International Studies）下辖的8个研究项目和研究所之一，其他7个机构分别是：南亚项目、东亚项目、比较穆斯林社会项目、拉美与加勒比研究项目、非洲发展研究所、欧洲研究所、和平与冲突研究所。在威斯康星大学麦迪逊分校（University of Wisconsin-Madison），从事东南亚研究的机构是“东南亚研究中心”，是“地区与国际研究所”（Institute for Regional and International Studies）下辖的9个研究中心之一，其他8个中心是：东亚研究中心、南亚研究中心、中东研究项目、非洲研究项目、欧洲研究、俄罗斯东欧和中亚研究中心、拉美加勒比和伊比利亚研究项目、地区与国际研究所国家资源中心（Institute for Regional and International Studies National Resource Center）。

康奈尔大学和威斯康星大学麦迪逊分校作为美国重要的东南亚研究中心，其组织结构比较有代表性，实际上东南亚研究机构与国际研究中心/研究所并没有国内大学管理制度意义上的行政上下级隶属关系，其

---

① 牛可：《美国地区研究创生期的思想史》，《国际政治研究》2016年第6期，第38页。

运作更是独立而不受后者干预。威斯康星大学麦迪逊分校的"地区与国际研究所"在网页上明确表示，其职责就是向下面的 9 个地区研究中心（area studies centers）和文理学院的国际研究专业（International Studies Major）提供协调和行政支持，只是提供信息、技术上的支持和协调作用（provides coordination and administrative support）。① 当然，网页上把 9 个机构都说成是"地区研究中心"是不准确的，准确的说法应该是 8 个地区研究中心和 1 个国际研究中心。同理，康奈尔大学国际研究中心下辖的 8 个中心为 6 个地区研究中心、2 个国际研究中心——比较穆斯林社会项目、和平与冲突研究所。

美国教育部根据法律规定设置有资助海外研究的两个重要项目，即"国家资源中心"（National Resource Centers，NRC）项目和"外语和地区研究奖学金"（Foreign Language and Area Studies Fellowship，FLAS）项目，相关文件中把"国际研究"和"地区研究"进行了区分。在最新一轮（2022—2025 年）资助机构名单中，资助机构按照研究地区分成了 9 个类别：非洲、东亚/亚洲、国际（international）、中东、俄罗斯东欧与欧亚（Russia, Eastern Europe and Eurasia）、南亚、东南亚和太平洋岛屿、西欧/欧洲、西半球（Western Hemisphere，下设加拿大和拉美两个小类）。②

从美国教育部地区研究资助机构名单看，多数机构研究对象的地理覆盖范围与教育部的地区划分标准保持一致。2022 年度获得资助的东南亚研究机构无一例外都是研究"东南亚"的机构：康奈尔大学东南亚项目（NRC + FLAS）、北伊利诺伊大学东南亚研究中心（FLAS）、加州大学伯克利分校东南亚研究中心和加州大学洛杉矶分校东南亚研究中心（联合申报，NRC + FLAS）、夏威夷大学马诺阿分校东南亚研究中心

---

① 威斯康星大学麦迪逊分校地区与国际研究所网页，https://iris.wisc.edu/，最后访问时间：2022 年 10 月 11 日。

② 美国教育部网站国家资源中心项目网页，"（FY 2022 – 2025）List of Grantees and Funding Amounts，"https://www2.ed.gov/programs/iegpsnrc/nrcflas2022grantees.xls，最后访问时间：2022 年 10 月 12 日。

(NRC + FLAS)、华盛顿大学东南亚中心（NRC + FLAS）、威斯康星大学麦迪逊分校东南亚研究中心（NRC + FLAS）。

东亚研究情况则稍有不同，一些大学往往分别成立中国研究中心、日本研究中心和韩国研究中心。这些大学中，有的会同时设有东亚研究中心/研究所，如加州大学伯克利分校；有的则没有，如密西根大学安娜堡分校，2022 年度获得教育部资助的东亚 NRC 就被称作韩国研究中心、日本研究中心和中国研究中心"共同努力的成果"（co-effort）。①哈佛大学的东亚研究是由费正清中国研究中心（Fairbank Center for Chinese Studies）、赖肖尔日本研究所（Reischauer Institute of Japanese Studies）和韩国研究所（Korea Institute）分散进行的，没有覆盖整个东亚的地区研究机构。北美地区更特殊，除美国之外只有加拿大一个国家，所以美国教育部的地区研究资助计划中，过去一直是把加拿大单列为一个类别，虽然从 2022 年开始把加拿大和拉美统一归入"西半球"（Western Hemisphere）类别中，但加拿大仍然是单列的一个小类。东亚研究和加拿大研究能够在国别层次上独立成立相应的机构，是因为所在地区的国家数量较少，其他地区则无法这样操作。

美国大学里从事国际问题和外语的研究与教学活动的国际研究中心或者地区与国际研究中心可以获得"国际"研究类的 NRC 或 FLAS 资助。在 2022 年度的"国际"研究类资助名单中，包括印第安纳大学布鲁明分校（Indiana University-Blooming）汉密尔顿·卢格全球与国际研究院（Hamilton Lugar School of Global and International Studies）的"全球变迁研究中心"和"伊斯兰研究项目"（两个项目分别获得资助）、约翰·霍普金斯大学的"国际研究项目"、斯坦福大学斯坦福全球研究部（Stanford Global Studies Division）的"全球研究实习项目"（Global Studies Internship Program）、匹兹堡大学校级国际研究中心（The University Center for International Studies）的"全球研究中

---

① 密西根大学安娜堡分校国际研究所网页，https://ii. umich. edu/ii/about-us/nrc-title-vi/east-asia-national-resource-center. html，最后访问时间：2022 年 10 月 12 日。

心"、威斯康星大学麦迪逊分校地区与国际研究所的"地区与国际研究所国家资源中心"等 14 家机构。

（二） 美国大学的地区研究管理机构和地区学系

美国的很多大学为了助力国际和地区研究，都成立了"国际/全球研究中心""地区与国际研究中心"这类管理或协调机构，其下面往往会有大量从事国际或地区研究的中心/研究所/项目。威斯康星大学麦迪逊分校"地区与国际研究所"就是这样的管理和协调机构，其下属的 9 个中心/项目中，有 8 个（除了中东研究项目）2022 年度都是教育部资助的"国际资源中心"。斯坦福大学的"斯坦福全球研究部"则包括 14 个中心/项目：东亚研究中心、南亚研究中心、非洲研究中心、拉美研究中心、俄罗斯东欧与欧亚研究中心、欧洲中心、地中海研究项目、法国 – 斯坦福中心、伊朗研究项目、伊斯兰研究项目、犹太研究中心、人权与国际正义中心、国际关系项目、全球研究实习项目。大量从事国际问题研究和地区研究机构的存在，说明这些大学相关研究的繁荣。在 2022 年度获得资助的 98 个 NRC 和 112 个 FLAS 机构中，属于"国际"研究类别的有 11 个 NRC 和 8 个 FLAS，其余 87 个 NRC 和 104 个 FLAS 则都给予了从事地区研究的机构。

在美国大学中，真正进行地区研究的是各类带有东南亚、东亚、非洲、拉美等这类地区名称或者中国、日本、俄罗斯、法国、巴西等国家名称的中心、研究所或者项目，而不是标有"国际/全球研究"或者"地区研究"的机构，当然也不是带有地区甚至地区研究名称的学系（department）。在美国的研究型大学里，往往都有从事语言、宗教和文学等人文科目教学与研究的地区"学系"，它们都有自己的教学科研人员。单就与亚洲有关的学系而言，哈佛大学有"东亚语言与文明系"（Department of East Asian Languages and Civilizations）、"南亚研究系"（Department of South Asian Studies）、"近东语言与文明系"（Department of Near Eastern Languages and Civilizations），加州大学伯克利分校有"东亚语言与文化系"（East Asian Languages and Cultures）、"南亚与东南亚研究系"（Department of South and Southeast Asian Studies）、"中东语言与文化系"（Department of Middle Eastern Languages and Cultures），康奈尔大学有"亚洲研究系"（Department of Asian Studies）、"近东研究系"（Department of Near Eastern Studies），等等。

地区学系可以说主要是教学机构而非研究机构。如康奈尔大学的亚洲研究系为本科生开设"亚洲研究"主修专业（major），"东亚研究"、"东南亚研究"和"南亚研究"3个辅修专业（minor），为研究生提供"亚洲研究"硕士学位和"亚洲文学、宗教与文化"硕士/博士学位课程。所有开设课程中包括14种现代亚洲语言和5种古典亚洲语言的培训课程，以及文学、宗教、文化和思想史方面的课程。加州大学伯克利分校南亚与东南亚研究系为本科生和研究生提供"南亚与东南亚研究"专业方向的各类课程，包括14种语言的培训课程，以及相关国家的宗教、文学和历史方面的课程。

虽然以人文学科教学为主的地区学系不是地区研究机构，但它们是支撑地区研究机构建立并有效运作的重要基础。因为地区研究机构作为跨院系机构，其研究人员来自全校各院系，没有自己的研究人员和学生，地区学系是地区研究机构研究人员的重要来源单位。例如，加州大学伯克利分校东南亚研究中心的7位核心研究人员（Core Faculty）中，有3位来自南亚与东南亚研究系，其余4位分别来自历史学系、人类学系、族群研究（Ethnic Studies）系和环境科学政策与管理（Environmental Science，Policy and Management）系。① 地区研究机构也没有自己的学生，往往通过一些学术上的支持措施把全校相关专业的学生，尤其是研究生吸引过来。现在加州大学伯克利分校东南亚研究中心登记的研究生共30位，除了南亚与东南亚研究系的8位（东南亚研究专业）外，人类学系、历史学系各4位，族群研究系、音乐系、戏剧舞蹈与表演研究（Theater，Dance & Performance Studies）系各2位，建筑学系、英语

---

① 加州大学伯克利分校东南亚研究中心网页，https://ieas.berkeley.edu/centers/center-southeast-asia-studies-cseas/people/cseas-faculty，最后访问时间：2022年10月22日。

系、法语系、环境科学政策与管理系、法律制度与社会政策（Jurisprudence and Social Policy）项目（属于法学院）、语言学系、政治学系、社会学系各 1 位。[1]

地区研究作为一个跨专业的学术制度，只有加州大学伯克利分校东南亚研究中心这样的跨院系机构才能这种体现这一特性，所以在加州大学伯克利分校从事东南亚研究的机构应该是东南亚研究中心，而不是南亚与东南亚研究系。当然南亚与东南亚研究系的存在非常重要，不仅是它提供了最多的东南亚研究人员和研究生，而且它开展的语言教学和培训是整个大学开展东南亚研究不可或缺的基础，因为几乎所有东南亚方向的研究生，无论来哪个院系，都必须接受东南亚当地语言的训练课程。严格意义上来说，一个没有研究对象国家语言培训课程的大学，不具备从事该地区研究的基本条件。

（三）澳、英、新、日等国的东南亚研究机构

澳大利亚和英国大学的东南亚研究机构设置与美国相似。澳大利亚最重要的东南亚研究中心在澳大利亚国立大学，其亚洲太平洋学院（College of Asia and the Pacific）下面设立的与东南亚相关的从事跨学科研究的"地区研究机构"（Regional Institutes）包括：印度尼西亚研究所、马来西亚研究所、缅甸研究中心和东南亚研究所。其研究人员来自大学的相关院系。东南亚研究所大约有 80 位来自各院系的教师，据称这是全世界（东南亚以外）规模最大的东南亚研究群体，他们指导的学生有将近 200 名。[2] 英国伦敦大学的亚非学院是欧洲最重要的亚洲和非洲研究中心，其内部机构设置与美国的大学非常接近，一方面设有以语言和文学教育为主的"东南亚语言与文化系"，另一方面又设有"东南亚研究中心"。

---

① 加州大学伯克利分校东南亚研究中心网页，https://ieas.berkeley.edu/centers/center-southeast-asia-studies-cseas/people/graduate-students，最后访问时间：2022 年 10 月 22 日。

② 澳大利亚国立大学东南亚研究所网页，https://seasiainstitute.anu.edu.au/about-us，最后访问时间：2022 年 10 月 12 日。

在全球比较著名的东南亚研究机构中，比较特殊的有两个：新加坡国立大学和京都大学。新加坡国立大学的人文社会科学学院下面，分为亚洲研究、人文学科和社会科学三个学部（division），亚洲研究学部下面设有中国研究系、日本研究系、马来研究系、东南亚研究系和南亚研究项目。另外，新加坡国立大学还设立了亚洲研究所、东亚研究所、南亚研究所、中东研究所等校级研究机构，但没有关于东南亚的研究机构。新加坡国立大学的东南亚研究机构是东南亚研究系，该系有 11 位教师，与英美大学的东南亚研究系主要以语言教育培训为主不同，该系教师从事的是人文社科专业的教学与研究。① 新加坡国立大学的语言教育培训是由人文社会科学学院下属的“语言学习中心”（Center for Language Studies）负责，中心有 40 多位专职教师和 50 多位兼职教师进行 13 种语言的教学，其中包括东南亚的马来语、印尼语、泰语和越南语。②

日本京都大学东南亚地区研究研究所（東南アジア地域研究研究所），③ 作为一个在国际学术界具有影响力的地区研究机构，与欧美大学东南亚研究机构相比，其独特之处就在于它是日本文部科学省（及其前身文部省）拨款支持的研究机构，有自己的财政预算和专职研究人员。目前，该研究所的专职研究人员中，除了属于长聘职位的教授 15 人、副教授 12 人和助理教授 6 人之外，还有各类特聘研究人员 29 人。此外，有访问学者 12 人，合作研究人员 82 人，国内客座研究人员 3 人。④ 该研究所另外一个比较特别的地方就是其研究人员来自人文学

① 新加坡国立大学东南亚研究系网页，https：//fass.nus.edu.sg/sea/，最后访问时间：2022 年 10 月 15 日。
② 新加坡国立大学语言学习中心网页，https：//fass.nus.edu.sg/cls/，最后访问时间：2022 年 10 月 15 日。
③ 自 1963 年成立至 2004 年 4 月，机构的名称是“东南亚研究中心”，2004 年 4 月开始名称改为“东南亚研究所”，2017 年改为“东南亚地区研究研究所”，但英文名称一直没有改变，仍为 Center for Southeast Asian Area Studies（简称 CSEAS）。
④ 京都大学东南亚地区研究研究所网页“人员”信息，https：//kyoto.cseas.kyoto-u.ac.jp/staff/，最后访问时间：2022 年 10 月 28 日。

科、社会科学和自然科学相关专业，不同于绝大多数地区研究机构没有或者少有自然科学家参与，自然科学家广泛参与该研究所的研究活动，在研究人员名单罗列出的专业方向中，属于自然科学的专业包括：农学、保健学、食品卫生学、医学、动物学、生态学、地理学、水文学、气象学等。

新加坡国立大学的东南亚研究系和京都大学的东南亚地区研究研究所，在国外大学的地区研究机构中都属于比较罕见的情况，其形成的背景比较特殊，对于中国发展区域国别研究来说这种组织结构形式的借鉴意义不大。

中国要想使区域国别研究作为一个学科实现良性发展，条件之一就是要形成大学之间的竞争，任何一个二级学科或者地区的研究都应该在10 所以上的大学展开，像东南亚这样相对比较重要的地区（在美国，东南亚研究相对来说是不重要的，研究中心数量比其他地区都少，由于地缘上的相邻和政治经济关系较为密切，东南亚在中国的区域国别研究布局中应该受到更多的重视），要有 15 个以上的高质量研究中心才比较正常。在国内多数大学都对教师编制和经费预算控制比较严格的情况下，不可能建立大量的像新加坡国立大学东南亚研究系和京都大学东南亚地区研究研究所那样拥有自己的专职教师的研究机构。

（四）跨院系研究机构的运作及其优势

美国大学中的地区研究机构比较普遍采用跨院系研究所/中心/项目的形式，研究人员来自各院系，没有自己的专职教师。这种组织结构在各国比较流行（新加坡国立大学的亚洲研究所、东亚研究所、南亚研究所、中东研究所也采用了这种形式），一方面是它适应大学校园内部的体制，另一方面则是比较符合学术发展的规律。有学者在介绍美国大学内地区研究的组织机构形式时讲道："区域研究系曾试图将多学科的研究方法悄悄引入传统的系的结构，却因此遭到强烈的反对。而区域研究中心并不声称自己是系或学科，而是作为一个开展跨学科的研讨、争论和课题研究的场所，因此对大学的传统结构威胁不大。它们更能适应大学的文化和结构，也更易于被大学所接受和取得成功。在这种背景下，区域研究机构不会取代大学里的系，也不可能与其平起平坐。"①

跨院系的地区研究中心能够在一个大学里存在的前提是各院系要有研究相关地区的教师，这对中心来说是一个生死存亡的关键。在美国的大学里，教师聘用的权力掌握在各系，地区研究中心如何与各院系保持比较融洽的关系以使自己满意的年轻学者被聘请涉及复杂的人事关系或校园政治问题。有学者提到，耶鲁大学和加州大学伯克利分校的东南亚研究中心曾试图拥有独立于学系的学位授予权，从而导致与学系的关系不融洽。伯克利从 20 世纪 60 年代后期开始数次提出聘请研究东南亚历史的学者都遭到历史系的抵制。② "耶鲁大学东南亚理事会的主席卡尔佩尔泽一直怀着沉重的心情目睹东南亚计划的下降和萎缩。在其看来，耶鲁大学东南亚研究计划的衰落并不仅仅是财政问题，他说即使我们有足够的资金支付教师的工资，我们也通常非常困难让一所院系去招募一位东南亚的专家。"③

康奈尔大学东南亚研究的成功，很大程度上与夏普和卡欣对美国大学的政治与学术清醒的认识有关。"（他们）意识到了按学科设立院系在美国大学的影响力。他们比耶鲁的佩尔策（泽）和班达更好地认识到，东南亚专业的发展和稳定取决于将新教师在智识上、经济上整合进系里。"④ 为了能够聘请到合适的东南亚研究教师，东南亚研究项目用

---

① D. L. 桑顿：《美国区域研究的起源、性质和挑战》，《国外社会科学》2004 年第 1 期，第 18 页。

② John Bowen, "The Development of Southeast Asian Studies in the United States," in David L. Szanton, ed., *The Politics of Knowledge: Area Studies and the Disciplines*, University of California International and Area Studies, 2002, pp. 12 – 13, https://escholarship.org/uc/item/59n2d2n1.

③ 周荣进：《知识与政治：冷战时期美国的东南亚研究》，硕士学位论文，福建师范大学，2014，第 39 页。

④ 本尼迪克特·安德森：《椰壳碗外的人生》，徐德林译，上海人民出版社，2018，第 52 页。

基金会资助经费短期聘请有潜质的年轻人，几年后他们达到常规学科的教学和科研水准能够被院系接纳为长聘教师时，才开始由院系支付薪酬。该项目要求年轻教师在常规学科方面要有扎实的基础，并能够讲授很多与东南亚无关的课程。这种被安德森称作"夏普－卡欣式策略"的做法，有利于消除东南亚研究项目与各院系之间的矛盾，也"让这个专业避免陷入孤立与东方主义"。①

虽然美国的地区研究中心没有科系单独聘任教师和招收学生的权力，但从学术发展的角度而言，这种组织形式又具有其优势。在这种体制下，一位从事地区研究的学者具备了两个身份，一方面他是某个院系的专职教师，其聘任和升迁必须符合院系所属学科的专业标准；另一方面，他又是研究中心的兼职研究人员，研究中心向其提供了专业研究的便利条件。大学里类似于地区研究中心的研究机构的存在是对教师个人和大学学术发展来说非常重要的制度。对于一所大学来说，在人文社科和自然科学方面的高水平是建立高水准地区研究中心的前提，同时地区研究中心之类的研究机构又能反过来促进大学学术研究水平的提升。

相对来说，封闭的地区研究系则无法充分实现促进大学学术发展的目的，没有了对其教师的学科专业方面的评价压力，只能在地区研究中内卷。安德森的经历从某种程度上也证明了研究中心体制的优势。1972年安德森发表了一篇颇有影响的论文，用传统爪哇文化里不同于现代西方社会科学中"权力"概念的"权力"观念，解释了当代印尼政治行为中的"理性"。② 论文的观点是怎么产生的？安德森回忆说，论文观点有两个源头：一是作为政府系的年轻教师一天中午无意中听到的从自己在政府系的办公室门口经过的两位资深教授的谈话；二是读书期间从印尼同学——一位学历史的中年大叔那里了解到的古代爪哇君主的传奇

① 本尼迪克特·安德森：《椰壳碗外的人生》，徐德林译，上海人民出版社，2018，第52—53 页。

② Benedict R. O'G. Anderson, "The Idea of Power in Java Culture," in Claire Holt, ed., *Culture and Politics in Indonesia*, Ithaca, New York: Cornell University Press, 1972.

故事，两人东南亚研究项目的办公室是隔壁。①

跨院系的地区研究中心没有自己的专职教师和学生，使其有效运作并不是一件容易的事情。首先是要有吸引力，能够把各院系的教师和学生吸引过来进行学术探讨。国外的大学是如何做到这一点的？"通过组织或支持多学科的系列讲座、研究项目、研讨会、研究和课程计划、高级语言培训班、出版、图书馆馆藏计划等多种多样的活动，它们吸引了各人文社会科学和专业学院的教员和研究生，并常常会成为关注世界某一地区的新老学者们活跃的知识和项目中心。"②

研究中心组织的学术活动，让参与的教师和研究生意识到对自己的学术发展有益，自然就会形成一种吸引力。这些学术活动是经常性的，使相关教师和学生在自己所属院系之外找到一个真正可以进行交流的学术圈子，因为从事国外某个地区研究的教师在很多院系里面都数量极少甚至是独苗，所以在院系内部没有能够进行深入交流的对象，而聚集了全校相关教师和学生的研究中心就成了他们急需的"小圈子"。③ 康奈尔大学东南亚研究项目不仅为所有的教师和研究生提供一个办公室地点，而且几十年来雷打不动地会在每周四中午举行"棕色袋子午餐会"（the lunchtime brown-bag meeting），无论是项目的教授、访问学者还是学生都可以坐在会议室里边吃午餐边听某个校内或者校外学者的报告然

---

① 本尼迪克特·安德森：《椰壳碗外的人生》，徐德林译，上海人民出版社，2018，第126—130页。

② D. L. 桑顿：《美国区域研究的起源、性质和挑战》，《国外社会科学》2004年第1期，第16页。

③ 据统计，1951—1976年康奈尔大学东南亚项目的442名研究生（当时尚没有"东南亚研究"专业）来自全校的27个专业，包括政治学（99名）、人类学（88名）、历史学（58名）、语言学（48名）、经济学（35名）、农村和发展社会学（35名）、社会学（22名）、农业经济学（16名）、公共管理（9名）、中国史（7名）、艺术史（6名）、传播艺术（Communication Arts, 3名）、工业和劳动关系（Industrial and Labor Relations, 3名）、人口学（2名）、农业工程（1名）、建筑学（1名）、中国文学（1名）、城市和区域规划（1名）、保护（Conservation, 1名）、家庭经济学（1名）、人类发展（1名）、音乐学（1名）、营养（1名）、心理学（1名）、社会心理学（1名）。Frank H. Golay and Peggy Lush, eds., *Directory of the Cornell Southeast Asia Program 1951 – 1976*, Ithaca, New York: Cornell University Southeast Asia Program, 1976, p. 4.

后进行讨论。师生之间，无论是七八十岁的退休教授还二十多岁的研究生，都可以自由交流，气氛轻松、舒适，但内容绝对专业。①

（五）国内区域国别研究机构的状况

早在 20 世纪五六十年代，国内大学陆续建立了一批地区研究机构：厦门大学南洋研究所、暨南大学东南亚研究所、辽宁大学日本研究所、北京大学亚非研究所、中国人民大学苏联东欧研究所等。这些都是拥有专职研究人员、与系平级的单位。改革开放之后，尤其是进入 21 世纪之后，国内的区域国别研究机构总体数量增多，但是传统的研究机构则面临挑战，笔者曾亲身见证了这些机构的某种衰落。② 20 世纪 90 年代以来高校中曾经存在的独立研究机构要么撤并（如北京大学亚非研究所、南亚东南亚研究所），要么变为院/所一体（如厦门大学的国际关系学院/南洋研究院、暨南大学的国际关系学院/华侨华人研究院），这在某种程度上反映了一个客观趋势：在大学里不可能维持大量有专职教师的研究机构，所以它不可能是在今后大力发展区域国别研究过程中的主流组织形式。至于院系一体或挂靠在某个学院的研究机构，虽然没有独立研究机构不时会面临的生存压力，但往往其研究方向会受院系专业左右，区域国别研究交叉学科或跨学科的特征不能很好地发挥出来，而且其他院系的教师无法融入研究，对于推动全校学科发展的效果也大打折扣。

清华大学 2017 年成立的国际与地区研究院从组织结构设计来看最具国际视野（包括研究院的名称），与那些全面开展国际与地区研究的世界著名大学类似，下面已经成立全球问题研究中心、南亚东南亚研究

---

① 高子牛：《作为跨学科组织的研究中心：以康奈尔大学东南亚研究中心为例（1950—1975）》，《北京大学教育评论》2018 年第 2 期，第 128 页。

② 1989 年笔者进入北京大学南亚东南亚研究所攻读硕士学位，该研究所由中国社会科学院和北京大学联合创办，办公地点在北大校园内，后社科院撤出，研究所成为北大的一个系级单位。读书期间，南亚东南亚研究所被撤销，研究人员分别并入亚非研究所和东语系，笔者成为亚非研究所的学生。到 20 世纪 90 年代后期，亚非研究所被并入新成立的国际关系学院。

中心、欧亚研究中心、西亚北非研究中心，还在筹建过程中的有拉丁美洲和加勒比研究中心、撒哈拉以南非洲研究中心。[①] 虽然教师和学生的规模还比较小，但足以看出清华大学在开展区域国别研究方面的雄心。

不同于国外的研究中心教师和学生来自其他院系，清华大学国际与地区研究院的各中心都有自己的专职教师和博士研究生，只是数量有限，无法形成真正的学术"小圈子"。基于清华大学雄厚的财力，扩大各研究中心的教师与学生规模也是可以实现的，只是这种组织机构形式对于国内的绝大多数高校来说可行性不大。当然由于清华大学在外国语言教育方面的基础较弱，这对全面开展区域国别研究是一个很大的限制因素，所以现在的博士研究生招生条件中要求报名者必须是熟练掌握对象国语言的本科生或硕士生，生源受到极大限制。

今后要在国内大力推动区域国别研究，在研究机构的组织机构形式上，除了少数大学针对少数地区的研究可以采用专职研究机构（拥有自己专职研究人员）和系/院所一体机制，绝大多数情况下还是采用跨院系的研究中心这种形式比较现实、合理，因为它最能体现区域国别研究的跨学科和多学科性质，而且最能促进学校的教学科研水平提升。问题的关键是这类机构在国内大学也很常见，但往往很虚，也就是很少组织活动，吸引力较小。机构的"虚"与"实"，关键并不在于是否有自己的专职人员，而在于能否有效运行并发挥作用。

四 规划至关重要

纵观国外的地区研究，成功的经验有很多，其中非常重要的一条就是其创立和发展都有赖于认真筹划和设计，是严密规划的产物。牛可教授认为，地区研究在美国的创生史（1943—1953 年）就是"一部学术规划史"，社会科学研究理事会在其中扮演了战略性的领导、推动和中

① 清华大学国际与地区研究院网页，http://iias.tsinghua.edu.cn/research-center/，最后访问时间：2022 年 11 月 2 日。

心规划的关键角色，显示了"学术组织和学术规划在一个重要知识领域之形成中的决定性作用"。①

（一）学术规划与美国东南亚研究的兴起

参与规划的往往是学术团体、大学相关机构、政府主管部门等，在美国还有一个非常重要的角色，就是各种大型的私人基金会，他们不仅是美国大学开展地区研究的重要资金来源，而且也通过资助方向和力度的变化发挥某种规划作用。1947 年社会科学研究理事会和美国学术团体理事会共同建立了南亚（包括南亚和东南亚）研究联合委员会，以促进美国的南亚研究。同年，在卡内基基金会资助下美国第一个东南亚研究中心在耶鲁大学建立。

1949 年南亚研究联合委员会提出了一份发展南亚研究的十年计划报告书，提出了一系列促进南业研究的建议：维护和扩大现有的 5 个研究中心，吸引和训练至少 750 位专家和学者，增加和充实在南亚地区进行实地调查的各种设施，确保专著和书目以及其他教学和研究所需资料的出版，提高图书馆和博物馆的南亚馆藏，建立协调的机构来维持政府和学术圈的联系。此外委员会还强烈建议联邦政府像支持原子能研究一样为南亚研究提供一系列的奖学金。②

1950 年洛克菲勒基金会开始有意资助对于东亚和东南亚的研究与教学。基金会亚洲部主席 C. 伯顿·法斯（C. Burton Fahs）是一位日本史学家，他认为耶鲁大学的东南亚研究中心应该有竞争者，所以应该再成立一个以研究大陆东南亚为主的东南亚研究中心（因为耶鲁大学东南亚研究中心主任是一位研究荷属印度群岛的历史学家）。康奈尔大学理所当然地成为新中心的备选地，因为这里有比较好的研究基础：该校人类学与社会学系的系主任、人类家劳里斯顿·夏普十几年来一直从事泰

---

① 牛可：《地区研究创生史十年：知识构建、学术规划和政治－学术关系》，《北京大学教育评论》2016 年第 1 期，第 47 页。

② 周荣进：《知识与政治：冷战时期美国的东南亚研究》，硕士学位论文，福建师范大学，2014，第 24 页。

国研究，1947 年还在卡内基基金会的资助之下成立了"康奈尔泰国计划"（Cornell Thailand Project），1950 年有几位颇有才华的研究生在夏普教授指导下也在进行东南亚研究。法斯先与夏普谈论了洛克菲勒基金会如何帮助康奈尔大学发展东南亚研究的问题，然后于 8 月 16 日写信给当时康奈尔大学的代理校长表达了对在康奈尔大学开展东南亚研究的期望。在法斯和康奈尔大学远东研究系系主任奈特·比格斯塔夫（Knight Biggerstaff）的鼓励之下，康奈尔大学在秋末正式向洛克菲勒基金会提交了扩大东南亚地区研究的计划，12 月 8 日，基金会告知校长将向康奈尔大学提供 325000 美元用于资助为期 5 年的东南亚研究项目。[①] 美国大学中的第二个东南亚研究中心正式成立。

康奈尔大学东南亚项目的创立，发生在社会科学研究理事会推动地区研究创生的大背景之中。后者作为一个学术团体，其作用主要体现在智识方面，也就是"在美国高等教育体系内社会科学常规系科之外确立地区研究的学术合法性"。[②] 其构想能够变成现实，私人基金会，主要是卡内基、洛克菲勒和福特 3 家基金会大量资金的投入，发挥了非常关键的作用。基金会资金投入的去向，决定了地区研究在各个大学中的最初布局。在此过程当中，政府的角色是缺失的，这与美国高等教育制度的特点有关，私立大学的运作往往并非依赖政府资金的投入，这是国内学者容易对美国地区研究的创立产生误解的原因。[③]

（二）美国联邦政府对地区研究的支持和引导

政府在美国地区研究创立和早期发展过程中的角色缺失状况，随着

---

① Audrey Kahin，"Growth and Crisis: Cornell Southeast Asia Program's First Two Decades," *Southeast Asia Program at Cornell University Fall Bulletin*，2007，pp. 9 – 10.

② 牛可：《地区研究创生史十年：知识构建、学术规划和政治 – 学术关系》，《北京大学教育评论》2016 年第 1 期，第 55 页。

③ "美国政府分别在耶鲁大学、康奈尔大学、加州大学伯克利分校等地建立了专门的东南亚项目。"克雷格·J. 雷诺尔斯：《泰国的激进话语：泰国萨迪纳制的真面目》，金勇译，商务印书馆，2022，译者序，第 3 页。

1958 年《国防教育法》的颁布发生了彻底改变，该法案的第六款明确规定联邦政府要加强对高等教育机构中外语和地区与国际研究的支持，该规定后来演变为《高等教育法》的第六款，一直延续到今天，成为美国联邦政府支持大学外语教育和地区研究的法律依据。在政府资助项目中有两个最重要项目："国家资源中心"（National Resource Centers，NRC）项目和"外语和地区研究奖学金"（Foreign Language and Area Studies Fellowship，FLAS）。无法获得私人基金会资助的大学和项目，由于有了联邦政府的资助渠道，也开始开展地区研究，促成 20 世纪 60 年代美国大学建立地区研究中心的热潮。

就东南亚研究而言，耶鲁大学（1947 年）和康奈尔大学（1950 年）的东南亚研究中心建立之后，在整个 20 世纪 50 年代没有新的中心建立，第三家类似的研究中心是加州大学伯克利分校在 1960 年建立的，同年密西根大学安娜堡分校的中心也建立了，此后，夏威夷大学、北伊利诺伊大学、俄亥俄大学、威斯康星大学麦迪逊分校在 60 年代都相继建立东南亚研究中心，到 1972 年，美国已经有 14 家东南亚研究中心，除了上面已经列出的，还有美利坚大学、芝加哥大学、哥伦比亚大学、堪萨斯大学、南伊利诺伊大学和华盛顿大学。①

美国私人基金会和联邦政府的资金投入给美国大学的地区研究发展提供强大的推动力。时至今日，除了麻省理工学院这类的理工类院校，大多数的研究型大学都建立了覆盖全球的地区研究，以至出现威斯康星大学麦迪逊分校的 8 个地区研究中心当中除了中东研究项目外在 2022 年开始的新一轮教育部"国家资源中心"评选中都获资助。当然，由于各大学对资助外语和地区研究的教育部两大项目的重视，相互之间的竞争也就非常激烈。在 2022 年的"国家资源中心"评选中，长期获得

---

① John Bowen, "The Development of Southeast Asian Studies in the United States," in David L. Szanton, ed., *The Politics of Knowledge: Area Studies and the Disciplines*, University of California International and Area Studies, 2002, p. 9, https://escholarship.org/uc/item/59n2d2n1; Russell H. Fifield, "Southeast Asian Studies: Origins, Development, Future," *Journal of Southeast Asian Studies*, Vol. 7, No. 2, 1976, p. 154.

资助的密西根大学安娜堡分校东南亚研究中心落选。

从表1可以看出，拉美、中东、东亚、俄罗斯和东欧是项目资助的重点地区，而且美国各大学对这些地区的研究比较热门，竞争激烈，相对而言，西欧这一美国大学传统学科研究的重点没有成为地区研究的重点。根据《高等教育法》第六款，联邦政府对高等教育机构重点的外语和地区研究给予资助，有着非常强烈的现实需求导向，因为法律明确规定教育部须定期向联邦政府的相关机构主管进行咨询，以便了解对外语和世界各地区人才需求的状况，从而作为资助项目遴选的参考。在2022年的咨询报告中列举了161种当前美国需要但教授比较少的语言，它们都是优先资助的对象。报告列举的地区有：非洲、中亚/内亚、东亚、中东、南亚、东南亚和太平洋岛屿、俄罗斯/东欧、西半球（加拿大、墨西哥、加勒比、中/南美洲）。优先资助语言中不包括法语、德语、西班牙语，包括荷兰语、意大利语和葡萄牙语，优先资助的地区当中没有西欧。报告中列举的咨询部门包括国际开发署、国防部、能源部、国务院、交通部以及和平队。①

表1　2014年美国国家资源中心项目的申报和获批数据

地区或主题	申请机构（个）	资助机构（个）	资助总额（美元）	资助力度（美元）
非洲	18	10	2370700	188000—280000
加拿大	3	2	425000	200000—225000
东亚	29	15	3467200	209000—255000
国际	14	7	1655000	201000—240000
拉美	27	16	3482017	201000—240000
中东	21	15	3375000	209000—255000
俄罗斯和东欧	20	12	2605000	195000—241000

① United States Department of Education, International and Foreign Language Education, Title VI International Education Programs, "Consultation with Federal Agencies on Areas of National Need," https://www2. ed. gov/about/offices/list/ope/iegps/fy2022 - consultation-federal-agencies-areas-of-national-need. docx.

地区或主题	申请机构（个）	资助机构（个）	资助总额（美元）	资助力度（美元）
南亚	11	8	1906340	209000—263000
东南亚和太平洋岛屿	9	8	1898950	222000—255600
西欧	13	7	1558000	201000—238000
总计	165	100	22743207	—

注："国家资源中心"项目每4年评选一次，2014年评选的适用周期是2014—2017年，拨款每年一次。

资料来源：International and Foreign Language Education, Office of Postsecondary Education, U. S. Department of Education, *International and Foreign Language Education: Annul Report 2017*, 2019, p. 13.

20世纪60年代以来，因为有了联邦政府的资助，美国的地区研究开展更为普遍，而且发展明显具有"计划"的特点，政府拨款数量和资助重点的变化往往会影响地区研究的走向和趋势。比如，在尼克松政府时期，由于财政拨款的急剧减少，大部分东南亚研究中心无法正常运作，包括耶鲁大学东南亚研究中心，都不得不停掉大多数的语言教学。① 不过，尽管美国的地区研究发展过程中曾经出现波动，但从整体上看，在大学、私人基金会和联邦政府的支持之下，在学术团体的筹划和引领之下，美国的地区研究取得了世界范围内最大的成功，其比较成熟的制度和学术规范对于中国下一步区域国别研究的开展最具借鉴价值。

（三）中国的区域国别研究规划有待进一步加强

中国的大学现在绝大多数情况下经费的来源是政府财政拨款，没有美国的私人基金会，所以区域国别研究的开展只能依靠政府的财政投入。因为图书资料购置、语言培训和国外调研等都非常烧钱，在大学已有的财政拨款当中很难大量投入这些方面，所以开展区域国别研究如何争取教育主管部门的单独拨款和资助是关键。美国的相关组织和机构对

---

① 周荣进：《知识与政治：冷战时期美国的东南亚研究》，硕士学位论文，福建师范大学，2014，第37页。

地区研究进行的规划当中，非常关键的一点就是引入了竞争机制，研究机构获得资助的唯一标准就是教学和科研的质量，激烈的竞争使地区研究的发展呈现良性循环，这一点对中国来说非常值得借鉴。相对而言，日本京都大学东南亚地区研究研究所的成功，建立在政府庞大投入基础之上，而且在整个日本是一家独大，这种全国性研究基地的发展模式对中国来说需要规避。

对于中国的绝大多数大学来说，政府财政资金可能是发展区域国别研究唯一的资金来源。没有大量的资金投入，区域国别研究只能有名无实。现在的一个关键是当前虽然从教育部到大学对区域国别研究的重视已经表现了出来，但对于如何开展研究还没有形成非常清晰可行的认识，学界也在讨论中。在这样的背景下，政府贸然给予大量的资金支持只会造成严重的浪费。也就是说，与区域国别研究有关的一系列学科建设问题现在国内学术界以及教育主管部门都还需要进行认真的探讨。

在美国的地区研究创建时期，以社会科学研究理事会为代表的学术组织对地区研究的相关问题进行了深入的探讨，1946 年成立的"世界地区委员会"（Committee on World Area Research）成为直接组织地区研究相关问题讨论的机构，从 1946 年底到 1952 年春一共举行了 17 次会议，会议关注并商讨的议题包括："地区研究的专业化质素和标准，地区研究和常规学科的关系，地区研究中社会科学和人文学科的平衡，地区研究和语言教学研究的关系；地区研究在高校中适当的组织形式，中心、研究所和项目以及常规系科各自的优势和缺点，地区研究组织与常规系科的配合协作；如何确立地区研究的'全世界覆盖'格局的问题，地区研究的合理地理区划方式，以及是否和如何给各分支地的研究制定优先发展次序的问题；地区研究和通识教育的关系，地区研究中本科和研究生教育的关系；地区研究专业化培养中常规系科与地区研究组织和项目的关系，国外学习、田野工作以及在本科接受培训的关系；促进官方战争文件的解密，使之成为地区研究可用的资料，建立地区研究资料库和加强图书馆建设（曾一度考虑建立全国性地区研究信息中心），发布地区研究公报或者简报，选列编制美国优秀的地区研究中心目录；

地区研究项目如何与其他学术项目（尤其是富布赖特项目）相衔接配合的问题；在地区研究方面与政府、商业界和其他学术团体保持沟通和协作，推动政府机构对地区研究的支持；地区研究人力资源的各种来源，充分利用外国在美学者的问题，以及如何增进地区研究学者的就业机会和职业前途；等等。"①

当前国内学术界对区域国别研究表现出越来越高的热情，对学科发展的相关问题也在进行热烈的探讨，如何按照学术发展的需需进行科学规划，不仅关乎中国的区域国别研究的质量，而且对中国整个人文社会科学和部分自然科学学科的发展来说都至关重要。区域国别研究的发展，不是简单的单一学科发展问题！

---

① 牛可：《地区研究创生史十年：知识构建、学术规划和政治－学术关系》，《北京大学教育评论》2016 年第 1 期，第 41—42 页。

日本区域与国别研究的发展及对我国东南亚研究人才培养的借鉴[*]

陈　林^{**}　刘云刚^{***}

摘　要　随着我国"一带一路"倡议的推进，区域与国别研究的紧迫性进一步凸显。然而，我国在这方面的研究仍处于起步阶段，亟须构建中国特色的人才培养体系。东南亚作为"一带一路"的前沿地区，如何高质量地培养东南亚研究人才具有重要现实意义。本文以日本为例，探讨其区域与国别研究的发展历程和京都大学的人才培养模式，为我国东南亚研究人才培养提供借鉴。日本在二战后通过学术合作网络和科研经费的支持培养了大量的区域与国别研究人才，促进了区域与国别研究缄默知识的传承和再生产，并形成了独特的研究基地。京都大学亚非区域研究院作为重要基地，注重招收多学科背景和多文化地区的学生，以培养综合性人才。同时，注重从大地区和重要议题出发设置专业和研究方向，注重理论与

* 本文系国家自然科学基金重点项目"南海问题的政治地理研究"（42230705）、国家自然科学基金面上项目"社会资本推动乡村发展的机理研究"（42271207）阶段性成果。

** 陈林，华南师范大学地理科学学院副教授，亚洲地理研究中心副主任。

*** 刘云刚，华南师范大学地理科学学院院长，亚洲地理研究中心主任，教授，博士生导师。

实践相结合的课程体系，培养学生独立研究和解决问题的能力。以上模式可为我国东南亚研究人才的专业设置、师资建设和课程体系构建提供借鉴。

关键词	区域与国别研究 东南亚研究 人才培养 京都大学亚非区域研究院 日本

引 言

伴随改革开放的深入以及21世纪以来综合国力的增长，中国与世界的联系日益广泛和深入紧密，全面和准确地了解世界的需求日益增加。"走出去"战略下中国企业越来越多走向海外从事经营活动，同时在全球治理体系变革中我国需要更加主动地和创造性地提出中国智慧和中国方案。为了提高我国参与全球治理的能力，需要一大批了解我国国情、具有全球视野、熟练运用外语、通晓国际规则、精通国际谈判的专业人才。特别是随着"一带一路"倡议的开展，以及我国企业走向国外开拓国际业务等都遭遇了各种各样的新问题和新情况，开展好区域与国别研究的必要性和紧迫性进一步凸显。①

在教育部"区域和国别研究"建设方针的引导下，近年来中国区域与国别研究得到了快速的发展。2012年，教育部在部分高校和研究机构启动了区域与国别研究基地的遴选和培育建设工作，以专项工作形式探索区域与国别研究发展以及专业研究机构的建设路径。2014年，将区域与国别研究上升为国家工程。② 2016年，教育部把建设区域与国

---

① 任晓：《今天我们如何开展区域国别研究》，《国际关系研究》2022年第4期，第7页。
② 罗林、邵玉琢：《"一带一路"视域下国别和区域研究的大国学科体系建构》，《新疆师范大学学报》（哲学社会科学版）2018年第6期，第79页。

别研究基地，以及与对象国开展经济、政治、教育、文化等领域研究作为共建"一带一路"的基础性措施。① 2017 年，教育部将区域与国别研究对"一带一路"国家实现全覆盖列入工作要点，② 并于当年完成遴选区域与国别研究中心备案工作。③ 2018 年，教育部要求继续深化区域与国别研究，加大区域与国别研究人才等的选派和培养力度。④ 在教育部的大力推动下，截至 2020 年 1 月我国正式建立的区域与国别研究中心有 42 个，非正式备案研究中心有 395 个。⑤ 一系列区域与国别研究中心的设立，对于我国开展对外交往、保护企业和侨民在海外的贸易投资等都具有重要意义。

我国的区域与国别研究学科建设具有鲜明的中国特色：（1）在学科创建模式上，区域与国别研究是教育行政管理部门有组织有计划的学科整体建设，具有强大的动员力和广泛的参与度；（2）在资金支持方面，区域与国别研究得到了中央财政的支持，保障了研究队伍和学科建设的可持续发展；（3）在学科创建路径上，区域与国别研究的主要参与学科目前有外国语言文学、政治学、世界史，推动了人文社会科学间的学科交叉。⑥ 同时，由于要深刻了解某一国家或地区的基本情况和制定对外政策需要全方位、多角度的知识体系，⑦ 区域与国别研究还是一个多学科联动的交叉学科领域，不仅涉及人文科学和社会科学等领域的

---

① 《让"一带一路"愿景与行动在教育领域落地生根》，教育部，2016 年 8 月 11 日，ht-tp：//www. moe. gov. cn/jyb_xwfb/s271/201608/t20160811_274678. html，最后访问时间：2023 年 2 月 7 日。

② 《教育部 2017 年工作要点》，教育部，2017 年 2 月 14 日，http：//www. moe. gov. cn/jyb_xwfb/moe_164/201702/t20170214_296203. html，最后访问时间：2023 年 2 月 7 日。

③ 罗林、邵玉琢：《"一带一路"视域下国别和区域研究的大国学科体系建构》，《新疆师范大学学报》（哲学社会科学版）2018 年第 6 期，第 83 页。

④ 《教育部 2018 年工作要点》，教育部，2018 年 2 月 6 日，http：//www. moe. edu. cn/src-site/A02/s7049/201802/t20180206_326950. html，最后访问时间：2023 年 2 月 7 日。

⑤ 任晓：《今天我们如何开展区域国别研究》，《国际关系研究》2022 年第 4 期，第 9 页。

⑥ 罗林、邵玉琢：《"一带一路"视域下国别和区域研究的大国学科体系建构》，《新疆师范大学学报》（哲学社会科学版）2018 年第 6 期，第 81 页。

⑦ 钱乘旦、刘军：《国别与区域研究的学科建设——钱乘旦教授访谈》，《俄罗斯研究》2022 年第 2 期，第 6 页。

理论和知识，而且与自然科学的诸多学科也联系紧密。①

在教育部的大力推进下，近十年来我国区域与国别研究取得了快速发展。但是严格意义上我国的区域与国别研究才刚起步，存在各种不足，而人才培养则是构建中国特色的区域与国别研究的重点。② 为应对国家对区域与国别研究人才的需求，相关学科如外国语言文学等开始积极调整现有的人才培养体系。③ 然而，目前的国内高校专业设置无法满足"一带一路"倡议推进过程中对区域与国别研究人才的需求：一方面是外语专业人才对具体国别现状缺乏深入了解和专业技能的训练，另一方面是政治、经济、金融等专业人才缺乏"一带一路"沿线国家非通用语言能力。④ 此外，学科制框架限制下的区域与国别研究人才培养对社会科学、人文学科、自然科学知识的综合也有待提升。因此，在区域国别学成为一级学科的背景下，如何构建具有中国特色的区域与国别研究的人才培养体系具有重要的现实意义。同时，东南亚作为我国推进"一带一路"倡议的重要前沿阵地，探讨东南亚研究人才的培养不仅可以丰富我国区域与国别研究的人才培养体系，而且可为我国各主体参与东南亚区域的治理，以及企业在该地区开展商业活动提供高质量的区域与国别人才。我国区域与国别研究的发展历史还比较短，因此借鉴区域与国别研究发展历史悠久的发达国家经验也是一种可行方法。日本作为亚洲最早步入现代化的国家，具有悠久的区域与国别研究历史和丰富的成果积累。基于此，本文选取日本为例，探讨日本区域与国别研究的传统和趋势，以及京都大学培养区域与国别研究人才的体制机制，以期为我国的东南亚研究人才培养提供借鉴。

---

① 谢韬等：《构建中国特色的区域国别学：学科定位、基本内涵与发展路径》，《国际论坛》2022 年第 3 期，第 11 页。

② 《构建中国特色的区域与国别研究》，《光明日报》2020 年 1 月 6 日，光明网，https://news. gmw. cn/2020 – 01/06/content_33456685. htm，最后访问时间：2023 年 2 月 7 日。

③ 郑春荣：《全球治理视域下国别区域人才培养探析》，《中国外语》2020 年第 6 期。

④ 罗林、邵玉琢：《"一带一路"视域下国别和区域研究的大国学科体系建构》，《新疆师范大学学报》（哲学社会科学版）2018 年第 6 期，第 79 页。

一 日本区域与国别研究的传统和特征

（一）日本区域与国别研究的推进体制

第二次世界大战结束后出现了一大批新独立国家，为了解这些国家和维护西方的利益与影响力，以美国为首的西方国家开始对非西方国家开展全面研究，催生了现在意义的"区域与国别研究"。① 美国是这个潮流的主要推动者，日本也在这一潮流下开始区域与国别研究。日本的区域与国别研究初期与美国和欧洲等国家类似，主要为国家的需要服务，二战战败后开始转型为纯粹的学术研究。② 推动日本区域与国别研究发展的机制是形成完整的学术网络体系，包括国家主导设立的区域与国别研究基地、区域与国别研究的学术团体、日本文部省③推动构建的区域与国别研究中心协作网络等。

首先，亚洲经济研究所是日本研究发展中国家最为重要的区域与国别研究基地，创设于1960年。④ 该研究所对发展中国家的经济、社会、政治、国家合作等议题开展了广泛研究并具有丰富的研究积累，为日本与发展中国家的深入合作提供知识支撑。该研究所目前拥有研究人员150名，研究的区域与国别包括亚洲、中东、非洲、拉丁美洲、大洋洲等。该研究所主要根据政府部门、援助机构、企业界等的需求，设定研究主题并开展研究，还积极与大学合作，开设面向发展中国家的课程项目，为亚非地区的发展中国家培育年轻官员。此外，每年还从国外邀请专家学者或将职工派遣到海外等，以多种方式开展国际学术交流活动，以期构建国际研究合作网络。

---

① 钱乘旦：《以学科建设为纲 推进我国区域国别研究》，《大学与学科》2021年第4期，第82—83页。

② Takaya Yoshikazu, "Present and Future of Area Studies," *ANREG*, No. 5, 1996, p. 48.

③ 相当于我国的教育部。

④ 亚洲经济研究所：《アジア経済研究所について》，亚洲经济研究所，https://www.ide. go. jp/Japanese/Info/Profile/outline.html，最后访问时间：2023年2月7日。

　　其次，各种形式的学术团体为区域与国别研究学者提供学术交流平台并推动了研究发展。代表性的学术团体有亚洲政治经济学会、日本东南亚学会和日本南亚学会等。其中，亚洲政治经济学会成立于1953年，是日本第一个由多学科区域与国别研究学者组成的学术团队。[①] 学会宗旨是聚焦亚洲国家，开展政治和经济方面的理论和实证研究，并公开研究成果。2012年学会会员人数达到1309人。会员的主要研究区域为东亚、东南亚和南亚，人数分别为762人、398人和117人。整体而言，日本的区域与国别研究学者中以研究东亚为主，近年来研究东南亚的学者数量快速增加。

　　最后，日本文部省为推进人类文化研究，于2004年设置了人类文化研究机构。[②] 该机构由国立历史民俗博物馆、国文学研究资料馆、国立国语研究所、国际日本文化研究中心、综合地球环境学研究所、国立民族学博物馆六个分支机构和一个本部组成。该机构作为沟通各分支研究机构和日本大学的唯一大学共同利用机构法人，致力于人类文化的综合性学术研究，以及推动与自然科学领域开展合作以开辟新的研究领域。其战略之一是选定在学术或社会面上对日本具有重要意义的海外区域，与在该区域有长期研究积累的大学（或研究机构）共建区域与国别研究中心和推动各中心间形成紧密的学术合作网络。目前完成建设的区域与国别中心有2006年开始建设的伊斯兰区域研究、2007年开始建设的现代中国区域研究、2010年开始建设的现代印度区域研究（包括南亚各国）（见表1）。2022年该机构聚焦建设地中海区域研究、环印度洋区域研究、亚洲和太平洋海域研究、亚欧大陆东部四个新的区域与国别研究中心，阐明国际秩序的建构和变化机制，以期形成新的区域与国别研究范式（见表1）。

---

① 亚洲政治经济学会：《アジア政経学会の紹介と沿革》，亚洲政治经济学会，http://www.jaas.or.jp/pages/about_jaas/enkaku.htm，最后访问时间：2023年2月7日。
② 日本文部省人类文化研究机构：《構構案内》，文部省人类文化研究机构，https://www.nihu.jp/ja/about/outline，最后访问时间：2023年2月7日。

表 1　日本人类文化研究机构推进的区域与国别研究概况

中心名称	资助时期	主要参与大学（或机构）
伊斯兰区域研究	2006—2015 年	早稻田大学，东京大学，上智大学，京都大学，东洋文库
现代中国区域研究	2007—2016 年	早稻田大学，京都大学，庆应义塾大学，东京大学，综合地球环境研究所，东洋文库，爱知大学，法政大学，神户大学
现代印度区域研究	2010—2021 年	京都大学，国立民族学博物馆，东京大学，广岛大学，东京外国语大学，龙谷大学
国际地中海研究	2023—2028 年	国立民族学博物馆，东洋大学，东京外国语大学，同志社大学
环印度洋区域研究	2023—2028 年	国立民族学博物馆，东京大学，大阪大学，京都大学
亚洲和大洋洲海域研究	2023—2028 年	国立民族学博物馆，东洋大学，京都大学，东京都立大学
东部亚欧大陆研究	2023—2028 年	东北大学，国立民族学博物馆，神户大学，北海道大学

资料来源：日本文部省人类文化研究机构《研究推进·人材育成》，文部省人类文化研究机构，https://www.nihu.jp/ja/research/trans-proj#network，最后访问时间：2023 年 2 月 7 日。

（二）大学的区域与国别研究

在大学推进区域与国别研究的主要方式是通过学者开展的研究进行，因此，是否有充足的科研经费保障对大学的区域与国别研究有重要影响。为推动日本的区域与国别研究，日本文部省于 1963 年在科研基金申请门类上新设置了"海外学术调查"项目。[①]"海外学术调查"分两种不同类型：一种是"学术调查"，主要资助研究内容、研究对象以及研究方法上需要在海外开展的研究计划；另一种是"共同研究"，主要资助国内外学者共同开展的研究和实验，以不实际开展海外实地调查的理工科和医学专业为主。其中，"学术调查"获批项目数 20 世纪 80

---

① Okahashi Hidenori, "The 'International Scientific Research' and Geography," *ANREG*, No. 7, 1998, pp. 4 – 5.

年代每年 100 项左右，90 年代增加到每年 360 项左右，呈现逐年增加趋势。获批该项目的负责人以人文学科和社会科学领域学者为主，两者占获批项目总数的半数以上。这说明人文社会科学在推动日本区域与国别研究中发挥了重要作用。同时，与人文学科领域相比，社会科学的增长速度更快，从 1983 年占据整体的 10% 左右增加到 1996 年的 25%，说明社会科学领域学者从事区域与国别研究数量呈现更加快速的增加趋势。

在人文学科和社会科学中，文化人类学、历史学、考古学、地理学①等学科学者作为 "海外学术调查" 经费负责人的情况居多，其次是社会学、经济学、政治学和法学等社会科学学者。② 这说明日本的区域与国别研究除了传统研究海外区域的学科外，越来越多的学科开始参与区域与国别研究。与社会学和经济学等传统社会科学相比，参与区域与国别研究的地理学者数量增长最多。地理学者的海外研究区域以南亚最多，其次是非洲和东南亚，距离日本比较近的东北亚国家也较多。相对来说，研究欧洲、大洋洲和北美洲等地区发达国家的地理学者相对较少。近年，日本的区域与国别研究的研究趋势开始超越特定的区域与国家，注重对不同区域与国家进行比较。这一特征与日本文部省人类文化研究机构正在推进的区域与国别研究的范式吻合。

区域与国别研究从计划阶段到调查实施需要各种缄默知识，因此，持续地开展区域与国别研究的大学和学者能够比较容易积累和获取区域与国别研究的缄默知识，进而获得国家科研项目的资助。日本地理学一般都有自己的海外研究区域，如筑波大学的拉丁美洲和欧洲研究、东京都立大学的非洲研究、广岛大学的印度研究等。③ 从研究机构的获批项

---

① 地理学在中国属于理科，然而，在日本人文地理学一般被归类为人文社会科学。因此，本文将日本地理学作为人文社会科学的一个分支学科进行分析。

② Okahashi Hidenori, "The 'International Scientific Research' and Geography," *ANREG*, No. 7, 1998, p. 6.

③ 刘云刚、柴彦威：《日本人文地理学的发展特征与动态》，《人文地理》2006 年第 6 期，第 7 页。

目数量看，筑波大学、东京都立大学和广岛大学位居前三，[1] 说明日本大学的区域与国别研究具有一定的中心性。同时，地理学者等交叉学科学者作为项目主持人通常还会邀请其他专业学者参与课题，推动了区域与国别研究成果在不同专业领域的交叉融合。

二　京都大学区域与国别研究的人才培养

（一）亚非区域研究院的创设背景和教育理念

京都大学于 1998 年创设亚非区域研究院，是日本第一家设置培养区域与国别研究人才机构的大学。京都大学创设该研究院的重要基础是它拥有的亚非国家的研究积累。[2] 京都大学东南亚中心和非洲研究中心是支撑亚非区域研究院的两大校内区域与国别研究机构，分别成立于 1965 年和 1986 年。其中，东南亚中心还是日本第一个由文部省认定的区域与国别研究中心。两个中心集结了京都大学大量的人文学科、社会科学和自然科学领域学者，开展了长期的区域与国别学科交叉研究并积累了大量的研究成果。京都大学创设亚非区域研究院的重要目的是将学校丰富的区域与国别研究成果更好地应用到大学学校教育实践和提升大学的社会贡献。

为培养高质量的区域与国别研究人才，亚非区域研究院设定了四大教育目的（见表 2）。（1）注重综合性的区域与国别研究教育。培养能够开拓区域与国别研究新方法、发现区域与国别研究新问题和提出实际解决方案的学者和实干家。（2）注重文理融合型的区域与国别研究教育。现代区域与国别中产生的问题综合受到自然因素和社会因素影响，

---

① Okahashi Hidenori, "The 'International Scientific Research' and Geography," *ANREG*, No. 7, 1998, p. 8.

② 京都大学大学院アジア・アフリカ研究科：《教育・研究自己点検評価報告書》，京都大学大学院アジア・アフリカ研究科，https://www.asafas.kyoto-u.ac.jp/dl/about/jikotenken2005.pdf，最后访问时间：2023 年 2 月 7 日。

因此无法凭借人文学科、社会科学或自然科学等单一学科知识进行应对解决，需要培养学生能够运用多学科综合思维分析区域和国别问题并提供解决对策。（3）重视实地调查教育。要了解不同国家和地区的现状与需求，学习当地语言和长期的海外实地调查不可或缺。因此，注重培养既有丰富的亚非国家长期实地调查经验，又能全面理解世界不同国家的地方性和多样性的人才。（4）注重面向社会传播区域与国别研究知识的教育。这是因为正确理解不同区域与国家问题时不仅需要和区域与国家内部的各主体进行知识交流，也需要和超越该区域与国家的主体进行活动交流。因此，在熟练掌握当地语言的基础上，重视可以熟练运用各种方式在国际社会传播区域与国别研究知识的人才。

为支撑以上教育目的，亚非区域研究院还设置了七大具体教育目标（见表2）。（1）实施五年一贯制的研究生课程教育，配备多学科导师组进行专业指导，以期培养区域与国别研究的国际引领型学者和实十家。（2）设置文理融合的课程体系，构建既能理解不同区域与国家的地方性，又能对世界不同区域与国家进行比较的教育体制。（3）充实区域与国别研究的海外实地调查。在亚非国家建设长期的海外实地研修基地，开发区域与国别研究人才海外实地调查的教育方法。（4）设置灵活的招生政策以保障具有多样学科背景的优秀学生。（5）构建从学生的学习生活到海外实地调查的健康和安全管理，以及未来就业的全过程学习支撑体制。（6）雇用具有多学科背景和有实际项目开发经验的优秀教师以保障区域与国别研究人才培养的质量。（7）基于教育目标定期对教育体制和教育环境进行评价和反馈，促进区域与国别研究人才培养质量的改善。

表2　京都大学亚非区域研究院的教育目的和教育目标

类别	具体内容
	（1）注重综合性的区域研究教育
教育目的	（2）注重文理融合型教育
	（3）注重长期的海外实地教育
	（4）面向社会开展区域与国别研究知识信息传播的教育

类别	具体内容
教育目标	（1）五年一贯制的研究生课程，配备多学科专业背景组成的导师组进行指导
	（2）文理融合的课程体系和教育体制
	（3）建立海外实地调研基地和创新区域与国别研究海外实地调查的教育方法
	（4）招收具有多学科背景的国内外优秀学生
	（5）构建全过程的学习支撑体系
	（6）保障具有多学科背景和项目开发经验的优秀师资
	（7）对研究院的教育目标和教育质量进行定期评估和改进

资料来源：京都大学大学院アジア・アフリカ研究科《教育・研究自己点検評価報告书》，京都大学大学院アジア・アフリカ研究科，https://www.asafas.kyoto-u.ac.jp/dl/about/jikotenken2005.pdf，最后访问时间：2023 年 2 月 7 日。

（二）专业设置方式和课程体系

亚非区域研究院设有东南亚区域研究专业、非洲区域研究专业和国际区域研究专业三个专业，每个专业进一步细分了三个研究方向，共九个研究方向（见表 3）。以东南亚区域研究专业为例，其设置了生态与环境、区域变动、综合区域三个研究方向。研究方向主要基于东南亚国家的地方性和急需应对的主要问题进行设置。其中，生态与环境方向主要探索作为东南亚自然基底的自然环境与人类活动耦合作用下的生态环境特征，开展自然生态和社会生态相关的研究教育活动；区域变动方向主要聚焦东南亚的发展特征、变化方向和变化动力，开展与区域发展和变化相关的教育研究活动；综合区域方向主要聚焦东南亚的生态、社会和文化相互耦合的多样路径，开展相关的教学和科研活动。

表 3　亚非研究院的专业和研究方向设置

专业	主要研究方向
东南亚区域研究	生态与环境
	区域变动
	综合区域

续表

专业	主要研究方向
非洲区域研究	生计与生态
	文化与社会
	发展与可持续性
国际区域研究	和平共生与生存基础
	伊斯兰世界研究
	南亚和印度洋研究

资料来源：京都大学大学院アジア・アフリカ研究科《2022 年度研究科概要》，京都大学大学院アジア・アフリカ研究科，https://www.asafas.kyoto-u.ac.jp/dl/about/asafas2022_web.pdf，最后访问时间：2023 年 2 月 7 日。

为更好地达成亚非区域研究院的人才培养目的，教育内容设计上注重长期的海外实地调查研究和产出独创性的区域与国别研究结果。① 五年一贯制的研究生标准学制分为两个阶段：第一阶段主要学习区域与国别研究的概念、问题和方法论，以及掌握将海外实地调查结果转化成博士中期论文②的能力；第二阶段以讨论课程为中心，注重掌握区域与国别研究的专业知识以及将实地调查研究成果转化成博士学位论文的能力。

基于以上的教育内容设计开设了两种不同类型的课程：一类是学校教育课程，另一类是校外研究活动（见图 1）。学校教育课程主要分为四类，包括专业课程类、平台课程类、研究演习类和课题研究类。专业课程类以讲授为主，重点学习区域与国别研究的基本概念。平台课程类面向研究院所有学生，目的是掌握区域与国别研究的方法论。同时，该研究院注重长期的海外实地调研，因此亚非国家的当地语言学习被纳入平台课程类。演习课程类旨在通过高密度和多频次的讨论课程开展指导，培养学生的创造性思维和提升将海外实地调研转化为研究成果并公开发表的能力。课题研究类主要在各类研讨课程进行海外实地调查的成

① 京都大学大学院アジア・アフリカ研究科：《教育・研究自己点検評価報告書》，京都大学大学院アジア・アフリカ研究科，https://www.asafas.kyoto-u.ac.jp/dl/about/jikotenken2005.pdf，最后访问时间：2023 年 2 月 7 日。

② 相当于我国的硕士学位论文。

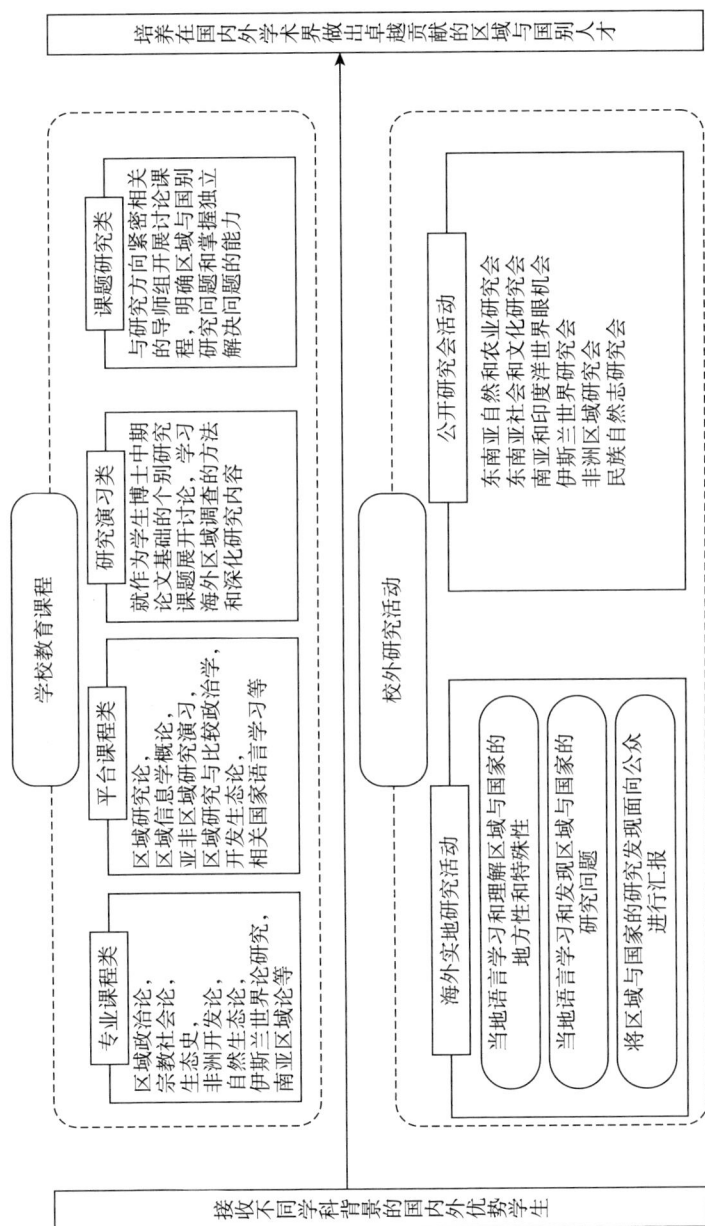

图 1 亚非区域研究院的课程体系

培养在国内外学术界做出卓越贡献的区域与国别人才

接收不同学科背景的国内外优势学生

学校教育课程

专业课程类：区域政治学，宗教社会论，生态史，非洲开发论，自然生态世界论，伊斯兰世界论，南亚区域论等

平台课程类：区域研究概论，区域信息学概论，亚非区域研究演习，区域研究与比较政治学，开发生态世界论，相关国家语言学等

研究演习类：就作为学生中期博士论文基础的个别研究课题展开讨论，学习海外区域调查的方法和深化研究内容

课题研究类：与研究方向紧密相关的导师组开展讨论课程，明确区域与国别研究问题和掌握独立解决问题的能力

校外研究活动

海外实地研究活动：当地语言学习和理解区域与国家的地方性和特殊性；当地语言学习和发现区域与国家的研究问题；将区域与国家的研究发现面向公众进行汇报

公开研究会活动：东南亚自然农业研究会，东南亚社会和文化研究会，南亚和印度洋世界研究会，伊斯兰世界区域研究会，非洲区域自然志研究会，民族自然生态研究会

资料来源：京都大学大学院アジア・アフリカ研究科《カリキュラムマップ》，京都大学大学院アジア・アフリカ研究科，https://www.asafas.kyoto-u.ac.jp/education/curriculum_map/，最后访问时间：2023年2月7日。

果汇报，通过与导师组开展密集的讨论培养学生独立发现研究问题和解决问题的能力。

除学校课程外，亚非区域研究院还重视学生在学校外的研究活动。主要活动有两种类型：一类是长时段的海外实地研修活动，另一类是面向大众的各种研究会。海外实地研修活动分为两个层次：前期旨在通过海外实地调研活动检验学生当地语言的掌握程度，在理解不同国家的地方性和多样性基础上开展实地调研；后期主要鼓励学生将海外实地调研发现在国际机构、NGO 等进行公开发表，提升学生的学术沟通能力和知识传播能力。该研究院支撑学生能够长期开展海外实地调研的重要保障是通过各种海外合作交流协议在亚非各国建设的海外实习站。这些实习站有力支持了各种类型的长期海外实地调查活动，实现了该研究院注重海外实地研修和综合性区域研究教育的人才培养目的。此外，鼓励学生将海外实地调研发现在各类研究会、面向一般民众的讲座等公开发表，广泛接受意见以及提升学术成果的社会应用水平。

（三）教育组织特征

首先，为保障亚非区域研究院的教育目标能够顺利完成，在教师选聘上注重专业的多样性和海外实地调研经历。[①] 亚非区域研究院目前有教师 47 人，其中教授 26 人、副教授 15 人、助理教授 6 人。教师专业囊括生态学、工学、农学等理工科专业，也包含文化人类学、经济学、政治学、宗教学等人文学科和社会科学专业。教师的多学科和文理交叉背景很好地支撑了该研究院注重培养综合性和文理融合的区域与国别研究人才的目标。同时，教师多数具有丰富的海外实地调查以及项目开发经验，这也有利于传承海外区域调查实践的缄默知识。

其次，教师数量由于不同专业人员编制限制，导致有些区域与国别

---

① 京都大学大学院アジア・アフリカ研究科：《教育・研究自己点検評価報告書》，京都大学大学院アジア・アフリカ研究科，https://www.asafas.kyoto-u.ac.jp/dl/about/jikotenken2005.pdf，最后访问时间：2023 年 2 月 7 日。

研究的师资会相对薄弱。该研究院通过与校内相关研究机构展开合作保障师资，解决了有些区域与国别研究缺少师资的问题。伴随日本老龄化和经济停滞背景下的大学财政预算削减，进一步挖掘校内区域与国别研究人才资源将会是一种重要的补充师资方式。

最后，为更高质量地实施区域与国别研究教育，亚非区域研究院还定期从亚非国家、欧美国家招聘学者。这些学者不仅承担该研究院的部分课程，而且对提升学生英文能力和当地语言能力也有较大帮助。同时，该研究院通过多种方式筹措经费，雇用年轻学者从事当地语言的资料处理、多源信息数据的存储、海外实习站的教育辅助工作。这些措施不仅充实了区域与国别海外调查研究教育内涵，也为从事区域与国别研究的年轻学者提供了部分就业岗位。

（四）学生来源与就业

首先，为培养高素质的区域与国别人才，亚非区域研究院要求入学学生具备以下能力：（1）具有综合的基础学习能力和国际视野；（2）对亚非国家的自然和社会现象具有较强的兴趣；（3）具有海外实地调研所需的弹性思维能力和语言运用能力；（4）具有发现和解决问题的能力，以及理论思考能力；（5）具有成为学者和实干家所需的交流能力和责任感。[①] 此外，为加强与亚非国家的交流，该研究院还积极招收各国留学生。

其次，亚非区域研究院注重招收多学科背景的学生，以期更好地培养兼具综合性和文理融合的区域与国别研究人才。这一点可以从入学学生的专业背景和本科毕业院校得到印证。学生本科专业比较多元，不仅有的来自传统的人文社会科学专业，如文学院、经济学院、法学院、国际关系学院和人类科学院等；也有的来自理工类专业，如农学院、生命

---

① 京都大学大学院アジア・アフリカ研究科：《2022 年度研究科概要》，京都大学大学院アジア・アフリカ研究科，https://www.asafas.kyoto-u.ac.jp/dl/about/asafas2022_web.pdf，最后访问时间：2023 年 2 月 7 日。

环境学院、水产学院等；此外还有的来自语言学院，以及医学院和看护学院等医学相关专业。[①] 同时，学生的本科毕业院校不仅包括日本国内的国立和私立大学，也包含国外的大学。日本国内大学有京都大学、大阪大学、名古屋大学、北海道大学等帝国大学，也有广岛大学、筑波大学等国立高等师范院校，还有高知大学、山梨大学、琉球大学等地方国立大学。此外，还有神户市外国语大学、关西外国语大学等语言类学校，以及东京和大阪等大城市的私立大学。国外留学生主要来自印度尼西亚、泰国、缅甸、老挝等东南亚国家，也有的来自以色列和中国等东南亚以外的亚洲国家，还有的来自法国等欧美国家。[②]

最后，由于亚非区域研究院毕业生一般对亚非区域和国家的自然、生态、政治经济、社会、文化等方面具有深厚的知识基础和丰富的海外实地调查经验，同时还具有综合比较分析不同亚非国家特色的专业知识，毕业生的就业形势整体较好。毕业主要去向是日本国内外的大学和研究机构、国际机构和国际NPO、政府机关以及企业等（见图2）。根据毕业生获得的学位不同就业去向有所差别。博士毕业生更多在国内外大学和研究机构工作，占据了7成左右，其次是企业和政府机关各1成。硕士毕业生的就业去向多为企业，占据了毕业生的64%，其次是政府部门，占据了整体的23%。

三　对日本区域与国别研究的总结

伴随"一带一路"倡议的推进，我国需要大量满足国家重大政策研究需求的"国别通""领域通""区域通"人才。在教育部等行政管

---

① 京都大学大学院アジア・アフリカ研究科：《入学者出身大学学部等一覧》，京都大学大学院アジア・アフリカ研究科 https://www.asafas.kyoto-u.ac.jp/admissions/old-school/#h28 – 30，最后访问时间：2023年2月7日。

② 京都大学大学院アジア・アフリカ研究科：《入学者出身大学学部等一覧》，京都大学大学院アジア・アフリカ研究科 https://www.asafas.kyoto-u.ac.jp/admissions/old-school/#h28 – 30，最后访问时间：2023年2月7日。

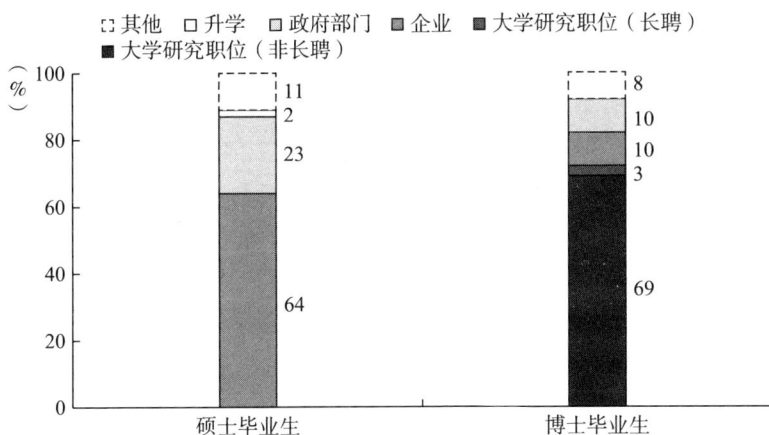

图 2　亚非区域研究院毕业生的就业去向（2016—2020 年）

资料来源：京都大学大学院アジア・アフリカ研究科《2022 年度研究科概要》，京都大学大学院アジア・アフリカ研究科，https://www.asafas.kyoto-u.ac.jp/dl/about/asafas2022_web.pdf，最后访问时间：2023 年 2 月 7 日。

理部门的大力推进下，近十年来我国区域与国别学科取得了快速发展，但是真正意义的区域与国别研究才刚起步。人才培养作为推进我国区域与国别研究的重要抓手，是关系着能否构建中国特色的区域与国别研究的重要议题。同时，东南亚作为我国推进"一带一路"倡议的重要区域，探讨如何高质量地培养东南亚研究人才具有重要意义。由于我国区域与国别研究发展历史较短，本文以区域与国别研究历史悠久的日本为例，探讨其区域与国别研究的发展历程和大学的区域与国别研究人才培养模式，以期为我国的东南亚研究人才培养提供借鉴。主要总结如下。

（1）日本受到美国影响后开始开展对发展中国家的研究。二战战败后，区域与国别研究服务国家的功能减弱，开始转型为纯粹的学术研究。在日本区域与国别研究发展过程中，国家主导设立的区域与国别研究基地、区域与国别研究的学术团体、区域与国别研究中心协作网络等形成的学术网络体系发挥了重要作用，为大学培养的区域与国别人才提供了就业机会和学术交流合作平台。20 世纪 60 年代日本文部省在科研基金项目中专门设置了"海外调查研究"，推动了更多的人文学科和社会科学学者参与区域与国别研究。人文地理学等交叉学科学者开始深度参与区域与国别研究，衔接了人文社会科学和自然科学学者，促进了区域与国别研究的学科交叉融合。同时，这一举措增加了大学中从事区域与国别研究的学者数量，推动了在一些重要大学形成特色的区域与国别研究中心。在这一基础上，2000 年以来日本文部省主导推动构建区域与国别研究中心的合作网络，培育了大量从事区域与国别研究的年轻人才，促进了区域与国别研究缄默知识的传承和再生产，也为大学开展区域与国别研究人才培养打下了坚实基础。

（2）京都大学亚非区域研究院是日本培养区域与国别研究人才的重要基地。其得以成立的重要基础正是该大学丰富的多学科区域与国别研究人才储备和特色的区域与国别研究中心。这也为该研究院培养综合性和文理融合的区域与国别研究人才提供了重要师资保障。同时，为提升区域与国别研究人才的教育质量，该研究院还积极招收多学科背景和来自多文化地区的优秀学生。在专业设置上，该研究院主要从大地理单元进行设置，如东南亚区域研究、非洲区域研究等。在研究方向上，主要基于区域急需应对的重要研究议题进行设置，避免了按照国家和地区进行设置的弊病。在课程体系上，注重通过学校教育和实地教育培养区域与国别人才。学校教育注重培养学生掌握区域与国别研究的概念和方法论，提升学生的创造性思维和独立开展区域与国别研究的能力。校外实地教育注重培养学生运用当地语言开展实地调研并将调研成果转化为研究成果，以及提升学生的学术沟通传播和社会应用能力。以上方式培养的区域与国别人才不仅对所研究区域与国别具有较为广泛的知识基础和丰富的海外实地调查经验，同时还具有深厚的专业知识，能够很好地满足国内外大学、国际机构和 NPO、政府机关以及企业对区域与国别人才的需求。

四 对我国东南亚研究人才培养的启示

本文的分析虽然主要聚焦日本区域与国别研究的发展历程以及京都大学区域与国别研究人才的培养特征，但是东南亚研究作为我国区域与国别研究的重要组成部分，日本的区域与国别研究在东南亚研究专业设置、师资建设、课程体系构建等区域与国别人才培养的通用议题上可以提供借鉴。

（1）社会需求决定专业设置，[①] 专业设置服务于人才培养。[②] 随着"一带一路"倡议的推进，我国企业进入东南亚国家开拓国际业务和参与基础设施建设等活动越来越多，开设东南亚研究专业的现实需求日益迫切。在日本，东南亚区域研究专业目前大多设置在具有丰富东南亚研究积累的大学（如本文所分析的京都大学），并不是所有大学都开设。因此，在我国开设东南亚研究专业时，应综合考察拟设置该专业大学的东南亚研究积累、地理区位、校内参与东南亚研究的学科和研究人员数量等方面，在此基础上，有计划地选取一些重点院校开设东南亚研究专业。这种方式不仅可以保障东南亚研究人才的培养质量，同时也可以避免各大学的过量开设该专业导致的教育资源浪费。

（2）目前制约我国区域与国别研究发展的最大因素是缺少人才。[③] 同时，东南亚研究人才培养依赖于高质量的师资队伍。借鉴日本的区域与国别研究的发展经验，我国可以强化以下四点举措推动建设高质量的东南亚研究队伍。首先，由教育部等行政管理部门推动我国现有的东南亚区域与国别研究中心以及重要的东南亚研究机构形成学术合作网络，同时给予财政资金支持对东南亚的重要研究议题进行攻关，提升东南亚研究水平和培养东南亚研究后备人才。其次，在我国的社会科学基金和自然科学基金设置面向区域与国别研究的门类，为学者开展东南亚实地调查研究和搜集第一手资料和数据提供物质条件，以提升东南亚研究的水平。再次，打破已有学科边界，建立校级的区域与国别研究平台，充

---

① 陈太平：《高等学校专业设置要素及其构成》，《建材高教理论与实践》1995 年第 4 期，第 14 页。

② 罗云：《关于学科、专业与课程三大基本建设关系的思考》，《现代教育科学》2004 年第 5 期，第 33 页。

③ 钱乘旦、刘军：《国别与区域研究的学科建设——钱乘旦教授访谈》，《俄罗斯研究》2022 年第 2 期，第 9 页。

分挖掘校内东南亚研究人才资源潜力和推动学科交叉融合。最后，从国内的东南亚研究机构，以及东南亚和欧美国家定期招聘知名学者，提升开设东南亚研究专业的师资整体水平和教育质量。

（3）东南亚研究作为跨学科的交叉学科，应注重兼具综合性和文理融合的人才培养，以迎合我国各主体如企业进入东南亚的现实需求。在课程体系设置上可以借鉴京都大学亚非区域研究院的做法，注重学校教育和校外教育相结合方式。在学校教育中，注重学习东南亚研究的概念和方法论，东南亚的自然、生态、政治经济、社会、文化等系统理论知识和当地语言，培养具备良好科研素养、多学科知识背景和能用跨学科视角透视东南亚国家的区域与国别研究人才。在校外教育中，重视学生运用东南亚当地语言获取第一手资料和数据的能力，以及是否能够正确理解东南亚国家的地方性和多样性。同时，注重培养能够运用创造性思维发现我国各主体在"走出去"过程中面临的新问题和东南亚国家发展过程中面临的各类问题，以及具有解决实际问题能力的东南亚研究人才，为我国各主体参与在东南亚的治理和企业开展东南亚国际业务提供智力支撑。

东南亚学研究方法的使用现状及其有益启示

——基于 SSCI 期刊《东南亚研究杂志》的分析

胡恒波 *

摘　要　东南亚学是区域国别学的新兴二级学科，能够为推动构建更为紧密的中国 – 东盟命运共同体提供智力支持，因此，加强东南亚学的学科建设已经显得尤为必要。研究方法是东南亚学学科的基础，加强研究方法的建设则成为完善东南亚学学科的关键之举。本文以国际上具有影响力和代表性的 SSCI 期刊《东南亚研究杂志》为研究对象，对该刊在进入 21 世纪后的 23 年里所发表论文使用的研究方法进行了深入分析，包括个案研究法、比较研究法、历史研究法、文献研究法、田野调查法、访谈法、问卷法、混合研究法等，较为全面地呈现了东南亚学研究方法的使用现状，并总结出东南亚学研究方法建设的有益启示。具体而言，东南亚学需要坚持研究方法多元化的整体格局，重视理论与实证研究方法的结合，加强质性与量化研究方法的混合，体现个案研究与比较研究的价值，从而形成科学的东南亚学研究方法体系。

关键词　东南亚学　研究方法　使用现状　《东南亚研究杂志》

---

* 胡恒波，华南师范大学东南亚中文教师教育学院特聘研究员。

一 问题的提出

我们为什么需要对东南亚学的研究方法加以高度关注和深入研究？这是一个令人值得深思的重要问题。东南亚学是区域国别学的新兴二级学科，能够为推动构建更为紧密的中国－东盟命运共同体提供智力支持，因此，加强东南亚学的学科建设已经显得尤为必要。而研究方法是东南亚学学科的基础，加强研究方法的建设则成为完善东南亚学学科的关键之举，所以，东南亚学的学者需要对研究方法加以高度关注和深入研究。

（一）东南亚学能为构建中国－东盟命运共同体提供支持

习近平总书记在党的二十大报告中明确指出："中国始终坚持维护世界和平、促进共同发展的外交政策宗旨，致力于推动构建人类命运共同体。"[1] 东南亚地区则是推动构建人类命运共同体的重要组成部分，习近平总书记一直非常强调推动构建更为紧密的中国－东盟命运共同体。2021 年 11 月 22 日，习近平主席出席并主持中国－东盟建立对话关系 30 周年纪念峰会，正式宣布建立中国东盟全面战略伙伴关系，"中国愿同东盟把握大势、排除干扰、同享机遇、共创繁荣，把全面战略伙伴关系落到实处，朝着构建更为紧密的中国－东盟命运共同体迈出新的步伐"。[2] 推动构建更为紧密的中国－东盟命运共同体，这充分表明了东

---

[1] 习近平：《高举中国特色社会主义伟大旗帜 为全面建设社会主义现代化国家而团结奋斗——在中国共产党第二十次全国代表大会上的报告》，新华网，2022 年 10 月 25 日，http://www.news.cn/politics/cpc20/2022-10/25/c_1129079429.htm，最后访问时间：2022 年 10 月 26 日。

[2] 习近平：《命运与共 共建家园——在中国－东盟建立对话关系 30 周年纪念峰会上的讲话》，新华社，2021 年 11 月 22 日，http://www.gov.cn/xinwen/2021-11/22/content_5652461.htm，最后访问时间：2022 年 8 月 10 日。

南亚地区的重要战略地位。因此，加强东南亚学的学科建设，从而为我国推动构建更为紧密的中国－东盟命运共同体，提供更加科学、合理和有效的智力支持，这已经显得尤为必要和迫切。

（二）加强研究方法建设是完善东南亚学学科的关键之举

东南亚学是区域国别学的新兴二级学科。2022 年 9 月 13 日，国务院学位委员会、教育部印发了《研究生教育学科专业目录（2022 年）》，在"交叉学科"这一学科门类，明确将"区域国别学"设置为一级学科。① 华南师范大学东南亚中文教师教育学院一直非常重视交叉学科建设，并创立了"东南亚学"学科。2022 年 9 月 8 日，教育部印发了《学位授予单位（不含军队单位）自主设置二级学科和交叉学科名单》，同意华南师范大学自主设置"东南亚学"交叉学科。② 华南师范大学东南亚中文教师教育学院正致力于将"东南亚学"打造成为区域国别学的新兴二级学科。研究方法是一门学科的重要基础，任何一门新兴学科的建立、发展与完善，都离不开研究方法的大力支撑。东南亚学作为区域国别学的新兴二级学科，自然也不能例外。加强研究方法的建设是完善东南亚学学科的关键之举，所以，东南亚学的学者需要对研究方法加以高度关注和深入研究。

二 研究设计

《东南亚研究杂志》是国际上非常权威的 SSCI 期刊，是比较有影响

---

① 国务院学位委员会、教育部：《研究生教育学科专业目录（2022 年）》，教育部，2022 年 9 月 13 日，http://m. moe. gov. cn/srcsite/A22/moe_833/202209/t20220914_660828.html，最后访问时间：2022 年 9 月 20 日。

② 教育部：《学位授予单位（不含军队单位）自主设置二级学科和交叉学科名单》，教育部，2022 年 9 月 8 日，http://www. moe. gov. cn/jyb_xxgk/xxgk/neirong/fenlei/sxml_gdjy/gdjy_xwgl/xwgl_glbf/202209/t20220908_659458.html，最后访问时间：2022 年 9 月 20 日。

力的专门研究东南亚的代表性期刊。本文使用文献研究法，以《东南亚研究杂志》为研究对象，力图通过对该期刊所发表论文使用的研究方法进行深入分析，以期较为全面地呈现东南亚学研究方法的使用现状，从而为推动构建科学的东南亚学研究方法体系提供有益启示。

（一）研究方法

本文主要使用文献研究法，以 Web of Science 数据库为检索源，检索《东南亚研究杂志》所刊发的论文，主要选取《东南亚研究杂志》在进入 21 世纪后的 23 年（2000—2022 年）里所发表的 1187 篇论文，力图通过对这些论文所使用的研究方法进行深入分析，较为全面地呈现东南亚学研究方法的使用现状。

（二）期刊来源

本文的研究对象是《东南亚研究杂志》，英文名称为 *Journal of Southeast Asian Studies*，该期刊为 SSCI 来源期刊和 A&HCI 来源期刊，[①]是国际上非常权威的发表东南亚研究成果的专业核心期刊。《东南亚研究杂志》由新加坡国立大学（National University of Singapore）主办和主管，并由剑桥大学出版社（Cambridge University Press）负责出版，每年共出版 4 期。[②]《东南亚研究杂志》主要刊发人文和社会科学（Humanities and Social Sciences）领域的各类文章，并且文章主题必须聚焦于东南亚地区，可以涉及文莱（Brunei）、柬埔寨（Cambodia）、印度尼西亚（Indonesia）、老挝（Laos）、马来西亚（Malaysia）、缅甸（Myanmar）、菲律宾（Philippines）、东帝汶（East Timor）、新加坡（Singapore）、泰

---

① Cambridge University Press, "Journal of Southeast Asian Studies—Abstracting and Indexing," Cambridge University Press, https：//www. cambridge. org/core/journals/journal-of-southeast-asian-studies/information/about-this-journal, accessed 2022 – 08 – 26.

② Cambridge University Press, "Journal of Southeast Asian Studies—About This Journal," Cambridge University Press, https：//www. cambridge. org/core/journals/journal-of-southeast-asian-studies/information/about-this-journal, accessed 2022 – 08 – 26.

国（Thailand）、越南（Vietnam）等 11 个国家。① 《东南亚研究杂志》自 1970 年出版第 1 期以来，已经拥有 53 年的历史，在国际上具有较高的影响力。

（三）刊文概况

1. 论文数量

在 2000 年至 2022 年，Web of Science 数据库共收录了《东南亚研究杂志》刊发的 1187 篇论文，其间，Web of Science 数据库没有收录《东南亚研究杂志》在 2003 年、2004 年、2005 年刊发的论文。关于总体的发文数量趋势，如图 1 所示。

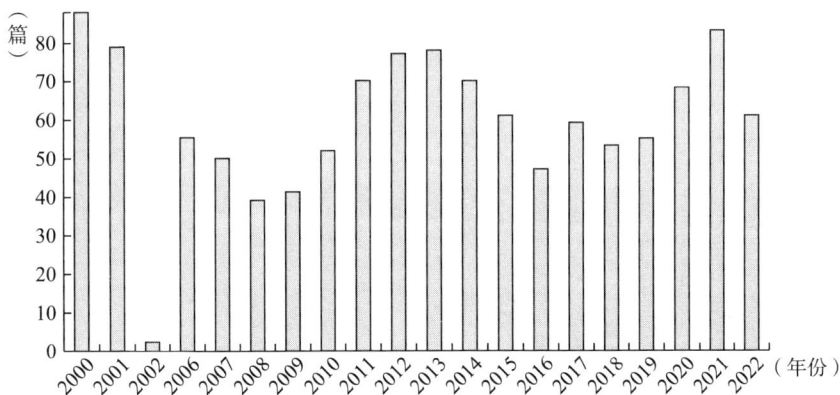

图 1　2000—2022 年《东南亚研究杂志》的发文数量趋势

2. 论文作者

在 2000 年至 2022 年，在《东南亚研究杂志》上发表论文数量靠前的核心作者，主要包括迈克尔·昂 - 瑟温（Michael Aung-Thwin）、毛里齐奥·佩莱吉（Maurizio Peleggi）、蒂莫西·P. 巴纳德（Timothy P. Barnard）、布莱恩·P. 法雷尔（Brian P. Farrell）、彼得·博施伯格

---

① Cambridge University Press, "Journal of Southeast Asian Studies—About This Journal," Cambridge University Press, https://www. cambridge. org/core/journals/journal-of-southeast-asian-studies/information/about-this-journal, accessed 2022 - 08 - 26.

（Peter Borschberg）、乔纳森·里格（Jonathan Rigg）、罗德里希·普塔克（Roderich Ptak）、威廉·卡明斯（William Cummings）、卡尔·哈克（Karl Hack）、约翰·N. 米克西奇（John N. Miksic）、安东尼·里德（Anthony Reid）、梅尔·C. 里克莱夫斯（Merle C. Ricklefs）、基思·W. 泰勒（Keith W. Taylor）、德里克·亨（Derek Heng）、布鲁斯·M. 洛克哈特（Bruce M. Lockhart）、迈克尔·J. 蒙特萨诺（Michael J. Montesano）、达维萨德·普克索姆（Davisakd Puaksom）、沙内·斯特拉特（Shane Strate）、扬·范德普滕（Jan Van Der Putten）、乔夫·韦德（Geoff Wade）、哈伊鲁丁·阿裕尼（Khairudin Aljunied）、拉美西斯·艾默尔（Ramses Amer）、伊恩·G. 贝尔德（Ian G. Baird）、凯瑟琳·A. 鲍伊（Katherine A. Bowie）。关于核心作者及其具体发文数量，如图2所示。

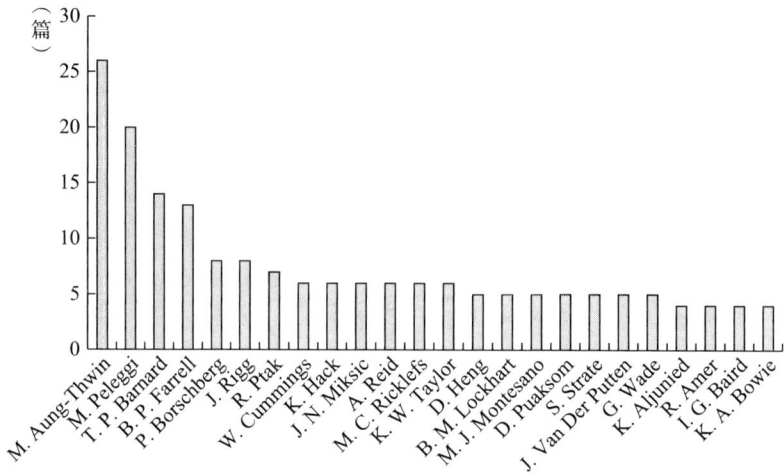

图 2　2000—2022 年《东南亚研究杂志》的核心作者及其发文数量情况

3. 论文方向

在 2000 年至 2022 年，《东南亚研究杂志》刊发论文的研究方向，主要涉及区域研究（Area Studies）、亚洲研究（Asian Studies）、艺术人文其他主题（Arts Humanities Other Topics）、公共管理（Public Administration）、政府法律（Government Law）、心理学（Psychology）、商业经济（Business Economics）、社会科学其他主题（Social Sciences Other

Topics）、社会学（Sociology）、农业（Agriculture）、环境科学生态学（Environmental Sciences Ecology）、历史学（History）、生物多样性保护（Biodiversity Conservation）、渔业（Fisheries）、食品科学技术（Food Science Technology）、林学（Forestry）、植物科学（Plant Sciences）、海洋淡水生物学（Marine Freshwater Biology）、女性研究（Women's Studies）、公共环境职业健康（Public Environmental Occupational Health）、社会问题（Social Issues）、人类学（Anthropology）、行为科学（Behavioral Sciences）、化学（Chemistry）、文化研究（Cultural Studies）等。关于刊发论文的研究方向情况，如图3所示。

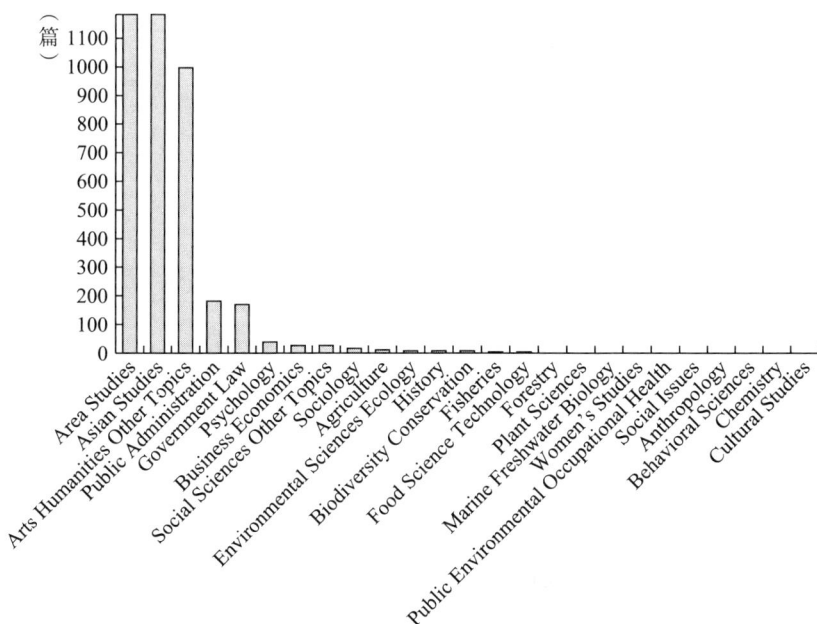

图3　2000—2022年《东南亚研究杂志》刊发论文的研究方向

三　使用现状

2000—2022年，《东南亚研究杂志》所发表的论文使用了各种类型的研究方法，包括个案研究法、比较研究法、历史研究法、文献研究法、田野调查法、访谈法、问卷法、混合研究法等，以下将对上述研究方法的使用情况展开系统分析。

（一）个案研究法

个案研究法是《东南亚研究杂志》所发表论文使用的研究方法之一。"这一取向的研究重点在于集中考察这一特定国家或主题之中的各种因素之间的互动和演化及其衍生出的特定场景，并在此基础上展开理论推论包括个案研究以及个案研究为基础的集中比较。"① 不少论文作者使用个案研究法展开了研究。例如，阿兰雅·西里蓬（Aranya Siriphon）对泰国北部的赫蒙族（Hmong）展开了个案研究，指出赫蒙人不是消极地等待有关当局和组织给予帮助，相反，赫蒙人在面对不平等的社会经济和政治团体时，能够积极地与其展开社会协商。作者通过对赫蒙族社区的案例研究，解释了在复杂的权力关系中，赫蒙人与其他团体进行社会协商的过程，指出赫蒙人利用动态的（dynamic）当地知识，与更加强大的团体进行斗争与和解。作者援引了一位泰国北部赫蒙族村长的话语，解释了当地知识的动态性，该村长指出从世界上任何地方都可能找到知识，赫蒙人通过许多不同的渠道进行学习，为了更好的生活，赫蒙族的年轻人仍然向全世界学习。② 朱利安·米利（Julian Millie）、格雷格·巴顿（Greg Barton）、琳达·欣达萨（Linda Hindasah）和森山美弘（Mikihiro Moriyama）对印度尼西亚的国有清真寺（mosques）展开了个案研究，探讨了当代印度尼西亚的宗教政治化，分析了后独裁（Post-authoritarian）时期国有清真寺的多样性，有助于人们理解公共伊斯兰教（Islamic）基础设施的含义。作者指出印度尼西亚国有清真寺是观察苏哈托（Suharto）政权灭亡以来宗教生活变化的重

---

① 周忠丽：《比较政治学研究中的个案方法：特征、类型及应用》，《比较政治学研究》2011 年第 1 期，第 99 页。

② Aranya Siriphon, "Local Knowledge, Dynamism and the Politics of Struggle: A Case Study of the Hmong in Northern Thailand," *Journal of Southeast Asian Studies*, Vol. 37, No. 1, 2006, pp. 65 – 81.

要场所，在苏哈托执政时期，受到意识形态和政治因素的限制，国有清真寺的功能有限，不过，随着苏哈托政权的结束，在现在的西爪哇（West Java），国有清真寺的使用范围已经扩大，它们现在开展了多种宗教节目和实践。作者基于田野调查，以西爪哇政府拥有的清真寺所开展的代祷仪式（intercession ritual）为例，揭示了新时期国有清真寺开放性有所增强的两个影响因素：一是苏非派教团（Sufi）的一些成员对知名度的渴望，促成了这一仪式的产生；二是政治选举过程变得更有包容性，扩大了国有清真寺的开放性。[1]

（二）比较研究法

比较研究法也是《东南亚研究杂志》所发表论文使用的研究方法之一。"社会科学领域尤其政治学、行政学等学科，比较方法的使用可谓历史悠久。"[2] "在对比较方法的研究中，一般认为，比较法是对两个或两个以上的事物或对象进行对比，以找出它们之间的相似性与差异性的一种分析方法。"[3] 不少论文作者使用比较研究法展开了研究。例如，伊冯娜·洛（Yvonne Low）对二战后处于政治转型时期的新加坡和马来亚（Malaya）的艺术发展进行了比较研究。作者回顾了第二次世界大战后，新加坡和马来亚半岛的艺术活动、艺术教育和专业艺术家崛起的背景，分析了在英国殖民主义统治结束和两个独立国家建立的过渡时期，两个国家如何为当地的艺术教育发展创造独特的条件，并造成了业余和专业（amateur-professional）艺术家的分型。作者认为两个国家促进和支持艺术及其相关活动，这与两个国家的国家战略同时进行，旨在构建

---

[1] Julian Millie et al. , "Post-authoritarian Diversity in Indonesia's State-owned Mosques: A Manakiban Case Study," *Journal of Southeast Asian Studies*, Vol. 45, No. 2, 2014, pp. 194 – 213.

[2] 刘浩然：《社会科学比较研究方法：发展、类型与争论》，《国外社会科学》2018 年第 1 期，第 123 页。

[3] 王革、王迎军：《社会科学定性研究中比较方法的应用》，《财经问题研究》2009 年第 12 期，第 25 页。

共同的"马来亚"文化和认同。① 内森·波拉斯（Nathan Porath）对印度尼西亚和泰国的两个原住民族（orang asli）的身份进行了比较研究，以民族志（ethnographically）的方式考察了两个原住民群体，一个是生活在泰国南部的梅尼克人（Meniq），另一个是生活在印度尼西亚廖内（Riau）的奥兰萨凯人（Orang Sakai）。作者重点分析了两个国家对原住民的发展的不同话语修辞（discursive rhetorics），而这两个原住民群体也吸收了这些修辞，并将这些修辞融入了原住民的现代文化话语。作者指出两个国家关于原住民发展情况的修辞，将原住民群体定义为文化上存在缺陷，贬低了原住民的生活习惯方式。作者认为两个国家的原住民身份发展，也将基于这些否定的话语来进行身份构建。②

（三）历史研究法

历史研究法也是《东南亚研究杂志》所发表论文使用的研究方法之一。"所谓历史研究的方法，就是借助于对相关社会历史过程的史料进行分析和整理，以探求研究对象本身的发展过程和人类历史发展规律。"③ 不少论文作者使用历史研究法展开了研究。例如，威廉·卡明斯对 1593 年至 1639 年苏丹·阿拉乌丁（Sultan Ala'uddin）统治时期的伊斯兰教、帝国和望加锡（Makassarese）史学展开了研究。作者指出在苏丹·阿拉乌丁统治期间，戈瓦（Gowa）和塔洛克（Talloq）的望加锡人开创了一种新的历史书写形式，称为隆塔拉克·比朗（lontaraq bilang）。作者认为这一书写体裁代表了一种伊斯兰形式的历史书写，它同时整合了望加锡历史结构中的遥远地点和事件、望加锡人和实践、伊

---

① Yvonne Low, "Becoming Professional Artists in Postwar Singapore and Malaya: Developments in Art During a Time of Political Transition," *Journal of Southeast Asian Studies*, Vol. 46, No. 3, 2015, pp. 463 – 484.

② Nathan Porath, "'They Have Not Progressed Enough': Development's Negated Identities Among Two Indigenous Peoples (Orang Asli) in Indonesia and Thailand," *Journal of Southeast Asian Studies*, Vol. 41, No. 2, 2010, pp. 267 – 289.

③ 陈志刚：《历史研究法在教育研究运用中应注意的要求》，《教育科学研究》2013 年第 6 期，第 76 页。

斯兰教的历史结构。作者指出隆塔拉克·比朗是了解望加锡人如何应对穆斯林（Muslim），以及伊斯兰化进程如何改变其社会的重要来源，通过研究历史书写的伊斯兰化，可以对前现代（premodern）望加锡帝国、社会变革、宗教认同产生新的见解。[①] 麻生美智（Michitake Aso）对1919 年至1975 年越南的疟疾（malaria）知识生产进程展开了研究。作者指出在20 世纪20 年代和30 年代，越南的医生与种植园管理者进行了合作，以开发包括环境改造和奎宁（quinine）使用在内的工业卫生技术。到20 世纪30 年代，不断变化的动因，特别是种族卫生和爱国主义（patriotism），推动了越南的疟疾控制。在20 世纪40 年代至1975 年，战时（wartime）控制疟疾的压力进一步鼓励了爱国卫生。作者认为越南疟疾科学的这段历史，展示了变化与连续性之间的紧张关系，并表明了科学知识生产与国家建设项目相结合的重要性。[②]

（四）文献研究法

文献研究法也是《东南亚研究杂志》所发表论文使用的研究方法之一。"文献研究法也称情报研究、资料研究或文献调查，是指对文献资料的检索、搜集、鉴别、整理、分析，形成事实科学认识的方法。"[③] 不少论文作者使用文献研究法展开了研究。例如，赛伊·索克（Say Sok）基于现有的文献研究，并结合对利益相关者的访谈，探讨了柬埔寨的渔场管理问题。作者指出所有的观察人士和利益相关者都认为虽然柬埔寨有发展的迹象，但是柬埔寨的发展能力相当有限，而且柬埔寨的重要渔业管理也是如此。作者分析了柬埔寨未能管理其渔业、未能在渔场强制遵守法规、未

---

① William Cummings, "Islam, Empire and Makassarese Historiography in the Reign of Sultan Ala'uddin（1593 – 1639）," *Journal of Southeast Asian Studies*, Vol. 38, No. 2, 2007, pp. 197 – 214.

② Michitake Aso, "Patriotic Hygiene: Tracing New Places of Knowledge Production about Malaria in Vietnam, 1919 – 75," *Journal of Southeast Asian Studies*, Vol. 44, No. 3, 2013, pp. 423 – 443.

③ 杜晓利：《富有生命力的文献研究法》，《上海教育科研》2013 年第10 期，第1 页。

能遏制渔业腐败的背景和原因，探讨了渔业特许经营者的权力增长。作者认为渔业特许公司拥有制定和执行自身规则的巨大权力，加上其拉拢相关国家代理人的能力，阻碍了柬埔寨管理其渔业的能力，也阻碍了柬埔寨从渔业中获益。[1] 乌尔比·博斯马（Ulbe Bosma）基于文献研究，探讨了印度尼西亚爪哇殖民地的耕作制度和私营企业问题。作者指出 1830 年荷兰殖民政府在爪哇岛实施了耕作制度，试图将这个潜在的富裕殖民地置于荷兰的经济控制之下，这一时期也是私营企业被禁止进入新兴种植园经济（plantation economy）的阶段，耕作制度通常也被认为是对经济自由主义（economic liberalism）原则的背离。不过，作者根据人口普查数据和移民记录，并参考有关 19 世纪糖业发展的最新文献，认为 19 世纪初爪哇岛上的英国贸易公司，在当地热带商品生产的发展过程中继续发挥着重要作用，新兴的种植园经济吸引了来自欧洲各国的技术人员和员工。作者认为耕作制度和私营企业不是相互排斥的关系，而是相互补充的关系，它们使爪哇蔗糖业成为仅次于古巴的世界第二大蔗糖业。[2]

（五）田野调查法

田野调查法也是《东南亚研究杂志》所发表论文使用的研究方法之一。"田野调查是人类学标志性的科学方法，与文献研究、问卷调查、科学实验、案例分析等方法相比有着自身的特点。"[3] 田野调查，也称作实地研究，是一种深入研究现象的生活背景，以参与观察和非结构访谈的方式收集资料，并通过对这些资料的定性分析理解和解释现象的社会学研究方式。[4] 不少论文作者使用田野调查法展开了研究。例如，塞

---

[1] Say Sok, "Limited State and Strong Social Forces: Fishing Lot Management in Cambodia," *Journal of Southeast Asian Studies*, Vol. 45, No. 2, 2014, pp. 174 – 193.

[2] Ulbe Bosma, "The Cultivation System (1830 – 1870) and Its Private Entrepreneurs on Colonial Java," *Journal of Southeast Asian Studies*, Vol. 38, No. 2, 2007, pp. 275 – 291.

[3] 王子舟：《田野调查：人类学方法在图书馆学中的应用》，《中国图书馆学报》2014 年第 6 期，第 12 页。

[4] 郑欣：《田野调查与现场进入——当代中国研究实证方法探讨》，《南京大学学报》（哲学·人文科学·社会科学）2003 年第 3 期，第 52—53 页。

利娜·科德雷伊（Céline Coderey）基于 2005 年至 2011 年在缅甸西部若开邦（Rakhine）与佛教徒（Buddhist）的田野调查，探讨了若开邦地区的医学与宗教之间的界限问题。作者阐述了该地区居民如何依靠与佛教（Buddhism）、占星术（astrology）、精神崇拜（spirit cults）、当地医学、西方医学相关的多种概念和实践，来应对健康和疾病以及相关的不确定性。作者将这些多样性拆开，分析了不同的组成部分如何以互补但又有层次的方式促进身体的治愈，认为这些方式与政治、社会、医学、经济、宇宙学、生物学、环境等因素紧密相连，还论述了宗教与医学、佛教与非佛教、世俗与超凡、自然与超自然之间的界限。① 邓肯·麦卡戈（Duncan McCargo）基于田野调查探讨了泰国南部佛教身份的政治问题。作者批评了查尔斯·凯斯（Charles Keyes）和唐纳德·斯威尔（Donald Swearer）等学者的观点，认为这些学者仅仅是从"公民"或"公民宗教"的视角来解读泰国佛教。作者基于在泰国南部边境省份进行的田野调查，指出泰国的宗教容忍度正在下降，佛教徒中普遍存在着反穆斯林（anti-Muslim）的恐惧和情绪，一些南方的佛教徒现在正在武装自己，并在面临日益严重的暴力冲突时组建民兵组织。作者认为泰国南部的事态发展，再加上日益增长的佛教沙文主义（chauvinism），助长了泰国其他地区对穆斯林的敌意。②

（六）访谈法

访谈法也是《东南亚研究杂志》所发表论文使用的研究方法之一。"访谈法是质的研究的最重要方法。"③ 访谈法是研究者通过与研究对象

① Céline Coderey, "Healing the Whole: Questioning the Boundaries Between Medicine and Religion in Rakhine, Western Myanmar," *Journal of Southeast Asian Studies*, Vol. 51, No. 1 – 2, 2020, pp. 49 – 71.

② Duncan McCargo, "The Politics of Buddhist Identity in Thailand's Deep South: The Demise of Civil Religion?" *Journal of Southeast Asian Studies*, Vol. 40, No. 1, 2009, pp. 11 – 32.

③ 杨威：《访谈法解析》，《齐齐哈尔大学学报》（哲学社会科学版）2001 年第 4 期，第 114 页。

有目的的交谈收集研究资料的一种方法。① 不少论文作者使用访谈法展
开了研究。例如，武氏冉恩（Thanh Thi Vu）通过访谈法研究了越南北
部年轻已婚夫妇的性别角色态度和家务分工。作者基于对居住在农村和
城市地区的 30 对夫妇的单独访谈，探讨了年轻人对妻子角色和丈夫角色
的看法，以及这些角色如何转化为他们的家务分配。作者通过对访谈的
分析发现，年轻人的看法和期望仍然受到传统的性别意识形态（ideology）
的影响，因为妻子仍然被认为主要负责家务。不过，在实践中，性别角
色具有高度的灵活性，并表现出巨大的相互支持。此外，配偶之间在性
别角色态度方面的相似性或差异性，有助于提高对当前家庭分工的相对
满意度。② 阮氏现（Nguyễn Thị Hiền）通过访谈法研究了当代越南的灵
媒（spirit medium）问题。作者指出道母（Đao Mẫu）教是越南民族特
有的宗教，根据在越南北部采访的灵媒的生活故事，探讨了成为灵媒的
动机（motivations）：这些人练习道母教的宗教仪式，主要是因为他们自
己将这一角色视为自己的命运之神，他们希望仪式能够给自己带来健康
和吉祥。③

（七）问卷法

问卷法也是《东南亚研究杂志》所发表论文使用的研究方法之一。
"所谓问卷法，就是指在社会调查中，采用问卷调查表（常简称为问
卷）作为工具，直接从被调查者那里收集有关资料的方法。"④ 不少论
文作者使用问卷法展开了研究。例如，乔纳森·里格、苏里亚·韦拉翁
斯（Suriya Veeravongs）、拉利达·韦拉翁斯（Lalida Veeravongs）、皮亚

---

① 王萌：《浅谈访谈法中的提问技巧》，《现代教育科学》2006 年第 10 期，第 105 页。

② Thanh Thi Vu, "Gender Role Attitudes and the Division of Housework in Young Married Couples in Northern Vietnam," *Journal of Southeast Asian Studies*, Vol. 52, No. 1, 2021, pp. 90 – 109.

③ Nguyễn Thị Hiền, "'Seats for Spirits to Sit Upon': Becoming a Spirit Medium in Contemporary Vietnam," *Journal of Southeast Asian Studies*, Vol. 38, No. 3, 2007, pp. 541 – 558.

④ 风笑天：《问卷法》，《青年研究》1993 年第 5 期，第 39 页。

瓦德·罗希塔拉绍翁（Piyawadee Rohitarachoon）基于问卷调查，探讨了泰国中部农村的空间重置和生活重塑问题。作者在泰国中部平原的两个村落进行了问卷调查。这项调查共发放了 190 份问卷，作者据此追溯了被研究村落从农业社区向宿舍居民点（dormitory settlements）的转变。作者指出，由于一系列经济、环境和社会的变化，农业在很大程度上被挤出了当地经济和当地生活，与此同时，泰国的农村空间已经被一系列的非农业活动渗透，例如工业园区的建立，村民以及来自泰国其他地区的移民已经在非农业（non-farm）经济中获得了新机会。作者认为这些土地转型的过程，最终的结果便是村庄作为一个社区、一个生产单位、一个身份场所、一个有共同历史的地方正在消失。[①] 莉迪亚·约瑟（Lydia N. Yu Jose）基于问卷法探讨了第二次世界大战期间，关于在菲律宾的韩国人的谣言与历史。作者认为"韩国人比日本人更强硬"是一个关于第二次世界大战期间在菲律宾的韩国人的谣言。为了大致了解有多少人听到了这个谣言，作者在 2009 年 4 月至 5 月分发了调查问卷。作者指出，该谣言一直流传至今，其大致意思为"韩国人在第二次世界大战中犯下的暴行比日本人多"。作者认为这是一个半真半假的记忆：真的是菲律宾有韩国人，假的是韩国人犯下的暴行不可能比日本人多。这正如作者使用的档案证据所证明的那样。作者指出如果菲律宾教科书正确地讨论了韩国人及其在战争中的作用，这一谣言就不会持续至今。[②]

（八）混合研究法

混合研究法也是《东南亚研究杂志》所发表论文使用的研究方法之一。"混合研究方法从广义上来讲，是研究者或研究团队将定性和定量研究方法的元素（如定性和定量的观点、数据收集、分析、推断技巧的运用）结合起来，以达成对研究问题兼备广度和深度的理解，以及保

---

① Jonathan Rigg et al., "Reconfiguring Rural Spaces and Remaking Rural Lives in Central Thailand," *Journal of Southeast Asian Studies*, Vol. 39, No. 3, 2008, pp. 355 – 381.

② Lydia N. Yu Jose, "The Koreans in Second World War Philippines: Rumour and History," *Journal of Southeast Asian Studies*, Vol. 43, No. 2, 2012, pp. 324 – 339.

证研究方法的协作性；从研究形式上看，混合方法的研究应当包括在单一研究中对各种方法的混合运用。"[1] 一些论文作者使用混合研究法展开了研究。例如，克拉斯·斯图特杰（Klaas Stutje）基于定量和定性（quantitative and qualitative）的档案研究，探讨了荷属印度尼西亚殖民地晚期的刑罚种植园（penal plantation）的生活和劳动条件。作者考察了1905年至1942年印度尼西亚努萨坎班甘（Nusakambangan）监狱岛的历史，将努萨坎班甘囚犯（inmates）的劳动条件，与私人种植园工人的劳动条件进行了比较，并讨论了殖民时代后期殖民地国家在管理劳动条件方面的作用。此外，作者还从囚犯的角度描述了岛上的日常生活，虽然几轮强制分类决定了囚犯的生存前景，但是严重的腐败为囚犯和狱警之间的谈判创造了空间。[2]

四 有益启示

本文通过对《东南亚研究杂志》的研究，总结出了东南亚学研究方法建设的有益启示。具体而言，东南亚学需要坚持研究方法多元化的整体格局，重视理论与实证研究方法的结合，加强质性与量化研究方法的混合，体现个案研究与比较研究的价值，从而形成科学的东南亚学研究方法体系。

（一）东南亚学需要坚持研究方法多元化的整体格局

通过对《东南亚研究杂志》所发表论文使用的研究方法进行分析，可以发现论文作者使用了各种类型的研究方法，包括个案研究法、比较研究法、历史研究法、文献研究法、田野调查法、访谈法、问卷法、混合研究法等。借鉴《东南亚研究杂志》的有益经验，东南亚学需要坚持

---

[1] 臧雷振：《政治社会学中的混合研究方法》，《国外社会科学》2016年第4期，第140页。

[2] Klaas Stutje, "Nusakambangan in Context: Life and Labour Conditions in a Late Colonial Penal Plantation in the Netherlands Indies, 1905 – 42," *Journal of Southeast Asian Studies*, Vol. 53, No. 1 – 2, 2022, pp. 57 – 79.

研究方法多元化的整体格局。"多元主义并非实用主义，它追求的是在特定的层面上（认识论、方法论、具体方法）对不同研究范式和分析方法的统合，它强调的是突破本体论和认识论对本体系方法的束缚，在不同方法的互鉴、互补、互证的基础上，实现对具体研究方法的正确选择。"①

（二）东南亚学需要重视理论与实证研究方法的结合

强调理论与实证研究方法的结合，这已经成为社会科学领域研究方法的重要趋势。美国最优秀的青年经济学家之一、哈佛大学学者协会研究员格伦·韦尔（E. Glen Weyl）在接受《中国社会科学报》的采访时曾指出："我一直致力于价格理论（price theory）这一方法论的研究，将理论经济学思考与实践性政策设计、实证测量工作相结合的方法，将是未来经济学研究领域最有前景的方向。"②《东南亚研究杂志》所发表的论文使用了多元化的研究方法，不仅包括理论性的研究方法，如文献研究法、历史研究法等，而且还包括实证性的研究方法，如田野调查法、访谈法、问卷法等。借鉴《东南亚研究杂志》的有益经验，东南亚学需要重视理论与实证研究方法的结合。

（三）东南亚学需要加强质性与量化研究方法的混合

无论是质性研究方法，还是量化研究方法，它们都是社会科学领域的重要研究方法。然而，在过去的一段时间里，这两类研究方法却存在相互冲突和斗争的局面。但这一斗争包含着某些合理的诉求，它们充分暴露了对立面思想的局限性，从而在客观上有助于完善资料收集方法的建设。③ 目前，强调质性与量化研究方法的混合，这已经成为社会科学领域研究方法的重要特征。《东南亚研究杂志》所发表的论文也使用了

---

① 李建民：《多元主义视角下的社会科学研究方法再思考》，《中国社会科学评价》2018第 2 期，第 22 页。

② 张梦颖：《未来经济学展望：理论与实证相结合最具前景》，《中国社会科学报》2012年 11 月 26 日，第 A03 版。

③ 郑震：《社会学方法的综合——以问卷法和访谈法为例》，《社会科学》2016 年第 11 期。

定量和定性相结合的研究方法，借鉴《东南亚研究杂志》的有益经验，东南亚学需要加强质性与量化研究方法的混合。

（四）东南亚学需要体现个案研究与比较研究的价值

《东南亚研究杂志》所发表论文注重使用个案研究方法和比较研究方法，这两种研究方法也是区域国别学的重要研究方法。我们在进行区域研究时，一定会使用到比较研究方法；我们在进行国别研究时，也一定会使用到个案研究方法。而且，比较研究"一定是通过对个案国家中的变量所进行的比较，并强调通过对个案国家相似性、差异性及其固有的普遍因果联系进行辩证分析，进而得出合乎发展规律的认识原理"。[1]个案研究法和比较研究法对于区域国别学具有重要价值，通过个案研究和比较研究可以充分发现有益的认识和经验，从而可以为提出有效的意见和建议提供借鉴。而东南亚学作为区域国别学的新兴二级学科，需要借鉴《东南亚研究杂志》的有益经验，充分体现个案研究与比较研究的价值，为推动构建更为紧密的中国－东盟命运共同体提供有益的智力支持。

---

[1]　彭兴业：《比较政治学研究中的个案方法探析》，《政治学研究》1998 年第 2 期，第 13—14 页。

澜湄国家命运共同体构建：解析与评估*

田继阳** 卢光盛***

摘　要　在 2016 年 3 月标志着澜湄合作机制运行的首次澜湄国家领导人会议上，六国领导人通过《三亚宣言》，确立了构建澜湄国家命运共同体作为澜湄合作的目标和宗旨。澜湄国家命运共同体的提出既丰富了人类命运共同体的理论内涵，构建澜湄国家命运共同体也以人类命运共同体的先行先试成为"一带一路"建设的重要支撑。澜湄国家以共同利益、身份认同、共同体意识的形成和深化作为动力因素，通过建设双边命运共同体、挖掘次区域发展潜力、创新合作模式、完善澜湄合作进一步强化了次区域的政治互信、经济互补、身份认同和机制建设。但区域地缘环境复杂化、国家利益现实冲突、国际责任分化、意识形态差异、地区矛盾以及制度拥堵等多方面障碍也加剧了澜湄国家命运共同体构建的风险。未来，需要进一步探索与创新澜湄国家命运共同体的构建思路

* 本文系国家社会科学基金项目"五个家国维度下构建中国—东盟命运共同体研究"（22A2D106）阶段性成果，并得到云南省哲学社会科学专家工作站（2022GZZH01）项目资助。
** 田继阳，云南大学国际关系研究院·区域国别研究院博士研究生。
*** 卢光盛，云南大学国际关系研究院·区域国别研究院/周边外交研究中心教授、博士生导师。

和建设内容，强化动力要素，继续推动澜湄国家命运共同体构建。

关键词 澜湄国家命运共同体　澜湄合作　一带一路　身份认同 共同体意识

作为超越澜湄次区域不同民族和国家界限的政治理想，澜湄国家命运共同体具有丰富的理论内涵和坚实的现实基础。当前，全球单边主义、保护主义上升，世界经济衰退压力巨大，气候变化带来的环境挑战和自然灾害风险持续上升。中国与湄公河国家进一步加强伙伴关系，深化各领域务实合作，共同应对新冠疫情并推动社会经济复苏，构建命运共同体的理念更加深入人心。推进澜湄国家命运共同体建设，是实现对于践行以互利共赢为核心的新型国际关系以及人类命运共同体的重要支撑。因此，进一步明确澜湄国家命运共同体的提出背景、概念内涵与时代意义，在此基础上探讨推进澜湄国家命运共同体的动力因素和现实进程，评估澜湄国家命运共同体的推进障碍和风险具有重要现实意义。

一　澜湄国家命运共同体概念提出与时代意义

周边在中国外交全局中居于首要位置，中国推动建设人类命运共同体也是从周边起步。[①] 澜沧江－湄公河次区域地处中南半岛，"肩挑两洋"，位于"丝绸之路经济带"和"21世纪海上丝绸之路"交会的枢纽位置，是中国周边外交的重要战略支点。因此，澜湄地区成为中国推动构建周边命运共同体取得实质性成效最突出的地区之一，"澜湄国家命运共同体"也是"人类命运共同体"理念在地区层面的具体实践和

---

① 习近平：《深化合作伙伴关系　共建亚洲美好家园——在新加坡国立大学的演讲》，人民出版社，2015，第5页。

重要探索。随着澜湄国家构建命运共同体实践的推进，当前迫切需要在准确把握"人类命运共同体"理论体系的基础上，进一步明确澜湄国家命运共同体的科学概念、基本内涵以及时代意义。

（一）澜湄国家命运共同体的提出背景

在 2016 年 3 月 23 日发布的《澜沧江－湄公河合作首次领导人会议三亚宣言——打造面向和平与繁荣的澜湄国家命运共同体》（简称《三亚宣言》）中，澜湄六国第一次正式提出了"澜湄国家命运共同体"的概念。[①] 2017 年 3 月 23 日，外交部部长王毅在澜湄合作启动一周年的讲话中指出，澜湄六国"本着平等协商的精神，致力于维护地区和平稳定，缩小发展差距，携手打造团结互助、平等协商、互惠互利、合作共赢的澜湄国家命运共同体"。[②] 2018 年 1 月 10 日，澜湄合作第二次领导人会议发表了《澜沧江－湄公河合作五年行动计划（2018—2022）》，旨在促进澜湄沿岸各国经济社会发展，增进各国人民福祉，缩小本区域发展差距，建设面向和平与繁荣的澜湄国家命运共同体。[③] 2020 年 2 月 20日，在澜湄合作第五次外长会上，各国外长重申澜湄合作将在协商一致、平等相待、相互协商和协调、自愿参与、共建、共享的基础上，尊重《联合国宪章》和国际法，建设面向和平与繁荣的澜湄国家命运共同体，树立新型国际关系典范。[④] 面对新冠疫情，2020 年 8 月 24 日，在澜湄合作第三次领导人会议上，澜湄国家宣布加强公共卫生合作，应

---

① 《澜沧江－湄公河合作首次领导人会议三亚宣言（全文）》，新华网，2016 年 3 月 23 日，http://news.xinhuanet.com/world/2016－03/23/c_1118422397.htm，最后访问时间：2022 年 12 月 12 日。
② 王毅：《大力推进澜湄合作，构建澜湄国家命运共同体》，中华人民共和国外交部网站，2017 年 3 月 23 日，http://www.fmprc.gov.cn/web/wjbzhd/t1448115.shtml，最后访问时间：2022 年 12 月 12 日。
③ 《澜沧江－湄公河合作五年行动计划（2018—2022）》，《人民日报》2018 年 1 月 11日，第 9 版。
④ 《澜湄合作第五次外长会联合新闻公报》，中华人民共和国外交部网站，2020 年 2 月21 日，http://www.fmprc.gov.cn/web/wjbzhd/t1748082.shtml，最后访问时间：2022 年12 月 12 日。

对新冠疫情挑战和确保经济社会复苏，共建人类卫生健康共同体。①

可见，从第一次正式提出"澜湄国家命运共同体"的概念至今，澜湄国家命运共同体的建设在不断推进和深化。中国正在认真贯彻落实中共二十大精神，按照习近平总书记确定的亲诚惠容和与邻为善、以邻为伴周边外交方针，同湄公河国家一道，努力推动构建澜湄国家命运共同体，并将其打造成为人类命运共同体在周边建设的先行先试样板。

（二）澜湄国家命运共同体的概念内涵

习近平总书记在党的二十大报告中明确提出，构建人类命运共同体就是要建设持久和平、普遍安全、共同繁荣、开放包容、清洁美丽的世界。澜湄国家命运共同体是人类命运共同体理念在地区层面的具体实践和重要探索，因此，这一命运共同体实践就是要在澜湄"3 + 5 + X"②合作框架的基础上，建立伙伴关系，营造安全格局，谋求经济发展，促进文明交流，构筑生态体系，构建持久和平、普遍安全、共同繁荣、开放包容、清洁美丽的澜湄国家命运共同体。

"持久和平"即澜湄国家相互尊重、平等相待、互商互谅，摒弃冷战思维和强权政治，尊重主权和领土完整不容侵犯、内政不容干涉，不搞唯我独尊、强买强卖的霸道行为，深化彼此间战略合作伙伴关系，走对话而不对抗、结伴而不结盟的国与国交往新路；"普遍安全"即澜湄国家要营造公平正义、共建共享的安全格局，通过信息交换、能力建设和联合行动协调等加强澜湄执法安全合作，建立执法合作机构，推进有关合作，应对共同关心的非传统安全事务；"共同繁荣"即澜湄国家坚

---

① 《澜沧江－湄公河合作第三次领导人会议万象宣言（全文）》，中国政府网，2020 年 8 月 24 日，http://www.gov.cn/xinwen/2020－08/24/content_5537090.htm，最后访问时间：2022 年 12 月 12 日。

② "3"指政治－安全、经济和可持续发展、社会－人文三大合作支柱，"5"指互联互通、产能合作、跨境经济、水资源、农业和减贫五个优先合作领域，"X"指进一步拓展的合作领域。

持合作共赢的多边贸易体制，反对贸易保护主义，推动区域经济一体化深入发展；"开放包容"即澜湄国家做到外交上和平合作、心态上兼收并蓄、文明上互学互鉴、经贸上互利共赢、机制上协调对接，以开放包容的心态推进区域内各国的发展共赢；"清洁美丽"即澜湄国家坚持绿色、低碳、循环、永续发展之路，致力于强化澜湄水资源、森林资源等自然资源合作、保护、管理和利用，加强澜湄环境保护能力建设和宣传教育合作，要构筑尊崇自然、绿色发展的生态体系。

（三）澜湄国家命运共同体的时代意义

一是丰富人类命运共同体的理论内涵。澜湄国家命运共同体是经澜湄六国正式认可的命运共同体，是人类命运共同体在周边建设的试验田、示范点，在建设过程中，其所取得的经验将进一步丰富人类命运共同体的理论内涵，为人类命运共同体理念在其他地区的实践提供理论指导。由于我国发展已经进入新的历史阶段，面临许多新形势、新要求和新挑战，构建澜湄国家命运共同体正是在新时代对推进澜湄次区域发展深入思考和判断的产物，具有重大的理论价值和创新意义。

二是作为建设人类命运共同体的先行先试。习近平主席指出，"构建人类命运共同体是一个美好的目标，也是一个需要一代又一代人接力跑才能实现的目标"。[①] 在构建人类命运共同体的过程中，循序渐进、先易后难、由近及远是一个合理的选择。湄公河地区与中国周边其他区域相比，存在市场需求强劲、合作基础良好，以及领土争端和恐怖袭击等区域风险较少等方面优势，并且湄公河国家与中国都建立了全面战略合作伙伴关系，彼此间合作进程受其他因素影响而中断、逆转的可能性小。因此，无论是从历史和现实，还是从基础和条件，抑或是从障碍及其突破的可能等方面来看，湄公河地区是中国最有基础和

---

① 习近平：《共同构建人类命运共同体——在联合国日内瓦总部的演讲》，人民网，2017年1月19日，http://politics.people.com.cn/n1/2017/0119/c1001-29033860.html，最后访问时间：2022年12月12日。

条件去推动构建人类命运共同体以及最有可能取得实质成果的地区，因此澜湄国家命运共同体也成为人类命运共同体从理论到实践的最佳选择。

三是推进"一带一路"建设的关键支撑。澜湄地区地处"丝绸之路经济带"和"21 世纪海上丝绸之路"的交叉结合区域，具有独特的地理优势，经济发展潜力巨大。澜湄国家命运共同体的构建有利于将澜湄合作、中国－中南半岛经济走廊等合作对接起来，促进澜湄合作的"3 + 5 + X"框架与"一带一路"的"五通"① 以及人类命运共同体的"五个支柱"② 打通，发挥好澜湄地区作为"丝绸之路经济带"和"21 世纪海上丝绸之路"紧密衔接的地缘交会枢纽作用。在此基础上，澜湄国家命运共同体的建设将进一步平衡地区发展，强化发展动力，在为"一带一路"在东南亚的突破性建设取得关键支撑的同时，进一步增加对于其他国家和地区参与"一带一路"建设的吸引力。

二 推进澜湄国家命运共同体建设的动力因素

促使澜湄国家命运共同体形成并推动其发展的动力，既是促使共同体成员加强联系、形成一致利益的要素，也是推动共同体成员形成集体身份认同和共同体意识的要素。综合而言，主要包括外部风险与威胁促进共同利益的形成、国际实践中产生澜湄身份认同、区域文化认同强化共同体意识等外部推力，三种推力共同作用于澜湄国家命运共同体，共同促进其发展。

（一）外部风险与威胁促进共同利益的形成

外部风险与威胁包括共同体成员所面临的外部战争和外部入侵威胁，成员国政治被域外国家干涉或为域外国家所颠覆和操控的威胁，成

---

① 即政策沟通、设施联通、贸易畅通、资金融通、民心相通。

② 即政治、安全、经济、文化、生态。

员国国民经济遭遇破坏性打击或人民的生命安全遭遇严重损害的威胁，等等。外部风险与威胁对共同体形成和发展的驱动作用表现在它能够促使地区成员国共同利益的形成，从而使成员国走到一起。通常，外部风险与威胁并非针对地区某一个成员国，而更多的是对地区所有国家的共同威胁。首先，由于全球资本与生产技术要素的全球化重新配置，经济形势异常严峻，湄公河国家大多均处在城市化、城镇化提档升级发展时期，面临基础设施薄弱、资金缺口较大、贫困人口仍多、工业化和现代化任务繁重等发展难题，需要共同应对当前经济安全形势的风险与挑战，推动次区域内生产要素快速、高效流动，为区域经济可持续增长注入强劲动力，共同维护区域经济安全稳定和自由贸易进程是澜湄国家的共同需求；其次，应对地区气候变化、跨国贩毒、走私、贩卖人口等非传统安全威胁也需要六国合作；最后，澜湄国家均面临如何协调环境保护与经济发展、最终实现可持续发展的问题。因此，对严峻经济形势、非传统安全和生态保护的重视，是促成澜湄国家密切合作、推进命运共同体建设的重要原因。

（二）国际实践中产生澜湄身份认同

与域外行为体相互交往的国际实践对澜湄国家集体身份形成具有促进作用，主要在于澜湄国家之间的集体身份认同形成于对域外行为体的"他者化"过程中。在与域外行为体的交往过程中，澜湄国家在政治－安全、经济与可持续发展、人文－社会等方面的共同利益是它们区分"我们"与"他者"的重要基础，而地区国家认识"自我"与域外行为体差异的过程，正是"他者化"[①] 的过程。换句话说，在 2016 年 3 月举办的首次澜湄国家领导人峰会上，各国领导人共同签署《三亚宣言》，同意"本着平等协商的精神，致力于维护地区和平稳定，缩小发展差距，携手打造团结互助、平等协商、互惠互利、合作共赢的澜湄国

---

① Catherine Jones, "Great Powers, ASEAN, and Security: Reason for Optimism?" *The Pacific Review*, Vol. 28, No. 2, 2015, p. 125.

家命运共同体"的时候，六国已成为澜湄国家命运共同体的主体成员，这是六国作为"澜湄国家"的自我身份认同。同时，由于国家在国际社会上的主体间性特征，湄公河国家无论是在"美国—湄公河伙伴关系"的美湄合作中，还是与日本、印度等国的日湄、印湄合作中，只要涉及澜湄合作的相关议题，其澜湄身份将被域外行为体"再现"，并与中国作为利益相关方的自我界定相一致。

（三）区域文化认同强化共同体意识

塞缪尔·亨廷顿曾经对亚洲经济合作提出看法，认为东亚经济合作需要在共同的东亚文化背景下才能彰显活力与意义。澜湄国家命运共同体需要相似乃至共同的文化渊源作为构建基础。中国与周边特别是湄公河国家地缘相邻，人文相亲，又同属儒家文化圈，双方历史文化交往作为客观而不容否定的存在，① 为澜湄国家间推动区域文化认同、促进地区经济合作创造了积极条件，即使澜湄各国社会制度、语言、习俗与经济发展模式及经济发展水平各有差异。从历史、宗教方面看，中国与湄公河国家之间经过长期文化交流形成了共同的佛教宗教文化、华人文化等。中、老、柬、缅、泰等国家有民众信仰佛教，华人又占有一定比例，在社会经济、政治生活中扮演着重要角色，一定程度上华人传播了汉语文化、饮食、传统习俗等中国文化，加深了当地民众对中国文化的认同感，因此中国与湄公河国家既有密切的宗教文化渊源，也在现代人文交往中不断加深彼此认同。此外，中国与湄公河国家相继经历近代以来的西方殖民、日本侵略的惨痛，以及战后争取民族解放和国家独立的艰辛，都有着以和平稳定环境发展经济、改善民生的强烈愿望。中国与湄公河国家文化属性开放包容，深厚的区域文化认同为澜湄国家命运共同体的构建提供了历史与现实的基础动力。

---

① 于红丽、王雅莉：《中国周边安全问题的困境与突破：一种建构主义的思考》，《黑龙江社会科学》2016 年第 5 期，第 43 页。

三　推进澜湄国家命运共同体建设的现实进程

根据以上对推进澜湄国家命运共同体动因的分析层次，结合当下国际局势特征以及近年来澜湄国家命运共同体的发展成效，对共同体建设的现实进程将从政治互信、经济互补、身份认同、机制建设等方面进行解析。

（一）践行命运共同体理念，推进政治互信

中国与湄公河五国都建立了全面战略合作伙伴关系，与老挝、柬埔寨和缅甸这三个国家分别明确了要构建国与国双边的命运共同体，并进入了具体落实阶段，取得了实质的发展，是澜湄国家命运共同体建设的重要进展和成效。其中中国和老挝在 2019 年共同签订并实施《构建中老命运共同体行动计划》，为两国在深化高层互动、经贸合作、疫情防控合作等关键议题上做了政治纲领性指引。在同一年，中国与柬埔寨签订了《关于构建中柬命运共同体行动计划（2019—2023）》，该行动计划是中国与不同社会制度国家签署的首份命运共同体行动计划，"是指导中柬全面战略合作伙伴关系发展的一份纲领性文件，更是中国推动构建人类命运共同体的重要实践，表明中柬全面战略合作伙伴关系达到了历史新高度"。[①] 另外在 2020 年 1 月，在习近平主席对缅甸进行国事访问期间，双方发表联合声明，一致同意深化两国全面战略合作伙伴关系，打造中缅命运共同体，推动中缅关系进入新时代。[②] 至此，中国与三个湄公河国家分别达成致力于建设双边命运共同体的共识，进一步深化了澜湄次区域合作的政治互信。

---

① 王文天：《共同构建牢不可破的中柬命运共同体》，新华网，2019 年 5 月 15 日，http://www.xinhuanet.com/globe/2019-05/15/c_138054870.htm，最后访问时间：2022年 12 月 12 日。

② 《中华人民共和国和缅甸联邦共和国联合声明》，《人民日报》2020 年 1 月 19 日，第 2 版。

（二）挖掘次区域发展潜力增强经济互补

随着当前世界经济的下行压力逐渐增大，全球化面临深刻的变革，湄公河国家的经济增长速度也出现不同程度的波动乃至逐渐降低。但如图1所示，相比全球整体经济增长平均水平，除了泰国经济增长出现较为明显的波动，湄公河地区国家总体上依然保持着较高的经济增长率，其中柬埔寨和越南在2019年全球经济增长普遍下滑的趋势下，更是分别以7.05%、7.02%的GDP增长率逆势创下了高速增长率。湄公河地区成为全球经济增长最为活跃的地区之一，市场发展潜力巨大。

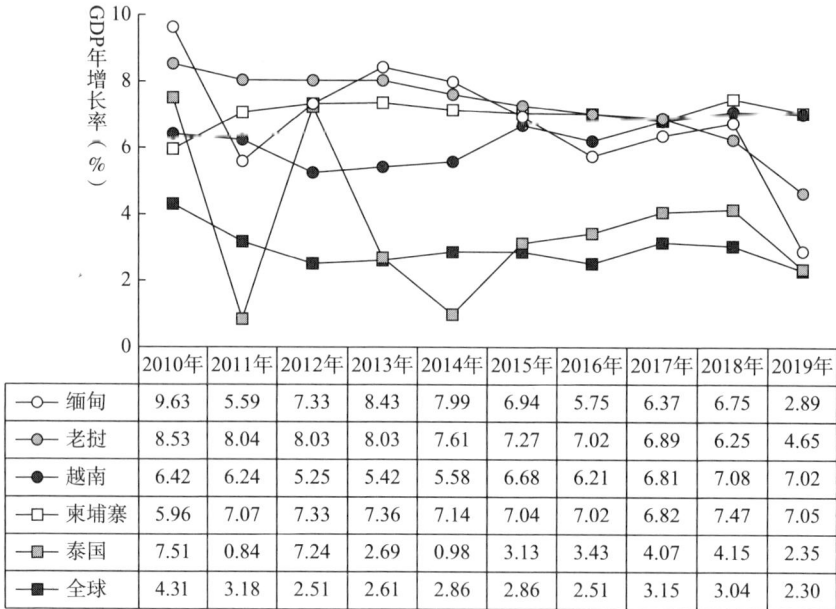

	2010年	2011年	2012年	2013年	2014年	2015年	2016年	2017年	2018年	2019年
—○— 缅甸	9.63	5.59	7.33	8.43	7.99	6.94	5.75	6.37	6.75	2.89
—●— 老挝	8.53	8.04	8.03	8.03	7.61	7.27	7.02	6.89	6.25	4.65
—●— 越南	6.42	6.24	5.25	5.42	5.58	6.68	6.21	6.81	7.08	7.02
—□— 柬埔寨	5.96	7.07	7.33	7.36	7.14	7.04	7.02	6.82	7.47	7.05
—■— 泰国	7.51	0.84	7.24	2.69	0.98	3.13	3.43	4.07	4.15	2.35
—■— 全球	4.31	3.18	2.51	2.61	2.86	2.86	2.51	3.15	3.04	2.30

图1　湄公河国家近年的经济增长概况

资料来源：中国国家统计局；世界银行。

在此基础上，中国与湄公河国家经济的关联度、互补性进一步加深。2017年中国与湄公河国家贸易总额达到2200亿美元，同比增长16%，2018年达到2614.86亿美元，同比增长18.86%，2019年1—10

月贸易总额为 2294 亿美元，超过 2017 年全年贸易总额。[①] 目前，中国是越、缅、柬、泰四国的第一大贸易伙伴，是老挝仅次于越南的第二大贸易国。若将湄公河五国作为一个整体，该地区已是中国的第五大贸易伙伴。与此同时，中国的投资对促进湄公河国家经济增长的重要性日益显现。从投资存量看，目前中国是柬埔寨、缅甸和老挝最大的外资来源国，是越南第二大外资来源国。[②] 澜湄合作专项基金的设立，为促进澜湄次区域经济可持续发展、缩小发展差距发挥了重要作用。2019 年初，中国先后与缅甸、柬埔寨和老挝签订了扶助中心项目的澜湄合作专项基金项目协议。随着中小型项目的落地实施，充分利用澜湄国家的生产要素禀赋，发挥各方自身优势，打造合作范本，有效地提高了湄公河国家参与合作的积极性，不断推动双边合作走深走实，为澜湄国家命运共同体建设不断奠定基础。

另外，围绕改善招商引资环境、完善拓展基础设施建设等内容，近年来缅甸、越南、老挝、泰国分别提出了《国家全面发展 20 年规划》、《至 2020 年融入国际社会总体战略和 2030 年愿景》、《10 年社会经济发展战略（2016—2025）》以及"泰国 4.0 战略"等战略发展规划。加上柬埔寨早期提出的"四角战略"和在东盟提出的《东盟互联互通总体规划 2025》引导下，对接参与中国共建"一带一路"倡议，湄公河地区形成了推进现代化国家层面"战略共识"。基于此，在各国工业化和城镇化的集中驱动下，湄公河地区对铁路、公路、机场、港口、发电站等交通和能源基础设施项目的需求快速上升。同时，面对提升货物运输效率、扩大对外贸易的市场竞争压力，各国对项目建设的周期、成本以

---

① 《2018 年 12 月进出口商品国别（地区）总值表（美元值）》，中国海关总署网站，2019 年 1 月 23 日，http://www.customs.gov.cn/customs/302249/302274/302277/302276/2278978/index.html；《2019 年 10 月进出口商品国别（地区）总值表（美元值）》，中国海关总署网站，2019 年 11 月 23 日，最后访问时间：2022 年 12 月 13 日。

② 《以经贸合作擦亮澜湄合作"金字招牌"》，中华人民共和国商务部网站，2017 年 12 月 16 日，http://finance.people.com.cn/n1/2017/1216/c1004-29711130.html，最后访问时间：2022 年 12 月 12 日。

及技术创新也提出了新的要求。此外，已有的由各国开发性、政策性的和国际多边金融机构以及主权基金组成的多元融资体系，也已经满足不了各国基础设施建设的巨大资金需求。总体来看，湄公河地区的基础设施现代化建设面临规模、技术、资金及质优价廉的设备等方面的巨大缺口，对于外来投资的需求强烈。因此，对于长期在湄公河地区进行基建、在投资领域相互竞争的中日等国来说，该地区对工业化、城镇化的迫切发展需求是推动实现两者"强强联合"的直接动力。

（三）创新合作模式增强主体间身份认同

通过充分利用澜湄次区域地缘区位、市场需求等积极要素，调动湄公河国家作为参与主体的积极性，进一步增强澜湄国家命运共同体的身份认同。一方面，整合澜湄经济地理要素，推进澜湄流域发展带建设。以澜沧江－湄公河为主轴，以沿线城市为节点，充分利用既有水路交运物流网络纽带，形成以"点－轴"空间同构模型结构，有机融合流域内不同经济发展程度的地区，在目前澜湄次区域依旧缺乏经济发展主心轴的情况下，能够聚焦沿线经济先行发展重点，聚合区域经济综合发展有利要素，实现"链"式发展的提质升级。① 另一方面，由中国与日本等国开展的第三方市场合作在湄公河地区也在探索与推进。作为国际合作模式的有益补充和探索，第三方市场合作为中国和参与国家的企业务实合作搭建了平台并提供公共服务。在全球动荡源和风险点增多的当前，第三方市场合作更有利于搭建起以企业为主体的海外利益保护，完善共建"一带一路"安全保障体系。而地缘上毗邻中国的湄公河地区，更因为其地缘位置关键，资源能源富集，人口红利凸显，国家现代化发展需求显著，经济发展前景和市场潜力巨大，也日益成为各方力量所重视的重要地缘板块。而相比美国、欧盟、韩国等对湄公河地区的有限分散投入，中日两国在湄公河地区存在广泛而深厚的参与和合作基础。中

---

① 刘稚、徐秀良：《澜湄流域经济发展带建设：一江兴六国的发展思考》，《云南师范大学学报》（哲学社会科学版）2020 年第 1 期，第 109 页。

日两国目前已是湄公河国家最大的外资来源地和进口来源地，两国倡导推进的合作机制都在该地区的政治安全、经济可持续发展、人文社会等方面发挥着重要作用。

（四）推动澜湄合作完善次区域机制建设

澜湄合作作为六国共同建立的次区域对话合作机制，同时也是澜湄国家命运共同体的重要组成部分。当前，澜湄合作已形成三方面成效。一是机制建设渐趋成熟。澜湄六国在已建立的领导人会议、外长会、高官会、工作组会四级会议机制的前提下，又具体成立澜湄合作国家秘书处（协调机构）及其联络机构，建立互联互通、产能、跨境经济、水资源、农业和减贫等合作领域的六个联合工作组，设立水资源中心、环境合作中心、全球湄公河研究中心等机构，进一步为澜湄国家间的政策对话、人员培训、联合研究等方面提供智力支撑和机制保障，尤其是水资源合作实现了快速推进。二是项目建设成果丰硕。澜湄合作在跨界水资源利用、航运开发、人文交流等领域推进合作项目，"早期收获"的务实成效显著。尤其是自新冠疫情暴发以来，中国与湄公河国家之间贸易、投资额逆势上涨，湄公河国家对华出口获得增长。中老铁路实现全线通车，金边—西哈努克港高速公路等主要基础设施项目也在陆续复工复产。同时，中国也对湄公河国家实现了新冠疫苗的优先供给，进一步对澜湄各国抗疫物资和技术实现保障。三是依存关系日渐深化。自澜湄合作启动以来，六国的贸易、投资联系日益增强。六国自澜湄合作启动以来，在贸易、投资等领域资源互补和产业链及价值链上的相互依存关系日渐加深。如前文所述，近年来中国对湄公河五国的直接投资快速增长，双边贸易额也已达千亿美元。

四　澜湄国家命运共同体推进障碍与风险评估

如上文所述，基于澜湄次区域共同利益、身份认同、共同体意识等动因形成，澜湄国家命运共同体的进程显著。但结合历史和现实来看澜湄次区域的整体发展现状，澜湄国家命运共同体的构建仍旧面临次区域地缘环境的复杂性、国家利益的冲突性、国际责任的分化性、地区矛盾的结构性、意识形态的差异性以及制度规范的失效性等方面的阻碍。

（一）次区域地缘环境的复杂性

东南亚作为连接太平洋与印度洋的"十字路口"，拥有东亚、南亚次大陆和亚太地区沿岸三大边缘地带的三角集散的地缘属性，基于该地区重要的地缘战略意义，命运共同体的构建也面临基于东南亚地理环境特殊性和域外地缘体介入的地缘格局演变的影响。一方面，东南亚海陆分化明显的海陆板块以及低纬度热带气候形成的迥异地理环境分别塑造了中南半岛和马来群岛不同的地缘格局。同时不同的地理特征也导致区域内部政治的破碎化，连接"两洋"的海洋属性有利于与外界互动的发生，作为主要域外地缘体的美日等国也能对东南亚施加影响。而联通东亚、南亚次大陆与亚太沿海地区的大陆属性也有利于强化中南半岛国家与中国乃至亚欧大陆内陆地区的联系。另一方面，不同域外地缘体在东南亚地缘格局演变过程中存在博弈性影响。中国、印度、日本等国作为毗邻域外地缘体对东南亚具有历史连续性影响，国力的兴衰与地缘格局塑造力呈正相关关系。而不同历史时期的全球性力量，包括之前的苏联以及现在的美国，随着克服空间距离的能力强化，能够进入东南亚并施加巨大影响。但全球影响力的消退也会导致地区影响力的衰弱。因此，目前中美大国博弈要素也往往通过相关热点议题和领域集聚在东南亚地缘影响力竞争当中。此外，虽然中日在湄公河地区的第三方市场合作因两国关系"从竞争转向协调"而拥有充分的现实需要和可行基础，但日美同盟特殊关系的历史和积淀，也足够使其在中美关系转变下影响日本政府及其企业对外政策和行为，从而成为阻碍中国与域外大国协调合作的不确定风险因素。同时，印度也在"印太战略"框架下通过"东向行动"政策稀释中国影响力，进一步加剧东南亚尤其是湄公河地区大国竞争的风险。

（二）国家利益的冲突性

作为主权国家的基本价值取向，国家利益是主权国家关乎国家生存与发展的对外交往的最高原则。以澜湄六国为主体，澜湄国家命运共同体的构建在推动政治、经济、安全、文化、社会和生态建设等方面共同体构建的过程中，需要面临主权国家的利益冲突带来的风险和挑战，从理论与实践的双重维度上看，主要体现在国家利益具备的阶级性、民族性、独立性和至高无上性等方面，以及澜湄国家经济发展水平的参差不齐。

基于国家利益满足或能够满足国家以生存发展为基础的各方面需要并且对国家在整体上具有好处，经济利益对于同属发展中国家的澜湄各国来说占据首要位置。澜湄国家对澜湄合作的参与和获取的利益势必存在差异和分化，也因为整体经济发展水平不高，各自的顾虑就更加显著。湄公河国家中缅甸、老挝等国还处于世界最不发达国家之列，中国云南省作为澜湄合作的主体省份因为集结少数民族、西南边疆、内陆山区为一体，缺乏经济发展有利要素配置，面临持续的发展压力。湄公河国家中经济发展态势良好的泰国也因为政局长期动荡而经济复苏乏力。澜湄次区域总体上消费水平不高，产品和产业趋同、附加值低，难以形成上下游互补的产业链型体系。同时也因为湄公河国家相比大国，存在国内市场规模小，抵御风险能力低以及参与国际分工和双多边合作能力弱等天然劣势，[①] 随着美国、日本以及印度等域外国家在次区域各领域投入的增加，湄公河国家被动降低了对中国的需求。因此，各国利益在次区域相互竞争的复杂性，决定了湄公河国家对于主权让渡的坚守，抵制带有强制性制度的安排。[②]

结合湄公河五国的发展现状来说，老挝致力于从"陆锁国"变为

---

① 李向阳：《区域经济合作中的小国战略》，《当代亚太》2008 年第 3 期，第 36 页。
② 刘稚主编《大湄公河次区域合作发展报告（2016）》，社会科学文献出版社，2016，第 62—63 页。

"陆联国"，缅甸要摆脱长期动荡落后的局面，柬埔寨发展"四角战略"，越南提出在 2030 年建成现代化工业强国的目标，泰国致力于摆脱经济低迷的长期颓态。从中国与次区域国家合作项目的推进现实来看，合作经常面临各国不同利益集团的诉求和博弈，表现为资源、环境等民族主义和域外大国介入与国际非政府组织的干扰。对于基础设施联通合作来说，既适应并满足了湄公河国家对经济社会发展的需求，但也因为跨境基础设施本身的属性引发地缘政治方面的担忧。中南半岛南北向的铁路建设规划已经使国际舆论担忧东南亚区域陆上和海上的分离，因此可以预见，次区域合作的进一步深化会触及利益博弈和协调的激化阈值，阻碍命运共同体在澜湄次区域的建设。

（三）国际责任的分化性

国际责任包含一个国家是否应该在国际上承担责任、承担多大责任、为谁承担以及如何承担责任等方面，是国家对自身在国际社会中履行责任义务的看法和观念。从国际责任的产生角度看，国际责任产生的本质是国际社会行为体基于外界压力、国际权力地位、自身国际道义责任三个动力因素产生的，这三个因素也构成了划分国际责任类型的依据。[①] 在对这三个因素的不同认知过程中，澜湄各国在合作推进澜湄国家命运共同体构建过程中产生了不同的国际责任观。同时，澜湄六国以对自身国情及国家身份的清醒认识为前提，划分不同的国际责任。基于此，无论是基于地区国家之间责任的相互构建，还是对于合作成员国的期待与压力，抑或是出于成员国自身对于地区态势感知和道义价值的判断，澜湄国家都不能忽略自身国家身份因素。然而，正是由于澜湄国家身份的相互构建以及在价值判断基础上对自身身份的认知，综合国力远远大于其他五国的中国在构建命运共同体过程中承担主要的国际责任，形成国际责任划分的严重失衡和主导国承担责任的成本压力。例如，澜湄合作是新型周边次区域合作机制，中国在该合作机制

---

① 倪世雄等：《当代西方国际关系理论》，复旦大学出版社，2001，第 224 页。

中扮演着至关重要的角色。与中国相比，域内国家由于经济发展处于较低水平，在澜湄合作建设过程中发挥的作用明显不足。与中国相比，湄公河国家经济发展基础相对薄弱，国家治理能力在推进澜湄合作过程中有明显不足，这不仅不利于澜湄合作机制的长期健康发展，也加重了中方的融资压力。

（四）地区矛盾的结构性

自冷战结束以来，中国逐渐发展出"亲诚惠容"的周边外交理念以及构建澜湄国家命运共同体的理念倡议，强化了中国与湄公河国家间的互动和互补。当前，中国以澜湄合作为重要载体推动构建澜湄国家命运共同体。澜湄合作作为"高阶"的次区域主义，[①] 是澜湄国家命运共同体构建当中涵盖了制度因素在内的高层次区域合作机制，但是机制和制度带来共同利益的同时也约束了各成员主体的权利。[②] 因此，澜湄合作基于共商共建共享的本质特征，在除功能性合作的内容外，还有规则性内容合作。[③] 因此，在澜湄国家命运共同体的构建过程中，澜湄合作承担了以制度保证去把国家认同的思想理念共识转化为具体国家行动的主要标志的任务。[④] 基于此，澜湄合作机制运行以来，需要面临如何保持合作的互信、稳定与可靠，协调和平衡利益差距与分化，疏解次区域机制拥堵的局限，提升成员国的进一步参与和投入等现实问题。[⑤]

除澜湄合作本身面临的问题外，中国与东南亚国家的整体系统性困局也带来逐渐凸显的博弈与冲突，从而使合作效应在连锁风险系统

---

① 卢光盛、别梦婕：《澜湄合作机制：一个"高阶的"次区域主义》，《亚太经济》2017年第2期，第47页。

② 孙茹：《亚太"命运共同体"蓄势待发》，《世界知识》2015年第2期，第36页。

③ 刘均胜：《澜湄合作：示范亚洲命运共同体建设》，《中国经济周刊》2016年第13期，第79页。

④ 戴维·阿拉斯：《中国－东盟非传统安全合作——区域安全合作的制度化与东亚地区主义的演变》，许丽丽译，《南洋资料译丛》2011年第3期，第3页。

⑤ Yoshimatsu, "Hide Collective Action Problems and Regional Integration in ASEAN," *Contemporary Southeast Asia*, Vol. 28, No. 1, 2006, pp. 122 – 136.

性矛盾面前逐渐抵消。包含经济、政治、社会等方面的系统性的长风险并非新老问题单个存在，而是中国与东南亚国家的争议问题相互联动，此起彼伏或者多点爆发。在经济领域，对于澜湄合作项目、水资源开发、债务、环境保护、腐败现象等争议问题的舆论关注度不断提升，并在外部势力的恶意炒作下被"安全化"而成为国家议程中的安全问题。在政治领域，随着全球和地区格局的变化，特别是在中美博弈背景下，南海问题、湄公河跨界水资源问题已不再只是当事国之间的问题。域外国家的介入使问题进一步复杂化。综上所述，澜湄国家命运共同体的建设面临经济、政治与安全矛盾点发酵、扩散和爆发的风险与挑战。

（五）意识形态的差异性

首先，不同意识形态相互排斥制约共同体意识。由于意识形态源自社会存在，澜湄国家差异分化的生产力水平、社会物质基础等社会存在因素必然产生不同的意识形态。换言之，只要澜湄国家多元民族、宗教和文化结构存在，次区域必然拥有多元化的意识形态。意识形态的存在本身在于意识的差异，这样的意识形态无法从根本上消除——无论命运共同体的构建如何深入推进。同时，澜湄国家意识形态对应的阶级差异也会造成次区域国家民族文化与国家文化的差异，导致不同澜湄国家利益主体与其他阶层在追求利益过程中产生冲突。澜湄各国作为国家主体去维护本阶层和本国利益的同时会着力维护本国意识形态，从而加剧意识形态之间差异。[①] 对于存在多种政治制度、民族结构的澜湄国家来说，这种差异依旧显著，进而严重制约共同体意识在澜湄各国间进一步"生根发芽"。

其次，湄公河国家选择性解读中国的意识形态导致对"中国声音"的曲解。中国综合国力的提升对世界经济特别是湄公河地区发展具有重

---

① 赵可金、马钰：《全球意识形态大变局中的人类命运共同体》，《国际论坛》2020 年第 2 期，第 5 页。

要影响，中国以理念、价值等表现的意识形态话语传播和国际话语权获得提升。基于此，长期以来在国际主流话语体系中占据主导地位的西方国家为了维护意识形态霸权和国家利益从而批判乃至恶意曲解中国理念与声音，在湄公河地区，更是炒作湄公河水资源安全化议题、"债务陷阱"论等，进一步渲染"中国威胁"。在西方话语主导"攻势"下，个别媒体在涉华报道中将命运共同体理念扭曲为民族主义和理想主义乃至中国主义等充满了傲慢和偏见的称谓。基于此，人类命运共同体理念由于被曲解而遭受不同程度的质疑，乃至质疑中国参与国际事务的大国能力，阻碍人类命运共同体理念被写入国际公约等付诸实践。① 因此，澜湄国家命运共同体理念在西方话语占主导的湄公河国家社会中同样存在被误解的情况。

（六）制度规范的失效性

构建澜湄国家命运共同体既需要目标定位，更需要立足于次区域的现实进行务实推进。推动澜湄国家命运共同体构建，将面临以下挑战。

首先是区域制度供应不足与制度过剩的错位。国际社会对有效治理的需求与国际制度公共产品供给不足之间的矛盾是当今全球治理赤字挑战的主要表现。② 在澜湄次区域，随着澜湄各国对于区域国际制度有效需求的增强，次区域制度设置的功能性导向的专业化、精细化不断提高，机制存量在过去三十年来持续增加，导致如今在次区域出现多方参与的合作模式与机制长期并存的局面。例如，大湄公河次区域经济合作（GMS）、澜湄合作（LMC）、湄公河委员会（MRC）以及其他美国和日本发起主导的机制长期在湄公河地区并行发挥着不同的功能，满足了多层次的需求和各方利益，但都存在不同程度的局限性。表现为缺乏统筹湄公河地区合作的机制框架的有效构建，比如澜湄合作过程中呈现"弱

---

① Angela Poh and Mingjiang Li, "A China in Transition: The Rhetoric and Substance of Chinese Foreign Policy Under Xi Jinping," *Asian Security*, Vol. 13, No. 2, 2017, pp. 1–14.

② 秦亚青：《世界格局、国际制度与全球秩序》，《现代国际关系》2010 年庆典特刊，第13 页。

制度性"与"软约束"的特点，① 执行监督机制的缺失难以有效应对湄公河地区存在的复杂议题，特别是水资源开发、互联互通与非法移民等敏感问题。② 另外，各机制间在经济合作目标、合作领域、项目规划等方面存在交叉和重叠，③ 同时在功能性重叠的领域存在相互竞争和排斥，在湄公河地区出现了明显的"机制拥堵"以及嵌套制度增多的现象。④ 地区国际制度复杂化在一定程度上改善了地区治理环境，满足了次区域国家的局部需求，加快了单一和各自发挥作用的地区问题解决。但澜湄次区域国际制度的复杂化往往伴随着地区制度博弈。这固然可以推动不同领域国际机制在次区域的大量叠加涌现，但也在湄公河国家选择参与适合机制的过程中增加了难度和成本，分散了国家资源投入，降低了国家对不直接关切机制的参与度；另外澜湄次区域部分重叠和拥堵的机制规则存在矛盾与冲突，不利于区域治理效率的提升，稀释了机制的规范化协调、对话属性。因此，推动澜湄国家命运共同体建设，就必须面临地区内后起的 LMC 如何与 GMS、MRC 等其他相对成熟、各具特色的合作机制协调对接和功能性互补，从而避免机制间恶性竞争与排斥，在充分发挥自身优势的基础上，共同提升湄公河地区机制资源活力的显性问题。

其次是制度民主与制度霸权的较量。国际制度的设立存在注重权力博弈导向和规则博弈导向两种不同的倾向。⑤ 在澜湄次区域，中国与湄公河国家基于共同发展愿望和区域治理智慧，在国际合作制度实践中推进共商共建共享。澜湄合作机制为深化澜湄六国睦邻友好与务实合作以及"一带一路"在东南亚地区高质量发展提供了重要平台。2015 年，

① 王睿：《澜湄合作与"国际陆海贸易新通道"对接：基础、挑战与路径》，《国际问题研究》2020 年第 6 期，第 128 页。

② 国务院发展研究中心国际合作局：《"一带一路"国际合作机制研究》，中国发展出版社，2019，第 138 页。

③ 卢光盛、雷著宁：《澜湄机制是中国—东盟合作新纽带》，《世界知识》2016 年第 16 期，第 21 页。

④ 王明国：《国际制度复杂性与东亚一体化进程》，《当代亚太》2013 年第 1 期，第 9 页。

⑤ 赵庆寺：《试论构建人类命运共同体的制度化路径》，《探索》2019 年第 2 期，第 52 页。

湄公河五国相继签署了《亚洲基础设施投资银行协定》，成为亚投行的意向创始成员国。此外，围绕澜湄次区域互联互通、水资源、跨界经济、农业和减贫等具体领域的合作议题，澜湄国家积极创建新的对话机制，主动参与制定议事规则，传达发展诉求。对于后特朗普时代的美国而言，基于相对实力衰落的现实和自我身份的认同，以及对于重塑世界和地区软实力领导力的需求所带来的焦虑，美国会通过基于所谓开放、包容的国际规则更强力塑造对其有利的地区秩序，从而应对维持在东南亚特别是中南半岛霸权地位所面临的困难。因此，从现实来看，基于国际规则的路径依赖，进一步推动次区域国际制度的民主化，保障澜湄国家的充分自主权，从而构建澜湄国家命运共同体，将面临美国制度霸权下国际制度和规则设计的巨大成本和阻力。

结　语

作为"人类命运共同体"理念在地区层面的具体实践和重要探索，澜湄国家命运共同体是新时代下对澜湄合作进程和发展前景深入思考和判断的必然产物，具备丰富的理论内涵和重大时代意义。近年来国际局势变化，新冠疫情对全球生产要素重新分配，加剧了地区经济安全风险，强化了澜湄国家的共同利益观，进一步在与域外行为体交往中强化了澜湄国家身份认同和共同体意识。在此基础上，中国与湄公河国家通过建设深化双边命运共同体，推进政治互信，利用次区域经济发展有利要素增强经济互补，创新合作模式，强化身份认同，推动澜湄合作，完善区域机制建设，澜湄国家命运共同体建设进程显著。

但与此同时，澜湄国家命运共同体的建设也面临次区域地缘环境的复杂化，尤其是中美在湄公河地区的战略博弈提升了大国竞争的风险。国家利益的排他性、独特性、运动性等本质特性和澜湄国家的经济社会发展水平的分化也进一步加剧了澜湄国家利益的冲突。澜湄国家国际责任的分化进而导致构建命运共同体国家责任的显著差异。另外，澜湄地区存在的中国与湄公河国家之间的结构性矛盾，以及澜湄地区多元意识形态差异、西方主导下的话语曲解对于澜湄国家命运共同体理念传播和实践探索的制约作用也较为显著。同时，地区国际制度规范设计存在制度供应与过剩的错位、制度民主与霸权较量等因素，也给澜湄国家命运共同体的构建提出了新的挑战和风险。在此形势下，笔者认为需要继续在推进"一带一路"建设和澜湄合作的基础上，进一步探索与创新澜湄国家命运共同体的建设思路和建设内容，强化共同利益、身份认同和共同体意识塑造，从合作战略、机制、动力、文化及重大项目等方面深化命运共同体建设，为澜湄次区域的和平与发展注入强劲动力，打造人类命运共同体在周边次区域"先行先试"新的样板与典范。

菲律宾"大建特建"政策:作为一项竞争性经济策略的考察

摘 要 为提升菲律宾经济竞争力、应对现实发展问题,杜特尔特政府 2017 年正式提出"大建特建"政策,旨在投入巨额资金大规模发展菲律宾基础设施。为筹措"大建特建"所需资金,杜特尔特政府采取积极外交政策并从中日韩三国与亚洲开发银行获得援助和支持,在国内层面进行税收改革与财政预算系统改革,重用混合型政府与社会资本合作模式,多管齐下提升菲律宾经济竞争优势。"大建特建"实施后,有效提升了菲律宾的运输与经济效率,改善了社会经济发展环境,在新冠疫情期间担当了提振经济的抓手,赢得了国际认可与菲律宾民众支持,成为菲律宾经济竞争力的新源泉。菲律宾政府换届后,小马科斯政府积极接棒并将在财政压力中继续推进"大建特建"。

关键词 "大建特建"政策 杜特尔特政府 菲律宾政治

———————————

* 张宇权,中山大学国际关系学院副教授,博士生导师,《菲律宾蓝皮书》主编。

** 刘裔彬,中山大学国际关系学院硕士研究生。

世界新一轮科技革命与产业变革、全球产业链布局重塑为东南亚地区带来新的发展机遇，大量资本涌入东南亚地区。东南亚地区年轻人口充裕，市场潜力大，创业空间广阔。然而，东南亚各国在国情、制度、资源、禀赋等方面各有特色，存在明显差异。因此，为把握发展机遇、实现新阶段发展，各国需要在吸引外资、扩大市场与发掘经济潜力上"各展所长"，争取自身的竞争优势。"大建特建"作为杜特尔特政府首推的重点经济政策，本质上是其解决菲律宾经济社会发展问题、提升国家整体竞争力的竞争性经济策略。

2017年，杜特尔特政府为促进资本、商品、劳动力等经济要素在菲律宾国内充分流动，提升菲律宾发展竞争力，正式提出"大建特建"（Build, Build, Build, BBB）[①] 政策。"大建特建"政策目标是至2022年杜特尔特总统任期结束时，菲律宾基础设施建设支出将从2017年占国内生产总值的5.4%增加至占比7.3%。这比菲律宾过去六届政府平均基建支出占国内生产总值的2.4%比例高出约两倍。[②] 这是菲律宾政府史上规模最大的基础设施建设计划，意义非凡。

同时，"大建特建"政策与"一带一路"倡议的深度战略对接是杜特尔特政府时期中菲友好合作的重要内容，亦是"一带一路"倡议同参与国发展政策对接的生动范例，中菲两国领导高层对此予以高度重视。近年来，学界逐步关注到"大建特建"政策。国内学者主要关注两个方面：一是"大建特建"政策与中国的关系，指出"大建特建"政策中有关中国"债务陷阱论"是不成立的，部分西方媒体与菲律宾国内反对派有关中国贷款利率、菲律宾债务比例等的指控是错误的，[③] 中菲两国"一带一路"框架下的合作在"大建特建"政策当中得以深

---

① 另译为"建设，建设，再建设"。

② Ferdinand Patinio, "Over 9K km of Roads Completed Under 'Build, Build, Build'," *Philippine News Agency*, November 15, 2019, https://www.pna.gov.ph/articles/1086196, accessed 2022 - 6 - 28.

③ 李金明：《"一带一路"建设与菲律宾"大建特建"规划——对"债务陷阱论"的反驳》，《云南社会科学》2019年第4期。

化；① 二是"大建特建"存在的问题，认为"大建特建"政策需要配套的税制改革以提供融资支持，其在带动菲律宾经济增长的同时存在项目经费分布失衡、忽略贫困阶层等弊端。② 外国学者亦主要关注两个方面：一是"大建特建"政策采取的经济手段，认为杜特尔特政府抛弃了阿基诺三世政府以政府与社会资本合作为单一的基建资金来源的做法，在"大建特建"政策中重视官方发展援助，并创新地提出混合型政府与社会资本合作；③ 二是分析历史比较下"大建特建"政策的特点，指出与菲律宾往届政府相比，杜特尔特政府对基建投入巨大，但其在相应的制度改革与改善交通的实效上存在不足。④ 除此之外，菲律宾政府下属国际关系与战略研究中心（CIRSS）与菲律宾发展研究所（PIDS）、亚洲开发银行及其智库对杜特尔特政府的基础设施建设情况有相关研究报告，为菲律宾政府与亚洲开发银行决策提供参考。⑤

虽然学术界对"大建特建"政策有一定的关注与研究，但已有研究大多成文于政策提出的初期。"大建特建"政策实施五年以来呈现许多新动态、新特点和新影响，需要对此加以补充与分析。因此，本文将

---

① 席桂桂、凌胜利：《安全感知、发展诉求与菲律宾对华政策转变》，《东南亚研究》2019 年第 5 期。

② 沈红芳：《菲律宾杜特尔特政府的政治经济改革研究》，《南洋问题研究》2018 年第 3 期。

③ 伊藤晋，"A Study on Dutertenomics：Drastic Policy Shift in PPP Infrastructure Development in the Philippines," *東洋大学 PPP 研究センター紀要*，Vol. 10，March 2019，pp. 1 – 23，accessed 2022 – 6 – 28；Susumu Ito（伊藤晋），"PPP vs ODA revisited：Key Issues for PPP Infrastructure Development in the Philippines," *The Philippine Review of Economics*，Vol. 55，No. 1& 2，2018，pp. 56 – 86。

④ Dante B. Canlas，"Philippine Policy Reforms and Infrastructure Development：A Historical Account," *The Philippine Review of Economics*，Vol. 54，No. 2，2017，pp. 61 – 87.

⑤ 参见 Jovito Jose P. Katigbak，"Bridging the Infrastructure Investment Gap Through Foreign Aid：A Briefer on Chinese ODA," *CIRSS Commentaries*，Vol. V，No. 11，2018；Janet S. Cuenca，"Review of the 'Build, Build, Build' Program：Implications on the Philippine Development Plan 2017 – 2022," Philippine Institute for Development Studies（PIDS），Discussion Paper Series No. 2020 – 54，December 2020；Takuji Komatsuzaki，"Improving Public Infrastructure in the Philippines," *Asian Development Review*，Vol. 36，Iss. 2，2019，pp. 159 – 184。

以菲律宾"大建特建"政策为研究对象，在前人研究的基础上，依据菲律宾政府、智库和菲律宾主流媒体的资料，探讨"大建特建"政策提出的背景、主要举措以及其实施后呈现的影响与趋势。

一 "大建特建"政策提出的背景

尽管 2010 年后菲律宾长期在东南亚各国中保持较高的经济增长率，但菲律宾的发展存在不全面、不均衡、低质量的深层次问题。往届政府已在发展菲律宾经济、提升竞争力的目标上采取了多方面的措施与改革，未来菲律宾要继续保持良好的增长势头，进一步扩大自身的竞争力，就需要大力加强基础设施建设。

（一）菲律宾提升竞争力的现实需求

菲律宾基础设施水平低，国际评价较差，明显落后于马来西亚等东南亚国家。在世界经济论坛全球竞争力报告的基础设施水平排名中，菲律宾 2010 年至 2016 年平均排名为第 97 位，同为岛国、国土分散的印度尼西亚同时期的平均排名则为第 68 位。[1] 该报告亦指出，菲律宾提升竞争力最大的障碍之一就是基础设施投资不足，这严重削弱了菲律宾的全球竞争力。[2] 另有调查指出，马尼拉交通拥堵在 2012 年造成了约 24 亿菲律宾比索的损失，2030 年该损失将增加两倍。[3] 在过去的半个世纪里，菲律宾基础设施投入平均只占国民生产总值的 2.4%，明显低于印

---

[1] 笔者根据 2010 年至 2016 年世界经济论坛全球竞争力报告整理所得，见 https://www. weforum. org/，最后访问时间：2022 年 2 月 12 日。

[2] World Economic Forum, The Global Competitiveness Report 2018, http://www3. weforum. org/docs/GCR2018/05Full Report/The Global Competitiveness Report 2018. pdf, accessed 2022 – 6 – 28.

[3] Richard Javad Heydarian, "Duterte's Ambitious 'Build, Build, Build' Project to Transform the Philippines Could Become His Legacy," *Forbes*, Feb. 28, 2018, https://www. forbes. com/sites/outofasia/2018/02/28/dutertes-ambitious-build-build-build-project-to-transform-the-philippines-could-become-his-legacy/#2c9439511a7f, accessed 2022 – 6 – 28.

度尼西亚、泰国、马来西亚、越南这四个国家基建投入占国民生产总值5%的平均比率。① 在人均基建投资方面，菲律宾仅有115美元，而马来西亚、泰国、印度尼西亚与越南分别达到705美元、522美元、314美元与284美元，是菲律宾的两倍及以上。② 因此，基础设施成为菲律宾争取在东南亚地区竞争优势时急需弥补的短板。

菲律宾经济发展如需突破瓶颈、促进脱贫事业，势必要完善现代基础设施。基础设施的落后、缺失使菲律宾制造业、工业和吸引外国投资皆面临困难，菲政府开设工业区的政策也无法实际发挥效用。③ 2015年亚洲开发银行调查指出，菲律宾处贫困线下人口占比达21.6%。贫困人口分布集中于菲律宾中南部的农村山区。这些地区严重缺乏交通运输基础设施与教育就业途径，形成牢固的"贫困圈"。④ 因此，要突破菲律宾国内制造业、工业及整体经济发展的瓶颈，并且破除贫困民众的"贫困圈"，就必须先从基础设施建设入手，完善国内交通运输网络，保证经济生产的水电稳定供应，疏通贫困发生地的交通，打通劳动力流动渠道，为菲律宾民众创业就业、扩大生产营造更好的社会基础环境。

菲律宾自然地理条件复杂，不利于基建开展，但所处地理位置蕴含巨大的发展潜力。菲律宾国土有7000多个岛屿，山地分布广，增加了国内"点到点"交通的困难，也意味着菲律宾比起其他国家更需要完善的基础设施来消解它所处自然环境的弱势与不足。当前，东盟的经济增长在很大程度上受益于制造业的崛起。菲律宾东临太平洋且邻近中

---

① Anna Mae Lamentillo, "Build, Build, Build Must Remain as a Long-term Economic Policy," *Manila Bulletin*, January 21, 2022, https://mb.com.ph/2022/01/21/build-build-build-must-remain-as-a-long-term-economic-policy/, accessed 2022 – 6 – 28.

② PWC, Understanding Infrastructure Opportunities in ASEAN Infrastructure Series Report 1, https://www.pwc.com/sg/en/publications/assets/cpi-mas-1 – infrastructure-opporuntities-in-asean-201709.pdf, accessed 2022 – 6 – 28.

③ 沈红芳：《21世纪的菲律宾经济转型：困难与挑战》，《人民论坛·学术前沿》2017年第1期。

④ "Philippines Poverty," Asian Development Bank Website, https://www.adb.org/countries/philippines/poverty, accessed 2022 – 6 – 28.

国，处于东南亚乃至东亚的重要门户位置，在为全球洲际航运服务与便利自身外贸销售运输这两方面，皆可打造独特有力的竞争优势。

（二）往届政府提升竞争力的历史尝试

近30年，菲律宾历届政府为提升竞争力进行了多方面的改革与探索，累积了改革成果，经济在各时期实现了总体增长。拉莫斯政府提出了"菲律宾2000"规划框架和"1993—1998年菲律宾中期发展计划"，鼓励社会大众创业，打破保护主义并开放经济，吸引外来新资本、新技术。[1] 2001年阿罗约夫人接替埃斯特拉达担任总统，提出"747经济发展计划"，聚焦于微观经济改革，主要内容为打破国内垄断、减少生产环节的冗余花费、提高经济各产业部门的生产效率、促进私人资本企业的投资与竞争。[2] 阿基诺三世政府着重在发展服务业、吸引投资等领域施力，放宽外资进入的要求，在其执政期间菲律宾私人投资和对外贸易呈扩张态势。菲律宾国内生产总值年增长率在拉莫斯政府时期平均约为3.2%，在阿罗约政府时期平均约为4.4%，在阿基诺三世政府时期平均约为6.4%。[3] 历届政府从菲律宾经济的投资、就业、税收、国有企业转型等多个不同领域采取了刺激消费、拉动投资、增强菲律宾竞争力的举措，这些举措又多集中于"软件"性质的经济制度与规则方面。尽管经济呈现总体增长，但菲律宾依然存在明显的经济升级瓶颈、高质量发展乏力的问题。

正如图1所示，拉莫斯政府至阿基诺三世政府期间整体的基础设施投资占国民生产总值比例偏低，这与杜特尔特执政后的大幅度增长的支

① Fidel V. Ramos, Second State of the Nation Address, July 26, 1993, https://www.officialga-zette. gov. ph/1993/07/26/fidel-v-ramos-second-state-of-the-nation-address-july-26-1993/, acce-ssed 2022 – 6 – 28.

② 胡振华：《菲律宾经济改革与增长前景分析》，《亚太经济》2009年第3期。

③ GDP Growth (annual %)-Philippines, World Bank, https://data.worldbank.org/indicator/NY. GDP. MKTP. KD. ZG? locations = PH, 最后访问时间：2022年2月12日。其中拉莫斯政府计算年份为1992—1998年（包括1998年），阿罗约政府计算年份为2001—2010年（包括2010年），阿基诺三世政府计算年份为2010—2016年（包括2016年）。

出投资形成鲜明对比。同时，经过历届政府的财政管控，菲律宾财政条件已有明显改善，开展大规模公共支出的能力得到提升。因此，相较于往届政府，杜特尔特政府在历史经验、道路探索的对比中开辟了加强基建的新路线，并制定了"大建特建"政策作为实现提质性发展、加强国家经济竞争力的经济策略，且相对有利的财政条件也使"大建特建"政策具有现实可行性。

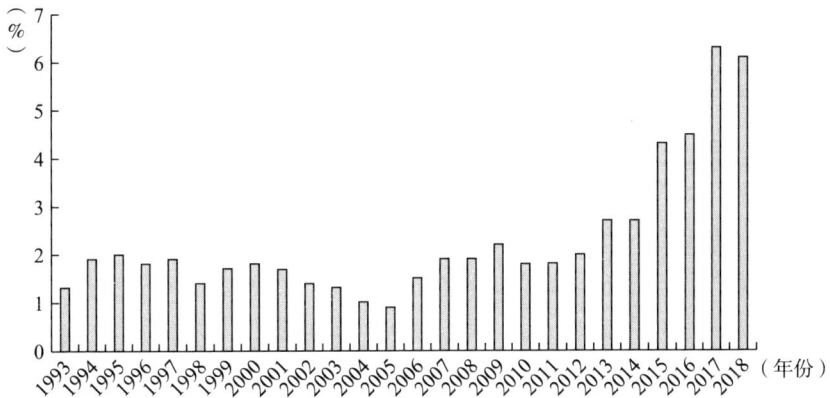

图 1　菲律宾 1993 年至 2018 年政府基建支出占国内生产总值的比例

资料来源：菲律宾预算管理部。Republic of the Philippines Department of Budget and Management（DBM），Infrastructure Outlays-to-GDP Ratio Twice the Deficit-to-GDP ratio，https://www.dbm.gov.ph/index.php/secretary-s-corner/press-releases/list-of-press-releases/1385 – infrastructure-outlays-to-gdp-ratio-twice-the-deficit-to-gdp-ratio，accessed 2022 – 6 – 28.

"大建特建"政策是杜特尔特政府社会经济发展战略的核心政策。杜特尔特认为"大建特建"的实施将使菲律宾成为"亚洲经济新星"，开启菲律宾基建"黄金时代"与经济新腾飞。"大建特建"的角色定位体现出杜特尔特打造菲律宾竞争新优势、谋求国际竞争中更高地位的战略目的，为这一经济策略赋予竞争性的特点。对此，政府大幅扩大了对基建的投资规模，所投资金额为菲律宾历史最高。在执行"大建特建"过程中，杜特尔特政府在争取外部援助、财政制度改革、重用政府与社会资本合作多领域共同发力，全方位为"大建特建"输送资源与支持。

二 "大建特建"政策的主要举措

"大建特建"政策计划在 2017—2022 年将基础设施项目的公共支出提高到 8 万亿—9 万亿菲律宾比索。[①] 自 2017 年政策正式提出后，划拨给"大建特建"政策的财政预算长期处于高位（见表 1）。"大建特建"项目分为具有核心地位的旗舰项目与普通小型项目。旗舰项目规模大，要求高，耗费高额资金，最初设定共有 75 个，2019 年扩大至 100 个，2020 年进一步扩大至 104 个。截至 2020 年，普通小型项目达到 4900 个。[②] 在建设内容方面，交通运输的基建项目占比较大，处于优先地位（见表 1），公路道路在交通运输基建中投入最多。"大建特建"主要通过外国与国际组织提供的官方发展援助（ODA）、菲律宾政府一般财政拨款（GAA）与政府与社会资本合作（PPP）三种途径筹措资金。从旗舰项目的类型来看（见图 2），以国外官方发展援助为资金来源的项目个数占比最多，公私合营项目个数占比亦在逐年上升。

表 1 "大建特建"政策获得财政预算情况

财年	所获财政预算 （菲律宾比索）	占国内生产 总值比重	交通运输基建项目 所获预算 （菲律宾比索）	交通运输基建 项目占"大建特建" 当年度总预算比重
2018	10684 亿	6.1%	4605 亿	43.1%
2019	8162 亿	4.2%	3207 亿	39.3%

---

① Philippine Information Agency（PIA），"'Build，Build，Build'：The Solid Backbone for Growth—President Duterte，" April 13，2018，https://pia. gov. ph/news/articles/1006680，accessed 2022 - 6 - 28.

② Ruth Abbey Gita-Carlos，"'Build，Build，Build' Not for Politicization，Corruption：Duterte，" *Philippine News Agency*，February 5，2020，https://www. pna. gov. ph/articles/1092943，accessed 2022 - 6 - 28. 普通小型项目建设规模小，菲律宾各级政府参与其中，其中不少项目是先实施完成后登记，普通小型项目的统计较为松散，项目个数会随着政策推进会出现变动。

续表

财年	所获财政预算（菲律宾比索）	占国内生产总值比重	交通运输基建项目所获预算（菲律宾比索）	交通运输基建项目占"大建特建"当年度总预算比重
2020	9893 亿	4.7%	4188 亿	42.3%
2021	10738 亿	5.4%	4832 亿	45.0%

注：此处"交通运输基建项目"统计仅包含预算案中的"道路网络"（Road Networks）、"航空基础设施项目"（Aviation Infrastructure Program）、"海上基础设施项目"（Maritime Infrastructure Program）、"铁路运输项目"（Rail Transport Programs）共四个子目。

资料来源：本表格由笔者整理菲律宾预算管理部（DBM）数据所得。Republic of the Philippines Department of Budget and Management（DBM），2018 People's Budget，https：//www. dbm. gov. ph/index. php/budget-documents/2018/2018 – people-s-budget/2018 – people-s-budget，accessed 2022 – 6 – 28. 2019 People's Budget，https：//www. dbm. gov. ph/index. php/budget-documents/2019/2019 – people-s-budget/2019 – people-s-budget，accessed 2022 – 6 – 28. 2019 Mid-Year Report，https：//www. dbm. gov. ph/index. php/dbcc-matters/reports/mid-year-report/1519 – 2019 – mid-year-report，accessed 2022 – 6 – 28. 2020 People's Enacted Budget，https：//www. dbm. gov. ph/index. php/budget-documents/2020/2020 – people-s-budget/2020 – people-s-enacted-budget，accessed 2022 – 6 – 28. 2021 People's Enacted Budget，https：//www. dbm. gov. ph/index. php/budget-documents/2021/2021 – people-s-budget/2021 – people-s-enacted-budget，accessed 2022 – 6 – 28. Public Sector Infrastructure Budget，FY 2018 – 2020，https：//www. dbm. gov. ph/wp-content/uploads/BESF/BESF2020/Selected-BESF/Table-A. 4. pdf，accessed 2022 – 6 – 28.

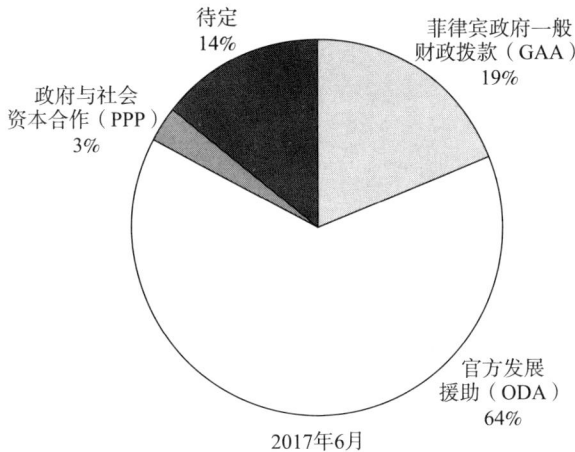

2017年6月

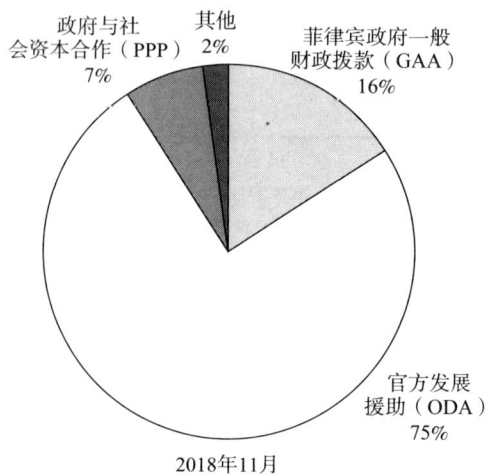

2018年11月

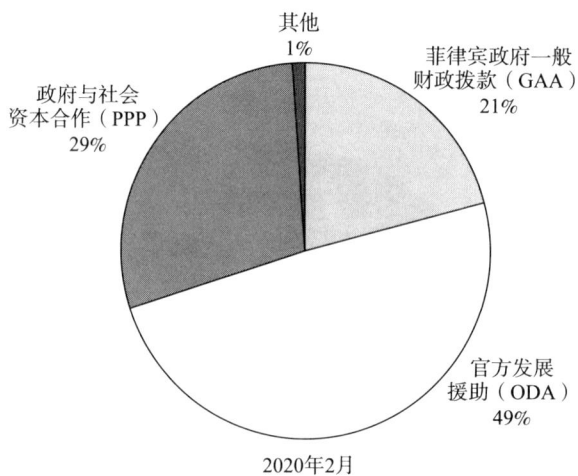

2020年2月

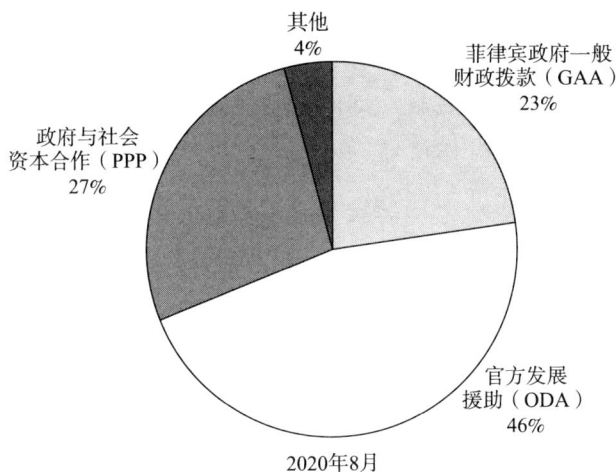

图2 "大建特建"旗舰项目资金来源类型比例情况

资料来源：本图由笔者整理菲律宾国家经济发展署（NEDA）相关资料所得，见 Republic of the Philippines National Economic and Development Authority（NEDA）：Infrastructure Flagship Projects 2017（as of June 27, 2017），https：//www. neda. gov. ph/wp-content/uploads/2017/07/Infrastructure-Flagship-Projects_with-Regional-Breakdown_As_of_Jun_27_2017. pdf，accessed 2022 – 6 – 28. Infrastructure Flagship Projects 2018（as of November 30, 2018），https：//www. neda. gov. ph/wp-content/uploads/2019/01/IFPs-as-of-November-30 – 2018_PIS – validated-ao-Dec-17 – 2018. pdf，accessed 2022 – 6 – 28. Revised List of Infrastructure Flagship Projects（as of 17 February 2020），https：//www. neda. gov. ph/wp-content/uploads/2020/03/Revised-List-of-Infrastructure-Flagship-Projects-as-of-2. 17. 2020. pdf，accessed 2022 – 6 – 28. List of Infrastructure Flagship Projects（as of August 19, 2020），https：//www. neda. gov. ph/wp-content/uploads/2020/09/Revised-List-of-IFPs-as-of-19 – August-2020. pdf，accessed 2022 – 6 – 28。其中，菲律宾政府于 2019 年 11 月宣布旗舰项目数扩展至 100 个，2020 年 2 月公布这 100 个项目的资金来源明细。

（一）积极外交以获取中日韩与国际机构支持

在官方发展援助方面，杜特尔特总统与中、日、韩三国开展积极友好外交，为争取资金发挥了关键作用。同时，因为"大建特建"政策本身具有的推动经济发展、改善社会环境、增加就业的务实意义，受到了以中、日、韩三国与亚洲开发银行为代表的各方的贷款或赠款资金支持。

第一，杜特尔特推动中菲关系实现转圜，参与"一带一路"倡议，成功获得中国对"大建特建"政策的支持。杜特尔特总统任内五度访华，中国是杜特尔特总统上台后访问的首个非东盟成员国的国家。2016年杜特尔特访华"破冰之旅"期间，中菲联合声明与所签合作文件释放出初步的基础设施合作信号。2017 年，杜特尔特在国情咨文中专门介绍中国援菲的两个"大建特建"项目并表达对中国的感谢。① 同年，杜特尔特出席首届"一带一路"国际合作高峰论坛，"表示'一带一路'倡议将有力促进亚洲互联互通和经济增长，也将为菲律宾带来就业和繁荣"。② 2019 年，杜特尔特再次出席"一带一路"国际合作高峰论坛，并表示："菲方对共建'一带一路'充满信心，愿用好'一带一路'合作带来的机遇，实现国家发展目标。"③ 杜特尔特总统主动缓解中菲紧张形势、积极参与"一带一路"的多边活动，反映出其对与中方合作的强烈需求和对"一带一路"倡议的肯定。

中国就共建"一带一路"与东南亚多个国家已达成了"政策沟通"。"一带一路"建设同《东盟互联互通总体规划 2025》、越南的"两廊一圈"发展战略、印度尼西亚的"全球海洋支点"发展战略、泰国的"东部经济走廊计划"等区域或国家的战略政策实现正式对接。东南亚国家积极响应"一带一路"倡议、达成正式对接的举措成为潮流，菲律宾位列其中以相应的发展战略为对接桥梁方能把握潮流，避免错失竞争时机。2018 年 11 月，中菲两国正式签署《中华人民共和国政府与菲律宾共和国政府关于共同推进"一带一路"建设的谅解备忘录》

---

① Rodrigo Roa Duterte, Second State of the Nation Address, July 24, 2017, https://www. officialgazette. gov. ph/2017/07/24/rodrigo-roa-duterte-second-state-of-the-nation-address-ju-ly-24-2017/, accessed 2022-6-28.

② 《习近平会见菲律宾总统杜特尔特》，"一带一路"国际合作高峰论坛官方网站，2017年 5 月 15 日，http://2017. beltandroadforum. org/n100/2017/0515/c24-419. html，最后访问时间：2022 年 2 月 12 日。

③ 《习近平会见菲律宾总统杜特尔特》，第二届"一带一路"国际合作高峰论坛官方网站，2019 年 4 月 25 日，http://www. beltandroadforum. org/n100/2019/0425/c24-1230. html，最后访问时间：2022 年 2 月 12 日。

与《中华人民共和国政府与菲律宾共和国政府基础设施合作规划》，①实现"一带一路"倡议与"大建特建"政策的正式对接，将"大建特建"政策含义与"五通"中的"设施联通"有效融合。

在 2017 年发布的第一版本"大建特建"75 个旗舰项目清单中，资金来源标记为"中国"的项目共 35 个。② 2017—2019 年，中国向菲律宾提供 27.5 亿元人民币无偿援助和 5 亿美元软贷款以支持"大建特建"计划。③ 截至 2021 年 2 月，中菲政府间合作项目已经完成 11 个，正在实施或即将启动的项目有 12 个，共涉及资金 32.7 亿美元。④ 规模为59.5 亿菲律宾比索的两个"大建特建"旗舰项目——比诺多—因特拉穆罗斯大桥（Binondo-Intramuros Bridge）、埃斯特热拉—潘塔里恩大桥（Estrella-Pantaleon Bridge）由中国无偿援助建设。⑤ 中菲合作的项目数量之多、金额之高，既反映出菲律宾对中国给予基建支持的强烈需求，亦充分体现出中国的支持与资助对于"大建特建"政策落实的坚实推动作用。

第二，日本长期是菲律宾最大的 ODA 来源国，杜特尔特灵活回应日菲历史问题与南海问题，减少日菲合作的政治成本，同时成功获得日

---

① 《中华人民共和国与菲律宾共和国联合声明》，中国外交部，2018 年 11 月 21 日，https：//www. fmprc. gov. cn/web/ziliao_674904/1179_674909/t1615198. shtml，最后访问时间：2022 年 2 月 12 日。

② Republic of the Philippines National Economic and Development Authority（NEDA），Infrastructure Flagship Projects（as of June 27，2017），https：//www. neda. gov. ph/wp-content/uploads/2017/07/Infrastructure-Flagship-Projects_with-Regional-Breakdown_As_of_Jun_27_2017. pdf，accessed 2022 – 6 – 28.

③ 《黄溪连大使在 2019 年媒体圣诞沙龙暨庆祝澳门回归 20 周年招待会上的致辞》，中华人民共和国驻菲律宾大使馆，2020 年 1 月 22 日，http：//ph. china-embassy. org/chn/sgxx/dsjh/t1734901. htm，最后访问时间：2022 年 2 月 12 日。

④ 《"一带一路"与"大建特建"计划对接不断取得新进展》，中华人民共和国驻菲律宾大使馆，2021 年 2 月 5 日，http：//ph. china-embassy. org/chn/tpxw/t1851554. htm，最后访问时间：2022 年 2 月 12 日。

⑤ Republic of the Philippines National Economic and Development Authority（NEDA），List of Infrastructure Flagship Projects（as of August 19，2020），https：//www. neda. gov. ph/wp-content/uploads/2020/09/Revised-List-of-IFPs-as-of-19 – August-2020. pdf，accessed 2022 – 6 – 28.

本的高额资金支持。2017 年 11 月杜特尔特访日期间,杜特尔特对时任
日本首相的安倍晋三表示,菲律宾要为日菲战略伙伴关系打造"黄金时
代",而二战时期日菲双方的矛盾已是"桥下的水"。日本试图挑拨南
海问题以拉拢菲律宾,但杜特尔特采取了灵活表态,转移日方的针对性
评论。在经济援助方面,杜特尔特承诺将确保项目尽快启动,将日方援
助的项目"完成,完成,再完成"。① 立足于日菲的经济伙伴关系与日
本长期对菲经济援助的历史基础,杜特尔特对日积极友好外交进一步扩
展了双方在"大建特建"政策上的合作。

　　日本为"大建特建"政策提供高额资金支持,并形成基建合作专
项的沟通机制。2017 年,安倍晋三承诺,在未来 5 年通过公共部门和
私营企业的渠道,稳步向菲律宾提供合计 1 万亿日元的经济援助。②
2017 年 10 月,该援助承诺进一步落实为《日菲关于今后 5 年双边合作
的联合声明》。根据该声明,日菲两国组成了日菲基础设施发展和经济
合作高级别联合委员会,以定期跟进日菲合作的项目实施进度,保持双
方信息互通,截至 2020 年 10 月,该委员会已举行 10 期会议。③ 自杜特
尔特总统上任至 2021 年 1 月,日菲间共签署了 15 项贷款协议,总额达
3131.47 亿菲律宾比索(约合 64.4 亿美元),其中 82% 的资金用于"大
建特建"旗舰项目的建设。④ 日本以官方发展援助与外部投资为途径
深耕东南亚地区多年,"大建特建"政策为日本对菲经济援助提供了
新的切入点,契合了日本对东南亚进行更具社会影响力的投资或援助

---

① Lilian Mellejor, "Duterte Sees More Infra Projects After Japan Visit," *Philippine News Agency*, November 1, 2017, https://www. pna. gov. ph/articles/1014500, accessed 2022 - 6 - 28.

② Azer Parrocha, "PRRD Grateful for Abe's Push to Boost PH - Japan Ties," *Philippine News Agency*, September 7, 2020, https://www. pna. gov. ph/articles/1114696, accessed 2022 - 6 - 28.

③ Ministry of Foreign Affairs of Japan, "10th Meeting of the Japan-Philippines High Level Joint Committee on Infrastructure Development and Economic Cooperation," October 28, 2020, https://www. mofa. go. jp/press/release/press4e_002958. html, accessed 2022 - 6 - 28.

④ Republic of the Philippines Department of Finance (DOF), "PHL thanks Japan for Quick Release of 10 - B Yen Loan to Aid Typhoon Victims", January 6, 2021, https://www. dof. gov. ph/phl-thanks-japan-for-quick-release-of-10 - b-yen-loan-to-aid-typhoon-victims/, accessed 2022 - 6 - 28.

的意愿。杜特尔特积极务实的回应更增强了日方扩大对菲律宾援助的倾向，而双方常态化的沟通机制则有利于促进经济援助能够按时按量地兑现落实。

第三，菲律宾重视与韩国的伙伴关系，杜特尔特的朝鲜半岛无核化立场获得韩国认可。杜特尔特在朝核问题上频繁发声并表示全力支持朝鲜半岛无核化。文在寅则回应"杜特尔特总统的支持是朝鲜半岛和平进程的重要帮助"，表示菲律宾是韩国实行"新南方政策"的关键伙伴，[①]更高度称赞菲律宾为"东盟的未来"，承诺韩国将更积极地参与菲律宾的国家经济发展。[②] 杜特尔特称韩国为"珍贵的朋友与伙伴"，希望韩菲两国在贸易投资、可持续发展、基础设施建设与国防等领域继续保持友好合作的势头。[③] 杜特尔特对朝鲜半岛问题的表态加深了韩国对菲律宾的信任，为引入韩国对"大建特建"的支持发挥关键作用。

韩国积极支持"大建特建"政策，广泛号召韩国企业投资菲律宾。2018 年韩菲双方签署经济发展合作贷款框架协议，确定韩国将在杜特尔特任期内提供 10 亿美元经济援助。[④] 2020 年韩国向菲律宾提供 5000 万美元无息贷款，用于"大建特建"项目中前期评估勘测、详细工程

① Republic of the Philippines Presidential Communications Operations Office（PCOO），"Philippines and South Korea to Continue to Develop Substantive Cooperation，"June 5，2018，https：//pcoo. gov. ph/news _ releases/philippines-and-south-korea-to-continue-to-develop-substantive-cooperation/，accessed 2022 - 6 - 28.

② Pathricia Ann Roxas，"South Korea's Moon Says Philippines Is 'Future of Asean'，"*Inquirer*，November 25，2019，https：//globalnation. inquirer. net/182226/south-koreas-moon-says-philippines-is-future-of-asean，accessed 2022 - 6 - 28.

③ Republic of the Philippines Presidential Communications Operations Office（PCOO），"President Duterte Returns From Productive South Korea Visit，"June 6，2018，https：//pcoo. gov. ph/news_releases/president-duterte-returns-from-productive-south-korea-visit/，accessed 2022 - 6 - 28.

④ Embassy of the Republic of Korea in the Republic of the Philippines，"Korea，Philippines Sign $1 Billion Soft Loan（EDCF）Arrangement for Philippine Infrastructure Projects，"May 4，2018，https：//overseas. mofa. go. kr/ph-en/brd/m _ 3284/view. do? seq = 759480，accessed 2022 - 6 - 28.

设计和保障评估分析。① 时任韩国驻菲大使韩东文（Han Dong Man）更是公开号召，韩国企业应跟随杜特尔特总统的"大建特建"政策，到菲律宾"大投特投"（Invest，Invest，Invest）。② 2018 年 7 月，韩国—菲律宾基础设施论坛举行，该论坛旨在面向韩国企业介绍菲律宾基建项目，吸引韩国企业参与和投资。③ 韩国政府为"大建特建"政策提供了资金与宣传两方面的支持，推动韩国企业走进菲律宾，参与"大建特建"。

第四，杜特尔特主动向亚洲开发银行介绍当届政府的发展战略，邀请亚洲开发银行为"大建特建"提供援助与实施意见。2016 年杜特尔特与时任亚洲开发银行行长的中尾武彦（Takehiko Nakao）举行会面。中尾武彦表达了对杜特尔特政府十点经济发展纲要的强烈支持与认同，表示"杜特尔特总统提出的这些改革举措令人印象深刻"，承诺将为菲律宾政府实现这些发展目标提供紧密合作与协助。④ 2020 年杜特尔特与亚洲开发银行行长浅川雅嗣（Masatsugu Asakawa）举行会面。杜特尔特首先对"亚洲开发银行长期不懈地支持菲律宾发展"表示感谢，"我们期待亚洲开发银行能够进一步加强对'大建特建'的支持"，希望亚洲开发银行帮助菲政府提升执行社会资本与政府合作项目的能力，鼓励更

---

① Republic of the Philippines Department of Finance（DOF），"PHL，Korea Exchange Documents on US$50 – M Loan for 'Build，Build，Build' Preparatory Works，" January 28，2020，https://www. dof. gov. ph/phl-korea-exchange-documents-on-us50-m-loan-for-build-build-build-preparatory-works/，accessed 2022 – 6 – 28.

② Ben Cal，"Duterte Visit to South Korea Paying off，" *Philippine News Agency*，July 12，2018，https://www. pna. gov. ph/articles/1041210，accessed 2022 – 6 – 28.

③ Embassy of the Republic of Korea in the Republic of the Philippines，"Embassy Holds Korea-Philppines Infrastructure Forum，" August 9，2018，https://overseas. mofa. go. kr/ph-en/brd/m_20312/view. do？ seq = 8&srchFr = &amp；srchTo = &amp；srchWord = &amp；srchTp = &amp；multi_itm_seq = 0&amp；itm_seq_1 = 0&amp；itm_seq_2 = 0&amp；company_cd = &amp；company_nm = &page =5，accessed 2022 – 6 – 28.

④ Asian Development Bank（ADB），"ADB President Nakao Meets With President Duterte On Helping Achieve His 10 – Point Economic Agenda，" July 13，2016，https://www. adb. org/news/adb-president-nakao-meets-president-duterte-helping-achieve-his-10-point-economic-agenda，accessed 2022 – 6 – 28.

多的私人企业参与"大建特建"。①

亚洲开发银行长期关注菲律宾发展并提供援助，"大建特建"政策的提出促使亚洲开发银行大幅提高援助菲律宾的金额。在"大建特建"提出之初，2017 年 7 月亚洲开发银行即承诺将大力支持杜特尔特政府，并宣布提供 1 亿美元贷款、500 万美元的技术援助赠款用于前期项目评估。②"大建特建"政策提出以前的 2011 年至 2017 年，亚洲开发银行平均每年向菲律宾贷款 8 亿美元。③ 政策提出后，2018 年亚洲开发银行向菲律宾贷款增加至 13 亿美元，2019 年贷款增加至 25 亿美元，④ 2020年受新冠疫情影响增加至 42 亿美元。2019 年与 2020 年连续两年创下向菲律宾提供贷款的历史新高。亚洲开发银行指出，"大建特建"政策提出后，其提供给菲律宾的融资的 70% 都投入"大建特建"项目。⑤ 亚洲开发银行对"大建特建"旗舰项目之一——马洛洛斯—克拉克铁路项目共投资 27.5 亿美元，此项投资成为亚洲开发银行在亚太地区对单个项目提供的最大规模融资计划。⑥ 亚洲开发银行空前扩大对菲律宾援助规

① Republic of the Philippines Presidential Communications Operations Office (PCOO), "President Duterte Eyes Strong Philippine-ADB Partnership for Development," February 24, 2020, https://pcoo. gov. ph/news _ releases/president-duterte-eyes-strong-philppi-neadb-partnership-for-development/, accessed 2022 – 6 – 28.

② Asian Development Bank (ADB), "ADB President Pledges to Support Philippines' Build, Build, Build Program," July 3, 2017, https://www. adb. org/news/adb-president-pledges-support-philippines-build-build-build-program, accessed 2022 – 6 – 28.

③ Joann Villanueva, "ADB Financing to PH Seen to Hit Record-high $4. 2 – B," *Philippine News Agency*, July 23, 2020, https://www. pna. gov. ph/articles/1109919, accessed 2022 – 6 – 28.

④ ASIAN DEVELOPMENT BANK 2018 ANNUAL REPORT, https://www. adb. org/sites/default/files/institutional-document/496016/adb-annual-report-2018. pdf, accessed 2022 – 6 – 28. ASIAN DEVELOPMENT BANK 2019 ANNUAL REPORT, https://www. adb. org/sites/default/files/institutional-document/650011/adb-annual-report-2019. pdf, accessed 2022 – 6 – 28.

⑤ Joann Villanueva, "ADB Financing to PH Seen to Hit Record-high $4. 2 – B," *Philippine News Agency*, July 23, 2020, https://www. pna. gov. ph/articles/1109919, accessed 2022 – 6 – 28.

⑥ Republic of the Philippines Department of Finance (DOF), "PHL, ADB Sign Pact on First Tranche of $2. 75 – B Loan for Malolos-Clark Railway Project," July 14, 2019, https://www. dof. gov. ph/phl-adb-sign-pact-on-first-tranche-of-2-75-b-loan-for-malolos-clark-railway-project/, accessed 2022 – 6 – 28.

模的决策，反映出其对"大建特建"政策可行性与效益可观性的认可。

杜特尔特总统的高效外交与关键表态直击中菲、日菲、韩菲双边关系中的重要关切，成功邀请三个国家参与"大建特建"项目建设并提供支持。对于长期紧密联系的菲律宾与亚洲开发银行而言，"大建特建"政策的提出则成为双方扩大合作的新平台与落脚点。杜特尔特在这些外交互动中呈现积极务实的争取姿态，一方面为推广"大建特建"加分，另一方面亦体现出"大建特建"的竞争性、强劲势头与菲律宾政府执行"大建特建"的决心。

（二）发起财政制度改革以"开源增流"

"大建特建"政策投入巨大，外部的官方发展援助无法包揽所有，为此，杜特尔特政府力图在国家财政上"开源增流"。具体而言，菲律宾政府通过税收改革、增加财政收入的方式实现"开源"，通过财政预算系统改革、扩大财政投入的方式实现"增流"。

第一，杜特尔特政府实施《加速和包容税收改革法》（TRAIN），逐步推行税收改革，有效增加政府税收收入。杜特尔特政府的社会经济十点纲领中，第二点是要实现更有效率的征税与进步的税收改革。[1] 随后，杜特尔特政府将该目标落实为"综合税制改革计划"（CTRP），该计划共包括四个一揽子政策。其中，1 号一揽子政策《加速和包容税收改革法》直接将"大建特建"政策写入法案。2017 年 12 月，杜特尔特签署共和国第 10963 号法令《加速和包容税收改革法》，该法令于 2018 年 1 月生效。

《加速和包容税收改革法》第 82 节中的第 F（1）条规定："本法案生效后五年内，因本法案而新增的税收中的 70% 将自动划拨至资助包括'大建特建'政策在内的基建项目。"[2] 杜特尔特政府将"大建特

---

① Inquirer, "President Duterte's 10 - point Socioeconomic Agenda," *Inquirer*, January 2, 2017, https://business. inquirer. net/222340/president-dutertes-10 - point-socioeconomic-a-genda, accessed 2022 - 6 - 28.

② REPUBLIC ACT NO. 10963, https://www. officialgazette. gov. ph/downloads/2017/12dec/20171219 - RA - 10963 - RRD. pdf, accessed 2022 - 6 - 28.

建"政策写入经过完整立法程序的共和国法令，以最权威的方式保障了"大建特建"政策在五年内获得稳定的财政资金支持。菲律宾财政部部长卡洛斯·多明计斯（Carlos Dominguez Ⅲ）表示，若缺少《加速和包容税收改革法》的实施，"大建特建"政策的规模将缩减30%至40%。①

然而，《加速和包容税收改革法》实施后，新增税收规模与杜特尔特政府2017年的早期预估仍有较大差距。2017年菲律宾财政部预计，《加速和包容税收改革法》带来的新增税收能为25%的"大建特建"项目提供资助。② 这意味着菲律宾政府需要因《加速和包容税收改革法》每年获得规模为2000亿—2500亿菲律宾比索（对照表1）不等的税收收入。截至2021年1月，《加速和包容税收改革法》实施的3年来累计产生的新增税收仅有3050亿菲律宾比索。③ 由此可见，税制改革的确为"大建特建"政策提供了一定的资金支持、法律保障，起到"开源"作用，但其支持力度并未达到菲律宾政府最初预估的水平。

第二，杜特尔特政府改革财政预算体系，持续扩大财政支出。在2019财年预算案中，菲律宾政府宣布采用全新的现金预算系统（Cash Budgeting System），这一系统与2018财年及以前所应用的以合同契约为基础的预算系统（Obligation-based Budgeting System）有所区别。2019年9月，该举措由杜特尔特签署的第91号总统行政命令得以进一步确定。

现金预算系统缩短了政府项目支付期，进一步规定了多年期项目授权。第91号总统行政命令第3节要求，国家部门在为所有多年期项目进行采购之前，必须获得菲律宾预算管理部核发的多年期合约授权。除

---

① Republic of the Philippines Department of Finance（DOF），"Tax Reform Needed to Fully Implement 'Build，Build，Build' Program，" August 25，2017，https：//www. dof. gov. ph/tax-reform-needed-to-fully-implement-build-build-build-program/，accessed 2022 - 6 - 28.

② Republic of the Philippines Department of Finance（DOF），"Non-taxpayers to Benefit From New Tax Reform Law，" December 24，2017，https：//www. dof. gov. ph/non-taxpayers-to-benefit-from-new-tax-reform-law/，accessed 2022 - 6 - 28.

③ Joann Villanueva，"Past Reforms to Help Ensure Duterte Admin's Tax Reform Wins，" *Philippine News Agency*，April 26，2021，https：//www. pna. gov. ph/articles/1138003，accessed 2022 - 6 - 28.

此之外，在现金预算系统下，除非有额外的立法规定，所有部门在财年结束前仍未支出、未指定用途的财政拨款必须归还国库。① 缩短项目支付期有利于政府部门更精准地规划每一阶段的建设任务，避免项目建设后期出现资金冗余或资金不足的情况。在投资多年期项目时需要授权的规定，加强了预算管理部在国家财政层面对大型项目的管控能力。

2018 年"大建特建"政策所获财政预算包含了 2018 财年结束后的两年或更长时间的待支付资金，其覆盖的支付时间长度比 2019 财年、2020 财年的都要长。尽管 2019 财年、2020 财年的财政投入低于 2018 财年的财政投入（见表 1），但不能由此判断菲律宾政府 2019 财年、2020 财年收缩了对"大建特建"的财政投入。在使用相同的现金预算系统的基础上，政府对"大建特建"政策的财政投入在 2019 财年至 2021 财年持续上升，其所占的国内生产总值比例亦持续上升。

杜特尔特政府在为"大建特建"筹集更多资金、增加财政投入的同时，进行了相应的财政制度改革，使得"大建特建"的资金支出更快速高效。其中，税制改革不仅为"大建特建"扩增了资金来源，还对国内的投资创业、居民消费产生鼓励推动作用，改善国内营商环境，进一步吸引外国投资，打造菲律宾竞争新优势。

（三）重用"混合型"政府与社会资本合作模式

与前任阿基诺三世政府相似，杜特尔特政府在基础设施建设中继续引入政府与社会资本合作的方式。但与阿基诺三世政府不同，杜特尔特政府在"大建特建"政策施行前期收缩了对政府与社会资本合作的采用，并对传统的合作方式进行改革。② 杜特尔特政府在"大建特建"施行中后期提升了政府与社会资本合作的应用比例。

---

① EXECUTIVE ORDER NO. 91：ADOPTING THE CASH BUDGETING SYSTEM BEGINNING FISCAL YEAR 2019，AND FOR OTHER PURPOSES，https：//www. officialgazette. gov. ph/downloads/2019/09sep/20190909 - EO - 91 - RRD. pdf，accessed 2022 - 6 - 28.

② 伊藤晋，"A Study on Dutertenomics：Drastic Policy Shift in PPP Infrastructure Development in the Philippines，"東洋大学PPP 研究センター紀要，Vol. 10，March 2019，pp. 1 - 23.

第一，杜特尔特政府将传统型政府与社会资本合作改革为混合型政府与社会资本合作（Hybrid PPP）。由于前任阿基诺三世政府采用传统型合作来进行基础设施建设进展缓慢，成果稀少，[1] 杜特尔特政府提出混合型政府与社会资本合作，具体内容为重点基建项目的建造阶段先由政府完成，后续运营、维护与维修阶段则由私营企业负责，部分非优先项目则可以继续采用传统型合作，即允许由私营企业承包项目全程的建造及后续运营、维护。杜特尔特政府认为，混合型政府与社会资本合作有利于缩减成本，节省项目建设时间。在缩减成本方面，私营企业负责项目后续运营与维护的部分，减少了政府与对该项目的投入成本。[2] 在节省项目建设时间方面，政府可以将项目建造工作与运营维护的招标工作同时进行，避免了传统型合作中必须完成项目各部分的招标方可启动项目的被动，有效节省时间。

第二，在实施"大建特建"政策过程中，杜特尔特政府不断提升政府与社会资本合作的应用比例。在"大建特建"旗舰项目清单中，以政府与社会资本合作作为资金来源的项目个数占比由 2017 年的 3% 上升至 2020 年的 27%（见图 1）。截至 2021 年 4 月，正在进行的 20 个政府与社会资本合作重点项目占国民生产总值 2.38%。在总额为 4.13 万亿菲律宾比索的"大建特建"旗舰项目中，政府与社会资本合作承担了规模为 1.75 万亿菲律宾比索的项目建设，其金额占比达 42%。在 2021 年"大建特建"政策预算中，政府与社会资本合作将承担 4965.3 亿菲律宾比索的建设，其占比最大。[3]

---

① 阿基诺政府时期批准了 28 个政府与社会资本合作项目，至任期结束时，只有 12 个项目完成了签约，最终完成的仅有 3 个项目，参见伊藤晋，"A Study on Dutertenomics：Drastic Policy Shift in PPP Infrastructure Development in the Philippines，"*東洋大学 PPP 研究センター紀要*，Vol. 10，March 2019，pp. 1 – 23。

② Republic of the Philippines Department of Finance（DOF），"Gov't to Apply 'Hybrid' Formula in Implementing PPP Projects，" May 7，2017，https：//www. dof. gov. ph/govt-to-apply-hybrid-formula-in-implementing-ppp-projects/，accessed 2022 – 6 – 28.

③ Ben O. de Vera，"DOF：PPP Projects to Lead Spending in Next 2 Years，" *Inquirer*，April 12，2021，https：//business. inquirer. net/321028/dof-ppp-projects-to-lead-spending-in-next-2-years，accessed 2022 – 6 – 28.

就财富实力和与杜特尔特关系密切程度而言，菲律宾富商恩里克·拉松（Enrique K. Razon）、蔡启文（Ramon See Ang）等人及其财团企业是"大建特建"中政府与社会资本合作的典型对象。

恩里克·拉松拥有国际集装箱码头服务公司（ICTSI），与总统杜特尔特关系良好，得到杜特尔特的青睐。2018年，ICTSI公司建设完成菲律宾国内第一个集装箱驳船港口项目、"大建特建"政策下的首个项目——甲米地集装箱驳船码头，杜特尔特与拉松共同出席了码头启用仪式。[①] 2017年，拉松组建PMI基建公司（Prime Metroline Infrastructure Holdings）。2019年，PMI基建公司获得政府批准，负责承建价值200亿菲律宾比索的以瓦瓦大坝为主体的大型供水工程。同年，ICTSI公司向菲律宾港务局提案，计划将投资87亿菲律宾比索用于改造升级伊洛伊洛市商业港口综合体和杜曼加斯港。[②]

蔡启义是菲律宾生力集团主席以及多家大型企业公司的总裁或持有者，是杜特尔特私人好友与竞选资助者。蔡启文曾在2016年总统选举期间公开表示支持杜特尔特，更宣誓支持杜特尔特的"毒品战"。[③] 2017年，蔡启文在政府未提出正式邀请前，主动举荐生力集团承包建设位于布拉干省的新国际机场和巴石河沿线高速公路。[④] 2020年，生力集团正式获得新马尼拉国际机场的为期50年的建造、开发、运营、维护的特许经营权。该项目总价值约为7360亿菲律宾比索，被纳入"大建特建"

① Jelly Musico, "PRRD Inaugurates Cavite Gateway Terminal," *Philippine News Agency*, November 22, 2018, https://www. pna. gov. ph/articles/1054708, accessed 2022 – 6 – 28.

② "Razon's Wawa Dam Project to Supply Water to Metro Manila by 2021," *CNN Philippines*, November 19, 2019, https://www. cnnphilippines. com/business/2019/11/19/Wawa-Dam-approved-MWSS. html, accessed 2022 – 6 – 28.

③ Nestor Corrales, "Duterte Admits Ramon Ang Was One of His Campaign Financiers," *Inquirer*, December 21, 2016, https://newsinfo. inquirer. net/855434/duterte-admits-ramon-ang-was-one-of-his-campaign-financiers, accessed 2022 – 6 – 28.

④ Darwin G. Amojelar, "Govt Starts Reviewing SMC Airport in Bulacan," *Manila Standard*, February 5, 2017, https://manilastandard. net/business/228572/govt-starts-reviewing-smc-airport-in-bulacan. html, accessed 2022 – 6 – 28.

旗舰项目清单。① 2021 年，政府正式批准了由生力集团投资承建的巴石河沿线高速公路升级改造项目，该高速公路项目投资约 950 亿菲律宾比索。生力集团另投入 20 亿菲律宾比索全资承担巴石河的生态环境恢复与水运升级。②

就"大建特建"的建设目标和菲律宾政府的组织资源能力而言，菲律宾政府与私人资本达成健康、良好、正向的联结合作是如期推进"大建特建"的必需之举。这些私人资本的响应配合及其雄厚财力为"大建特建"注入新动能，有利于提升"大建特建"在商界的知名度，拉动菲律宾国内乃至东南亚地区更多的私人资本参与。

总体而言，杜特尔特政府在执行"大建特建"过程中，尽力争取了其他国家、国际组织的参与和支持，充分调动发挥了国内公共部门与私有企业两大主体的效能。三大举措得以基本落实，不仅稳定推进"大建特建"的开展，还体现着"大建特建"的有效可行，实现其提升菲律宾经济竞争优势的作用。

三 "大建特建"政策的影响与趋势

自 2017 年 4 月正式提出，"大建特建"政策已实施五年多，取得了一定成果，对菲律宾经济社会发展起到不可替代的作用。目前，随着小马科斯当选新一届菲律宾总统，"大建特建"正式由杜特尔特时代过渡到小马科斯时代。

---

① Melissa Luz Lopez, "San Miguel Gets 50 – year Franchise for Airport City Project in Bulacan as Bill Lapses Into Law," *CNN Philippines*, January 4, 2021, https://www. cnnphilippines. com/business/2021/1/4/SMC – franchise-Bulacan-Airport-City-lapses-into-law. html, accessed 2022 – 6 – 28.

② Jonathan Burgos, "Philippine Billionaire Ramon Ang's San Miguel To Invest $1. 9 Billion in Elevated Highway Along Pasig River," *Forbes*, September 23, 2021, https://www. forbes. com/sites/jonathanburgos/2021/09/23/philippine-billionaire-ramon-angs-san-miguel-to-invest-19 – billion-in-elevated-highway-along-pasig-river/? sh = 31d6293f6cc9, accessed 2022 – 6 – 28.

（一）提升经济效率与鼓励经济发展

杜特尔特政府基础设施完成量突出，切实改善菲民众的生活质量，提升运输与发展的经济效率。阿基诺三世政府在 2011—2015 年完成的基建总值为 8204 亿菲律宾比索，而杜特尔特政府在 2016—2020 年完成的基建总值是其三倍，达到 2.53 万亿菲律宾比索。[①] 菲律宾公共工程与公路部公布，截至 2021 年 6 月，杜特尔特政府在全国范围内已经完工交付了总里程达 26494 公里的经新修维修或扩建的公路、5555 座新建或重修的桥梁、144925 间新建或维修的课室、10376 个防洪设施、187 个避难中心、688 个医治或隔离设施。[②] 截至 2022 年 1 月，77 个共价值 3.51 万亿菲律宾比索的旗舰项目正在执行施工。[③] 目前"大建特建"已完工并投入使用的、显著提高经济效益的代表性项目有大马尼拉高架公路三期工程（Metro Manila Skyway Stage 3）、马尼拉地铁 3 号线（MRT - 3）升级工程等。大马尼拉高架公路三期工程有效联结了吕宋的南北部，将原有的 3 小时车程缩短至 30 分钟。[④] 马尼拉地铁 3 号线列车运载供应量由原来的每小时 10 班列车增加至 23 班列车，每日旅客承接量扩增至 40 万人次。[⑤]

① Betheena Unite, "A Look Back on 'Build, Build, Build's' Milestones as It Reaches Its Final Year," *Manila Bulletin*, June 22, 2021, https://mb. com. ph/2021/06/22/a-look-back-on-build-build-builds-milestones-as-it-reaches-its-final-year/, accessed 2022 - 6 - 28.

② Betheena Unite, "A Look Back on 'Build, Build, Build's' Milestones as It Reaches Its Final Year," *Manila Bulletin*, June 22, 2021, https://mb. com. ph/2021/06/22/a-look-back-on-build-build-builds-milestones-as-it-reaches-its-final-year/, accessed 2022 - 6 - 28.

③ Department of Public Works and Highways (DPWH): BBB Chief Implementer Reports Development of Flagship Projects, January 3, 2022, https://www. dpwh. gov. ph/dpwh/news/24867, accessed 2022 - 6 - 28.

④ Anna Leah E. Gonzales, "Govt Completes Several Projects Under BBB," *Manila Times*, April 13, 2021, https://www. manilatimes. net/2021/04/13/business/business-top/govt-completes-several-projects-under-bbb/863299/, accessed 2022 - 6 - 28.

⑤ Raymond Carl Dela Cruz and Ferdinand Patinio, "Completed Infra Projects 'Greatly Eased' Traveling in PH: Duterte," *Philippine News Agency*, July 26, 2021, https://www. pna. gov. ph/articles/1148348, accessed 2022 - 6 - 28.

基建改革增强了菲律宾国内企业信心，推动菲律宾主权信用评级的提高。在新冠疫情暴发前，菲律宾中央银行调查指出企业 2019 年度商业预期信心指数呈总体上升趋势，由第一季度的 29.4 上升至第四季度的 56.1，上升幅度较大。受调查的企业主表示，信心增强的原因主要在于基础设施条件的不断改善、通货膨胀的缓解与政府开支的增长。[1] 2019 年 4 月，标准普尔将菲律宾主权信用评级提升至历史上最高的 BBB + 。菲律宾财政部回应，此次信用评级提升反映出政府采取的税制改革、加大对基建投入等经济政策为菲律宾带来了强劲、可持续的经济增长，今后政府将继续推动"大建特建"政策，并维持基建工作的经济可持续性。[2]

就经济增长情况而言，杜特尔特执政后的 2016 年至 2019 年菲律宾国内生产总值增长率分别为 7.1%、6.9%、6.3%、6.0%，是亚洲各国中经济增长表现较好的国家。[3] "大建特建"的实施使菲律宾国内经济发展信心和国际预期评估均获得正向提升，实体项目的相继完工投产亦展现可观的社会经济效益。"大建特建"产出的客观成果构成了菲律宾经济竞争力的新基石、新源泉。

（二）新冠疫情期间担当提振经济的重要抓手

"大建特建"政策在新冠疫情中受挫的同时，亦成为提振菲律宾经济的重要抓手。2020 年菲律宾国民生产总值下降了 9.5%，2021 年实现逆转并得到 7.7% 的经济增长率。对此，有分析指出，政府在疫情期间

---

[1] Bangko Sentral ng Pilipinas, Q4 2019 Inflation Report, p. 12, http://www.bsp.gov.ph/downloads/Publications/2019/IR4qtr_2019. pdf, accessed 2022 - 6 - 28.

[2] Republic of the Philippines Department of Finance (DOF), "S&P Upgrades Philippine Credit Rating to 'BBB + stable,' a Notch Away From 'A' Territory Rating," April 30, 2019, https://www.dof.gov.ph/sp-upgrades-philippine-credit-rating-to-bbb-stable-a-notch-away-from-a-territory-rating/#: ~: text = In% 20a% 20vote% 20of% 20confidence, that% 20affirms% 20the% 20country's% 20creditworthiness, accessed 2022 - 6 - 28.

[3] GDP growth（annual %）- Philippines, World Bank, https://data. worldbank. org/indicator/NY. GDP. MKTP. KD. ZG? locations = PH, accessed 2022 - 6 - 28.

持续执行"大建特建"政策为失业者新增就业岗位，为供货商承包商继续提供买卖交易，基建领域相关的供应链被有力拉动。"大建特建"在菲律宾经济复苏中发挥了支柱性作用。① 2020 年菲律宾财政部部长卡洛斯·多明计斯指出，"大建特建"是菲律宾经济复苏的基石。"大建特建"通过提供就业、刺激国内消费与投资、推动经济增长来缓解疫情导致的国内供求循环萎缩。② 政府继续增加 2021 财年"大建特建"财政预算，较 2020 财年预算上升 8.5%（参考表 1）。杜特尔特指出，"大建特建"对于 2021 年的经济复苏是"必不可少的"，政府计划通过"大建特建"项目新增 14 万至 22 万个工作岗位、刺激私营部门投资，从而为 2021 年经济复苏奠定基础。③ 菲律宾公共工程与公路部公布，截至 2021 年 8 月，"大建特建"旗下项目在疫情期间、在菲律宾全国范围内稳定新增了 148 万个工作岗位，并按照项目当地法定最低工资水平支付基层建筑工人薪水，为贫困民众与失业者提供生计支持。④ 公共工程与公路部、交通运输部 2021 年度主管下共完成 8 个"大建特建"旗舰项目，在疫情的不利环境中取得"大建特建"的重要进展。⑤

  亚洲开发银行肯定并支持"大建特建"在拉动菲律宾经济复苏方

---

① Joann Villanueva, "Infra Spending, Other 'Bright Spots' in Economic Recovery Cited," *Philippine News Agency*, January 27, 2022, https://www.pna.gov.ph/articles/1166528, accessed 2022 – 6 – 28.

② Republic of the Philippines Department of Finance (DOF), "Gov't Saving Lives From Virus, Hunger—DOF," August 20, 2020, https://www.dof.gov.ph/govt-saving-lives-from-virus-hunger-dof/? utm_source = rss&utm_medium = rss&utm_campaign = govt-saving-lives-from-virus-hunger-dof, accessed 2022 – 6 – 28.

③ Darryl John Esguerra, "BBB Program Gets Hefty P1.1T Allocation in 2021 Budget," *Inquirer*, August 28, 2020, https://newsinfo.inquirer.net/1328332/bbb-program-gets-hefty-p1 – 1t-allocation-in-2021 – budget, accessed 2022 – 6 – 28.

④ Department of Public Works and Highways (DPWH), Villar: BBB Generated 1.48 – M Jobs during Pandemic, September 24, 2021, https://www.dpwh.gov.ph/dpwh/news/24239, aAccessed 2022 – 6 – 28.

⑤ Department of Public Works and Highways (DPWH), BBB Chief Implementer Reports Development of Flagship Projects, January 3, 2022, https://www.dpwh.gov.ph/dpwh/news/24867, accessed 2022 – 6 – 28.

面发挥重要抓手作用。亚洲开发银行分析指出，2021 年菲律宾的经济恢复与增长将稳定地由公共基础设施支出、消费者信心改善和全国范围的疫苗接种拉动。亚洲开发银行 2021 年至 2023 年将为菲律宾提供规模为 94 亿美元的主权贷款，这笔贷款过半将投入交通运输项目建设，对此，亚洲开发银行表示："我们重点关注能够带来大量就业的基础设施建设项目，从而帮助菲律宾克服当前疫情带来的社会经济冲击，改善互联互通，支持菲律宾疫情期间和未来更长远的经济增长。"①

"大建特建"投资巨大且多数项目处于施工阶段，杜特尔特政府必须控制资金流动与在建项目的稳定以维护已有的建设成果，减轻国家财政乃至整体经济的波动。政府进一步激发"大建特建"对生产活动的拉动作用，赋予"大建特建"以疫情后经济复苏发力点的新定位，实现了经济衰退的逆转，体现出"大建特建"对菲律宾经济所能发挥的强大的正面影响，成为菲律宾经济在疫情后的竞争优势所在。

（三）赢得国际认可与国内政治支持

"大建特建"获得其他国家领导人、国际组织的认可。中国国家主席习近平 2018 年在菲律宾媒体发表署名文章，指出："当前，菲律宾人民在杜特尔特总统带领下，推动实施'社会经济发展十点规划''大建特建'，开创了国家发展欣欣向荣的局面。"② 亚洲开发银行行长浅川雅嗣对菲律宾改善社会经济环境、有效减贫的工作表示赞许，并再次表示会全力支持"大建特建"政策。③ 亚洲基础设施投资银行副行长丹尼·亚历山大（Danny Alexander）爵士表示，杜特尔特政府的"大建特建"

---

① Asian Development Bank, "ADB to Scale Up Support for Philippines' Infrastructure, Health, Job Recovery in 2021 – 2023," December 16, 2020, https://www.adb.org/news/adb-scale-support-philippines-infrastructure-health-job-recovery-2021 – 2023, accessed 2022 – 6 – 28.

② 《共同开辟中菲关系新未来——习近平在菲律宾媒体发表署名文章》，中国政府网，2018 年 11 月 19 日，http://www.gov.cn/gongbao/content/2018/content_5346494.htm，最后访问时间：2022 年 2 月 12 日。

③ Azer Parrocha, "Duterte Wants Stronger Partnership With ADB," *Philippine News Agency*, February 25, 2020, https://www.pna.gov.ph/articles/1094816, accessed 2022 – 6 – 28.

政策将对菲律宾经济发展产生长期的推动作用，菲律宾政府对基础设施建设的重视与亚洲基础设施投资银行的关切十分契合。① 世界银行就杜特尔特政府的财政与基建政策做出正面评价，"杜特尔特政府实行税制改革，使政府得以在基础设施和社会服务上大规模增加投资的举措受人称赞，税制改革与投资基础设施这两大举措构成了为菲律宾长期发展奠定基础的两个关键因素"。② 对于因"毒品战"饱受西方社会口诛笔伐的杜特尔特政府而言，这部分的正面认可意义重大，可有效带动外国资本赴菲投资。

"大建特建"巩固了菲律宾国内民众对杜特尔特政府的支持。民调机构脉搏亚洲（Pulse Aisa）2019 年调查显示，73% 的受访民众认为杜特尔特政府比往届政府实施了更多的基础设施项目，69% 的受访民众认为杜特尔特政府在基础设施方面比往届政府做得更好。③ 民调机构社会气象站（Social Weather Station）2019 年末调查显示，菲律宾民众对杜特尔特的满意率升至其任内新高的 82%。④ 政策咨询公司公共亚洲（Publicus Asia Inc.）2020 年调查显示，菲律宾民众对政府发展基础设施政策与工作成效的支持率为 68.6%。⑤ 总统大选年 2022 年民调结果

---

① Anna Leah E. Gonzales, "Infra Investments to Boost Long-term PH Growth-AIIB," *Manila Times*, January 30, 2019, https://www.manilatimes.net/2019/01/30/business/business-top/infra-investments-to-boost-long-term-ph-growth-aiib/504064, accessed 2022 – 6 – 28.

② Republic of the Philippines Department of Finance（DOF），"World Bank Exec Lauds PHL's 'Proactive, Forward-looking' Tax Reform Program," June 6, 2019, https://www.dof.gov.ph/world-bank-exec-lauds-phls-proactive-forward-looking-tax-reform-program/, accessed 2022 – 6 – 28.

③ Philippine Information Agency（PIA），"Majority of Filipinos Believe 'More Projects' Implemented Under Duterte Gov't," January 2, 2020, https://pia.gov.ph/news/articles/1032180, accessed 2022 – 6 – 28.

④ Xinhua, "Philippines' Duterte Earns Record-high Satisfaction Rating From Filipinos", *Xinhua News*, January 22, 2020, http://www.xinhuanet.com/english/2020 – 01/22/c_138726863.htm, accessed 2022 – 6 – 28.

⑤ Ruth Abbey Gita-Carlos, "Duterte Admin Gets High Approval on Addressing Several Issues," *Philippine News Agency*, August 26, 2020, https://www.pna.gov.ph/articles/1113505, accessed 2022 – 6 – 28.

显示，66.06%的民众希望下一届政府能继续执行杜特尔特政府的"大建特建"政策，延续菲律宾的基建事业。[①]

杜特尔特政府重新执行了部分往届政府延宕的项目，补充兑现政府的官方承诺，挽回政府的信用形象。例如，马尼拉地铁7号线（MRT-7）项目发起于2001年，相关特许协议已经于2008年完成签署，但后续未进行任何施工。2016年杜特尔特政府重启7号线项目。[②] 马尼拉轻轨1号线甲米地延段（LRT-1 Cavite Extension）项目2000年获得审核批准，2007年被国会授予拨款优先权，后续亦未进行任何实质性施工。2019年，该项目在杜特尔特政府清理历史障碍后方才破土动工，并预计2024年可投入使用。[③] 除此之外，马尼拉—克拉克铁路（Manila to Clark Railway）、马尼拉轻轨2号线东延段等重要项目也被长期拖延暂停，后由杜特尔特政府重启，得以进入实际施工阶段。

大型基建项目往往吸引公众最多的关注讨论，而往届政府在项目上的延宕行为既暴露出执行力弱的缺点，亦累积了公众对政府信用的质疑。国际舆论长期批评菲律宾政局动荡、政府效率低下导致投资条件不佳的问题。杜特尔特政府直面问题，迅速推进烂尾项目，一方面直接塑造了果断决策、积极行动的良好政府形象，挽回政府信用，另一方面有力传达出基建工作不可止步不前、不可随执政者更迭或政治斗争而废止的理念，为菲律宾今后长期的基建事业起到示范作用。

---

① "Filipinos Want Next Administration to Keep Duterte's Drug War, Infrastructure Approach — Survey," *Philstar*, March 27, 2022, https://www.philstar.com/headlines/2022/03/27/2170255/filipinos-want-next-administration-keep-dutertes-drug-war-infrastructure-approach-survey, accessed 2022 - 6 - 28.

② Lea Devio, "MRT - 7 60.93% Complete," *Manila Times*, July 23, 2021, https://www.manilatimes.net/2021/07/23/news/national/mrt-7-6093-complete/1808057, accessed 2022 - 6 - 28.

③ Emmie V. Abadilla, "LRT-1 Cavite Extension is 62% Complete — DOTr," *Manila Bulletin*, January 11, 2022, https://mb.com.ph/2022/01/11/lrt-1-cavite-extension-is-62-complete-dotr/, accessed 2022 - 6 - 28.

（四）小马科斯政府在财政压力中接棒

2022 年菲律宾总统大选中，多数总统候选人发表了对"大建特建"的接棒承诺。其中，杜特尔特在任期间最大政敌之一的副总统莱尼·罗布雷多都公开允诺"我将继续执行'大建特建'政策"。一同表示愿意接棒的还有热门候选人曼尼·帕奎奥、伊斯科·莫雷诺等人。① 这些候选人的表态本质上是对菲律宾发展需求、民众民意的迎合，这意味着"大建特建"已深深扎根于广泛的主流民意，是下一届政府必须积极承接的任务。目前，小马科斯已经继任为新一任菲律宾总统，莎拉·杜特尔特则当选为新一任菲律宾副总统。这一正副总统的搭配有利于维护包括"大建特建"在内的杜特尔特政府各项政治遗产。

在竞选宣传活动中，小马科斯承诺他不仅会延续"大建特建"政策，还会进一步扩充其旗舰基建项目的数量与规模。② 小马科斯亦曾就"大建特建"相关的政治争议表态，"我们可能在政治上无法协同一致，但我们应该就改善菲律宾人民生活的目标达成统一。基础设施建设不仅能加速经济发展，还为菲律宾人民创造就业机会。为了我们发展国家的共同梦想，让我们团结起来"。③ 相似地，小马科斯亦将交通运输作为基建工作中的优先项。他认为就菲律宾所处的地理位置与未来国际贸易复苏的大趋势而言，对菲律宾机场、港口、铁路的不断升级与扩张将有利于菲律宾未来成为亚洲重要物流枢纽，使菲律宾政府与人民皆受

---

① Cathrine Gonzales, "7 Presidential Candidates Vow to Continue 'Build, Build, Build'," *Inquirer*, March 19, 2022, https://newsinfo. inquirer. net/1570700/7 – presidential-candidates-vow-to-continue-build-build-build, accessed 2022 – 6 – 28.

② Jacque Manabat, "Marcos Jr. – Duterte 'Uniteam' Visits Eastern Visayas, Vows to Continue 'Build Build Build'," *ABS – CBN News*, November 30, 2021, https://news. abs-cbn. com/news/11/30/21/marcos-jr-vows-to-continue-dutertes-build-build-build, accessed 2022 – 6 – 28.

③ Kristina Maralit, "BBM Vows More Infra Projects," *The Manila Times*, February 28, 2022, https://www. manilatimes. net/2022/02/28/news/regions/bbm-vows-more-infra-projects/1834514, accessed 2022 – 6 – 28.

益。① "大建特建"正从杜特尔特时代走进小马科斯时代并维持积极扩展的基调。其中，小马科斯将"亚洲重要物流枢纽"作为菲律宾未来的发展定位，强调建造交通运输基础设施的重要性，反映出"大建特建"将延续其带动菲律宾争取更高的地区经济地位的竞争功能。

然而，基建投入与抗击疫情产生的高额财政赤字为小马科斯政府带来管控财政与政府债务的压力，小马科斯政府需要平衡稳定国内经济与推进基建两大任务。2019 年杜特尔特政府财政赤字规模约占国民生产总值 3.4%，2020 年赤字占比大幅上升至 7.6%，赤字规模达到了 1.36 万亿菲律宾比索，成为 2020 年亚洲各国中赤字比例最高的国家之一。2019 年录得的债务存量占国民生产总值的 39.6% 这一历史新低点比例被打破，2020 年债务存量占比上升至 53.5%。② 2021 年的财政支出达到菲律宾历史最高，财政赤字规模进一步扩大到 1.67 万亿菲律宾比索，占国民生产总值的 8.6%。③ 财政情况要求小马科斯政府加强对宏观经济形势的把控，在基建资金规划上扬长避短。小马科斯政府宣布，鉴于当前菲律宾处于通胀上升的形势，政府将在继续执行旗舰项目建设的同时，优先扶持有助于粮食安全、稳定粮食价格的基建项目。④

结　语

作为一项竞争性经济策略，"大建特建"政策在战略定位、主要举

① John Eric Mendoza, "Bongbong Says PH Should Modernize Infrastructure to Become Asia's Next Logistics Hub," *Inquirer*, October 26, 2021, https：//newsinfo. inquirer. net/1506774/marcos-jr-vows-to-build-modernize-infrastructure-to-make-ph-asias-next-logistics-hub.

② Beatrice M. Laforga, "Budget Deficit Soars to Record High in 2020," *Business World*, January 13, 2021, https：//www. bworldonline. com/editors-picks/2021/01/13/338556/budget-deficit-soars-to-record-high-in-2020/.

③ Ben O. de Vera, "PH Ends 2021 With Record-high P1. 67 – trillion Budget Deficit," *Inquirer*, March 1, 2022, https：//business. inquirer. net/342139/ph-ends-2021 – with-record-high-p1 – 67 – trillion-budget-deficit.

④ Ferdinand Patinio, "DPWH Vows Continuity of Vital 'Build, Build, Build' Projects," *Philippine News Agency*, July 7, 2022, https：//www. pna. gov. ph/articles/1178479.

措、实施后产生的影响与趋势三方面均以提升菲律宾竞争力、克服菲律宾经济发展深层次问题、实现经济增长新突破为核心。"大建特建"是菲律宾史上规模最大的基础设施建设规划，杜特尔特政府认为"大建特建"将使菲律宾成为"亚洲经济新星"，小马科斯政府则希望菲律宾通过"人建特建"的实施成为未来"亚洲重要物流枢纽"。"大建特建"的三大举措得以落实，为菲律宾今后的发展积攒了优良的外部援助关系，清扫了制度障碍，激活了社会资源并丰富了政府升级基建的力量来源，多管齐下提升了菲律宾整体经济竞争优势。

"大建特建"政策作为共建"一带一路"倡议对接的典型案例，中菲友好关系在对接过程中得以深化。随着小马科斯总统接任，我国应继续密切与菲律宾政界、商界、社会民众的沟通联系，善用常态化沟通机制保持两国的信息同步，增进互信，在项目稳定安全的基础上进一步延续并升级同"大建特建"政策的正式对接，推进在建合作项目的高效落实，在中菲两国共建"一带一路"的宝贵实践中发扬人类命运共同体理念。

缅甸稻米产业发展对国家现代化的影响探析[*]

俞家海[**]

摘 要 稻米作为一种重要的粮食与战略物资，深刻影响着缅甸的未来发展前景。通过梳理和考察缅甸稻米产业的历史演变发现，缅甸国家现代化进程与稻米产业发展息息相关。缅甸稻米产业发展促成了劳动力集聚，也缓解了劳动力短缺问题，来此地谋生的人群在共同生产生活的基础上形成聚居区和最初的农业生产样态。稻米产业作为缅甸近代经济发展史中最为重要的行业，其繁荣带动了交通运输业、餐饮和文化教育等相关产业的发展，现代化的科学技术和管理理念运用到稻米业领域，缅甸经济发展步入新的历史阶段。稻米经济繁荣成为推动缅甸新土地制度、新阶层结构等要素形成和发展的"助产婆"。随着缅甸稻米经济的形成和经济现代化进程的开启，在长期劳动分工的基础上，财富分配的不平衡使得生产关系调整和社会阶层变动，无产阶级、民族资产阶级等随之诞生。新土地制度和新社会阶层的形成是缅甸稻米产

---

* 本文系国家社科基金课题"缅泰稻米产业与国家现代化进程研究"（16CSS013）、国家社科基金重大招标课题"东南亚安全格局对我实施'21世纪海上丝绸之路'战略的影响研究"（16ZDA091）阶段性成果。

** 俞家海，华南理工大学印度洋岛国研究中心研究员。

业发展的必然结果，是英国对缅甸进行殖民统治的基础，也是导致英国殖民统治崩溃的主要原因。稻米业的兴衰曾对缅甸国家核心区的转移产生重要影响。英国资本家占有大量的廉价劳动力和稻米生产与销售市场，主导着缅甸稻米经济的发展。稻米经济的发展冲击了缅甸传统生产格局，缅甸各省为争夺国家稻米生产核心区而博弈，改写了缅甸的历史文明进程。

关键词　缅甸　稻米产业　国家现代化

　　"仓廪实，天下安"，[①] 殖民地时期，稻米是缅甸经济的重要基础。英国殖民者把稻米视为重要的战略物资，通过稻米生产、储备、市场流通和国际贸易等环节，稻米产业发展成为英属缅甸时期最为重要的行业，成为推动缅甸国家历史进程向前发展的重要动力。[②] 缅甸国家现代化的主要内容包括：西方资本主义兴起对经济发展产生影响，经济发展成为推动新土地制度、新阶层结构等要素形成和发展的"助产婆"，发展新趋势促使国家行政中心的迁移。将缅甸稻米产业置于全球化历史进程中进行考察，从单一产业经济的微观视角解读稻米产业发展同缅甸现代化历程的关联性，总结缅甸国家现代化进程中的经验和教训，有助于丰富我国对周边国家或地区现代化问题研究的视界与内容。

一　国家经济现代化历史进程的开启

　　19 世纪下半叶缅甸稻米经济的繁荣带动了交通运输业、餐饮和文

---

① 国家粮食和物资储备局编《〈中国的粮食安全〉白皮书重要文献汇编》，人民出版社，2020，第 116 页。
② 俞家海：《英属缅甸稻米产业与英属缅甸民族关系研究述评》，《农业与技术》2015 年第 7 期，第 192 页。

化教育等相关产业的发展，稻米业创造的利润用于改善缅甸基础设施环境，为殖民地经济的快速发展创造了良好环境，[1] 部分现代化元素如新科技观念、新经济和管理理念开始被运用到稻米业领域中，经济发展步入新的历史阶段。稻米产业作为缅甸近代经济发展史中最为重要的行业，不仅对农业发展，而且对经济发展、生产关系调整、社会阶层变动等产生关键影响。[2] 受稻米产业经济发展的影响，缅甸几乎所有的行业发展都跟稻米产业挂钩。稻米产业经济的繁荣不仅调动了农民和商人的积极性，还为殖民当局提供了大量的税收，为英国对缅甸的殖民统治提供了物质基础。这种特殊经济发展模式除导致农作物产业经济畸形发展外，还导致工业、采矿业和服务业等行业发展对稻米业存在很大的依赖性。这种畸形的产业经济始于下缅甸殖民地的开拓，到殖民者征服上缅甸时，这种发展模式已定型，仰光及其周边地区就以稻米单一作物制来发展经济。

稻米经济的发展改变了传统的缅甸经济发展格局，经济重心开始由上缅甸南移到下缅甸。另外，缅甸的经济发展模式也发生变化，稻米产业由国民经济基础转变为左右国家经济发展的主导性产业，传统经济开始向"现代化"转型。仰光段伊洛瓦底江流域面积约为 9 万平方公里，其中冲积平原约 5.2 万平方公里。[3] 三角洲地区土地肥沃，雨量充沛，早在英国入侵之前就是缅甸重要的水稻产区。但是，直到 19 世纪初，三角洲地区仍然地广人稀，人口在 100 万到 120 万之间，平均每平方公里不到 14 人。雍籍牙王朝时期采取的禁止大米出口政策，抑制了农民发展水稻生产的主动性和积极性。当时三角洲地区的水稻生产主要满足当地需要，也有一部分剩余产品会被封建王朝调运到上缅甸缺粮地区。米价很低，每百箩（约4200斤，每箩大约42斤）仅5卢比，而大量输出

---

① 俞家海等：《东南亚农业发展与国家现代化——缅泰稻米产业面面观》，中山大学出版社，2022，第 15 页。

② 梅棹忠夫：《近代东西方国家与经济系统的关系》，王文成译，《学术探索》1990 年第 5 期，第 16 页。

③ 贺圣达：《缅甸史》，人民出版社，1992，第 248 页。

特别是输往中国云南的棉花，每百箩达 40 卢比，相当于米价的 8 倍。①

19 世纪 50 年代英国侵占伊洛瓦底江三角洲时，当地稻米生产已有一定的规模。据 1856—1857 年的统计，三角洲地区耕地约 662000 英亩，其中稻田约占 616000 英亩，这大致上反映了英国入侵下缅甸之前的稻米生产状况。因下缅甸的英国当局废除了对大米的出口禁令，三角洲地区的稻米输出量逐年增加。但是，英属印度和美国南部是当时世界市场上的大米主产地和输出地。1857—1860 年，印度民族大起义和美国内战相继爆发，导致美国和印度输出大米急剧减少，但欧洲市场对大米的需求有增无减。同时，沙劳越、马来半岛等英国属地种植园经济的发展，使得对稻米等粮食需求也在不断增长。② 国际环境和世界市场的需求，都有利于三角洲地区发展稻米产业。

内部和外部的有利条件，使仰光及周边地区的稻米产业以史无前例的速度而不断发展。水稻种植的新增面积以年均 5500 英亩的速度递增，1866—1870 年为 4 万英亩，1871—1880 年增加到近 10 万英亩，到 1885 年水稻种植面积已发展到 15 万余英亩的生产规模。仰光市场上的稻米单位价格也随着时间而扶摇直上，1851—1852 年为 18 卢比/百箩，1861—1865 年为 40 卢比/百箩，1876 年以后已达 80 卢比/百箩。稻米市场交易量也在成倍增加，1856 年下缅甸稻米贸易量为 12.7 万吨，其中上缅甸占了 50% 的市场份额。到 1868 年，该地稻米贸易量增加到 23.5 万吨，到 1873 年增加至 50 万吨，国外市场对于稻米出口的重要性增加。下缅甸的水稻种植区在 1885 年已达到 286 万英亩的规模，大米输出达 94.6 万吨，成为当时全球最为重要的稻米生产基地。③ 三角洲地区以水稻为主的单一作物制，也在这一时期形成。

---

① Michael Adas, *The Burma Delta: Economic Development and Social Change on an Asian Rice Frontier*, Madison: The University of Wisconsin Press, 1974, pp. 30 – 31.

② Dias Pradadimara, "Rice in Colonial and Post Colonial Southeast Asia: A Food Regime Analysis," *Paramita*, Vol. 25, No. 1, 2015, p. 14.

③ Aye Hlaing, "Trend of Economic Growth and Income Distribution in Burma, 1870 – 1940," *Burma Journal of the Burma Research Society*, 1964, pp. 89 – 91.

1879—1930 年是缅甸稻米业快速发展的时期。如下缅甸 1879 年稻作面积不到 100 万公顷,而 1930 年的稻米种植面积已增加了 3 倍,达到 400 万公顷,除了稻米业外,其他经济作物种植业发展缓慢。下缅甸殖民政府颁布的 1876 年土地法案,推动稻米产业快速发展,该地逐渐形成单一畸形经济的局面,当地传统的经济发展模式逐步被外来经济模式取代。在英国发动第三次对缅战争后,缅甸完全沦为英属印度的一个省,缅甸稻作业继续发展,稻谷种植面积从 1919 年的 1051 万英亩增加到 1929 年的 1186 万英亩,共增加了 135 万英亩,其中下缅甸增加了 120 万英亩,平均每年增加 12 万英亩。在这一历史时期,缅甸精米加工量由 1919 年的 431 万吨增加到 1929 年的 500 万吨,这是缅甸稻米产业最为辉煌的时期。[①] 稻米业的高速发展导致水稻种植面积不断扩大,农业经济建设对稻米产业更加依赖,由于稻米业以市场为导向,缅甸的经济发展更为畸形。稻米产业对缅甸的经济贡献率在 1881—1931 年达到 67%,有近七成的缅甸民众的经济来源为稻米业收入。缅甸 1886 年的稻米种植规模为 400 万英亩,产量为 200 万吨,贸易量为 90 万吨,到了 1917 年种植规模发展到 800 万英亩,产量增加到 400 万吨,贸易量提高到 200 万吨。英属印度稻米产量的 15%,都依靠这个人口只占 4%、面积只占 13% 的缅甸省。因此,缅甸的重要性就如同印度对于英国的重要性,被比喻为英国王冠上的珍宝。[②] 一直到第二次世界大战全面爆发前,缅甸水稻种植区都是国际稻米市场最重要的供应地,稻米对外贸易量在 1931—1940 年每年出口量为 268 万吨,市场行情好时一度达到创纪录的 312 万吨,在对外贸易出口总额中的比重达 47%,占了东南亚地区 67% 的稻米贸易份额。水稻种植区面积虽然由 1891 年占全国耕地面积的 72.3% 略微下降至 1915 年的 71.5%[③],但是稻米业产值在缅甸生产总值中的比重仍远远超过其他产业。

---

① 贺圣达:《缅甸史》,人民出版社,1992,第 328 页。

② Frank N. Trager, *Burma-From Kingdom to Republic*: *A Historical and Political Analysis*, London: Paul A. Moore & Co. , 1966, p.145.

③ 贺圣达:《缅甸史》,人民出版社,1992,第 324 页。

稻米业的繁荣在某种程度上促成了缅甸经济的现代化转型。稻米经济产生的经济效益促使英国殖民者根据缅甸的地质水文条件兴建和完善交通设施，提倡和鼓励使用新型交通工具，以建设较为完善的稻米物流体系，便于资本家获取更多的利润。[1] 英国人在兴建交通设施的同时，除充分利用以伊洛瓦底江为主的水上运输外，还兴建港口、铁路，发展电报业，便于水稻种植区和市场的信息畅通。另外，为进一步发展稻米经济，仰光殖民当局完善缅甸的货币金融体系，按照英国蓝本发行纸币，吸引英国、印度和其他外国投资者到缅甸开设金融机构，为稻米产业的发展提供保险和信贷服务。第一套具有英伦风格的缅甸纸币于1861年在下缅甸发行，很快就被用于稻米流通交易的经济活动。稻米经济的繁荣除了在经济和交通上为落后的缅甸注入动力，还推动教育的发展，引领缅甸经济走向黄金发展时期。一战爆发前（1936年），日本GDP约为60亿美元，人均GDP约为85美元，而同时期的缅甸GDP约为日本的两倍，即121.97亿美元，人均GDP约为776美元，约为日本的9倍，缅甸在一定程度上被视为远东地区的"经济强国"。许多现代化的工业制品，如时装、钟表和现代医疗设备等，经缅甸陆路转运至云南昆明。[2] 直到今天，缅甸政府和民众仍在使用英国殖民时期的教育资源、交通设施和住房。

缅甸稻米业经济促成的现代化景象是畸形且不稳定的。英国殖民者采取"只在缅甸发展稻米业相关行业"的产业政策，通过税收和贷款优惠鼓励农民扩大稻米生产规模，在稻米贸易方面也是采取这种方式来扩大稻米国内和国外的市场流通，宗主国控制了稻米产业的各个生产环节，农民只能将其收成通过市场流通后，购买自己生活所需的用品。在19世纪90年代，英国以"剪刀差"的方式对缅甸进行殖民掠夺，通过政策方式压低稻米的收购价格，以较高的价格出口到国际市场；对英国

---

① 俞家海等：《东南亚农业发展与国家现代化——缅泰稻米产业面面观》，中山大学出版社，2022，第107页。

② 吴晓亮：《云南小家庭 世界大市场——以"仰光洪盛祥"消费记录和民国"昆明市家庭生活情形调查"为例》，《中国边疆史地研究》2013年第1期，第86页。

及属地的商品实施低关税政策,[1] 包括火柴、煤油等商品类别,获得在缅甸市场的价格竞争优势,挤压缅甸民族企业的市场空间,力图遏制缅甸民族资本企业的发展,从缅甸获取更多的经济利益。稻农除了粮食外,其他生活用品及衣食住行主要依赖于英国的工业生产,缅甸传统的经济体制逐渐被新的经济体制取代。近代缅甸单一型殖民地经济的形成与发展导致缅甸产业发展不均衡和不充分,区域内市场化水平低,经济发展严重依赖于稻米产业,缅甸民众只能享受到很少的稻米产业发展红利,[2] 还导致缅甸经济安全系数低,一遇到经济危机,经济就会受到重创,民众生活水平急剧下降。

二 国家核心区的转移与博弈

对缅甸国家核心区的概念界定借鉴了弗里德曼的核心区域理论范式,即经济发达地区,该地产业技术水平较高,资本集中,人口密集,经济增长速度快。核心区的另一端是边缘区,核心区与边缘区会随着经济的发展而变化,[3] 稻米业的兴衰曾对缅甸国家核心区的转移产生重要影响。独特而重要的地理位置和通往南海与印度洋的地理空间及其特殊的缓冲作用,承载着缅甸现实的和潜在的地缘政治价值。[4] 地理环境在国家文明的历史发展进程中起着重要作用,即使它不能决定国家未来的发展趋势,但是当国家的历史发展与之产生关联时,地理环境就会对国家现代化进程产生重要影响,使之向前发展或停滞。地理环境还会对一个国家的族群分布、核心区定位、发展重心的转移等产生重要影响。自然地理环境不但影响人类聚居区的形成和分布,还会对统治者的国家决

① 列宁:《帝国主义是资本主义的最高阶段》,人民出版社,2020,第59页。
② 郑宗玲:《殖民统治时期缅甸稻米产业的发展及影响》,硕士学位论文,云南师范大学,2005,第30页。
③ 张刚、王翀:《国家区域发展战略格局下的淮海经济区核心区建设探讨》,《理论建设》2011年第4期,第73页。
④ 何跃:《缅甸政局中的地缘政治因素》,《东南亚纵横》2008年第11期,第81页。

策产生影响，进而影响这个国家的现代化进程。

孟德斯鸠曾在《论法的精神》中论述气候对聚落分布的影响，气候温暖的地方人口多，聚落较为密集，寒冷的地方人口少，聚落较为分散。南方人智商高是因为其宜居的生活环境，这种基础上产生发展程度高的文明，但是这种生活环境使人性格温和、安于现状、缺乏冒险精神，政权较为稳定，容易产生专制集权。① 缅甸国土除少部分为亚热带地区外，大部分位于热带地区。缅甸的气候较为温暖，比较适合人类居住。缅甸稻米文明产生较早，水稻种植在封建经济中占有重要地位。② 农民过着较为稳定的生活，且性格较为温顺，缺乏冒险精神，古代的王权统治也较为稳定。这也是英国能逐步蚕食缅甸并将其吞并的重要原因。另外，从当今缅甸国民的心态，以及现代缅甸历史进程也能看出端倪。

缅甸的地理环境成为国家发展的阻碍因素，也因此造就了缅甸特殊的历史。区位优势并没有推动缅甸国家文明进程，反而成为地方割据和民族分离主义产生的主要因素。③ 地理环境也没在抵抗外来侵略中发挥作用。英国能在三次对缅战争中打败缅甸并将其吞并，跟缅甸邻近海洋有很大的关系，这也是缅甸封建统治集团屡次抵抗英国殖民侵略失败的一个主要原因。缅甸邻近印度洋的地理环境便于英国发挥海军优势，以较低成本实现战争目的，沿着伊洛瓦底江河口深入内陆核心区，④ 实现对缅甸国土的占领。

"核心区域"的经济结构相对独立，财富高度集中和经济率先发展，占有政治和文化绝对优势。⑤ 缅甸国土由西部山地、中部平原、东部高原和若开沿海平原等构成，中部平原地区在缅甸国家发展中的战略

---

① 叶自成主编《地缘政治与中国外交》，北京出版社，1998，第 37 页。

② 许清章：《缅甸民族生活习俗与民族性格》，《东南亚纵横》2004 年第 7 期，第 43 页。

③ Milton Osborne, *Southeast Asia: An Introduction History*, Sydney: Allen & Unwin Pty Ltd., 2016, p. 7.

④ В. Ф. 瓦西里耶夫：《缅甸史纲（1885—1947）》，中山大学历史系东南亚历史研究室、外语系编译组合译，商务印书馆，1975，第 34 页。

⑤ 李义虎：《地缘政治学：二分论及其超越——兼论地缘整合中的中国选择》，北京大学出版社，2007，第 154 页

地位最为重要。该地区是缅甸经济最为发达的地区，不仅有历史和文化名城曼德勒，还有经济最为发达的城市仰光。该地区集中了全国绝大部分的工业和农业生产，国内和跨国公司也多集中在这个地区，同时也是缅甸主体民族缅族的主要聚居地。缅甸当今地缘政治格局的形成是国家历史进程所导致的必然结果。中部平原地区经济状况好，但是在资源方面存在劣势；而其他三个地区经济发展虽然差一点，但资源方面具有优势。因此，只有上述四个地区优势互补，① 缅甸国家现代化才有可能实现。

上缅甸在下缅甸殖民地政府建立之前一直是古代缅甸封建王朝的核心区域，国王将全国大部分的军事力量部署在这里，以拱卫京师。另外，该区域集中了全国半数以上的人口，上缅甸的人口比例在 1852 年之前占全国的 67%。除国家分裂时期外，缅甸封建王朝的首都均在上缅甸，如蒲甘、曼德勒等。该地区地势较为平坦，河网密布，水路交通方便，土地肥沃，便于发展农耕。农作物种植业在国家经济发展中居于主导地位，另外该地是缅甸商品流通最大的集散地。统治者对核心区发展的重视，以及国家提供与之相配套的社会生产关系，使上缅甸成为古代缅甸王朝的发展重心，这一态势持续到 19 世纪中后期。

下缅甸虽然也位于平原地带，但是其在古代缅甸历史发展进程中一直处于边缘地区，直到殖民者来到这个地区发展稻米业，下缅甸的地位才发生改变。统治者对下缅甸发展的忽视，主要源于四个因素。首先从安全角度考虑，内陆地区的安全性要比沿海地区好。统治者发展农业主要是为了稳固其统治，② 至于发展商品农业，还未被纳入统治者的考虑范畴。其次，当时的水利技术和垦荒技术较为落后，民众在洪水、泥石流等自然灾害前无能为力。③ 再次，该地多为沼泽，开发成本较高，伊

① 李晨阳：《军人政权与缅甸现代化进程研究》，博士学位论文，云南大学，2006，第 46—47 页。

② Milton Osborne, *Southeast Asia: An Introduction History*, Sydney：Allen & Unwin Pty Ltd.，2016，p. 45.

③ Milton Osborne, *Southeast Asia: An Introduction History*, Sydney：Allen & Unwin Pty Ltd.，2016，p. 43.

洛瓦底江下游平原地区长期得不到开发，导致下缅甸农业发展水平低下。最后，下缅甸的医疗条件无法应对瘴气等地方疾病，缺乏人类宜居的自然环境，导致下缅甸人口增长缓慢，对该地的农业发展造成不利影响。

在下缅甸成为英国属地后，殖民者建立统治机构，招徕印度、中国等邻国移民解决劳动力短缺问题，以此来发展稻米业。上缅甸农民的流动性加快，下缅甸人口剧增，经济很快就发展起来。[①] 在下缅甸发展稻米产业的过程中，上缅甸为下缅甸提供了 90% 的新增劳动力。密铁拉等地仅在 1896 年就有大约 20 万人迁往下缅甸地区。到了 1901 年，上缅甸平原地区的年均人口流动数量增加到 34 万人。[②] 稻米产业发展带来的人口流动，除导致上缅甸某些村社人口空心化外，还促使国家发展重心转移。

在 1852—1885 年，上、下缅甸之间的经济地位发生显著变化。下缅甸在经济上日益重要，其发展远远超过上缅甸。更为重要的是，下缅甸出现代表先进生产力的工商业和交通运输业。与此相联系的是，作为工商业中心的一些城市得到了较快的发展。仰光在 19 世纪初还是个一二万人的小城镇，1863 年达到 6 万多人，1885 年已超过 10 万人。毛淡棉的人口也超过了 5 万人。卑谬、勃固、实兑的人口，都在 2 万人左右。但是，下缅甸的城市在文化上是极为贫乏的。缅甸传统的民族文化受到冷落，西方近代文化却没有引入。即使在仰光，也"没有书店，没有博物馆，艺术馆、剧院、音乐厅等文化设施也极度缺乏，总之该地没有英伦风格的文化地标"。[③] 通过对缅甸的侵略扩张，英国获得了理想的水稻种植基地，有能力为种植园经济区和国内提供大量的稻米。英属

---

① Anthony Reid, *A History of Southeast Asia: Critical Crossroads*, Pondicherry: Wiley-Black-well, 2015, p. 220.

② Michael Adas, *The Burma Delta: Economic Development and Social Change on an Asian Rice Frontier*, Madison: The University of Wisconsin Press, 1974, pp. 44 – 46.

③ J. S. Furnivall, *Colonial Policy and Practice: A Comparative Study of Burma and Netherlands India*, New York: New York University Press, 1956, p. 129.

缅甸殖民政府为发展稻米业而实施多项优惠政策，吸引许多上缅甸居民和南印度的外国移民来到下缅甸垦殖。英国的政治理念、经济模式和科学技术等舶来品随着稻米贸易，被传播到缅甸全国各地，冲击着缅甸原有的经济和社会制度。

下缅甸的人口增长很快，逐渐赶上并超过上缅甸。1852 年下缅甸的人口约为 150 万人，到 1872 年首次统计人口时，已达到 2747147 人，1881 年第二次人口统计时，增加到 3736771 人。下缅甸的经济繁荣使得居民成分愈加复杂。受到殖民统治前，下缅甸的主要居民是缅族人、孟族人、克伦人和若开人，他们大部分都信奉佛教，仅有一部分克伦人信仰原始宗教，一些若开族居民信奉伊斯兰教。仰光也有一些印度人、华人和少数欧洲人，但他们在全体居民中的比例很低。随着稻米产业重要性的增加，下缅甸成为缅甸经济较为发达的地区，在经济地位上逐渐取代上缅甸。[1] 仰光及周边地区对于殖民政府越来越重要，缅甸文明核心区开始转移。

稻米产业的持续繁荣，带动着下缅甸经济快速发展，其经济规模迅速赶上并超过上缅甸。随着下缅甸在经济地位上取代上缅甸，缅甸权力中心开始转移到仰光及周边地区，而上缅甸曼德勒等原国家权力中心降级为上缅甸地区权力中心。仰光是一座具有美丽风光的滨海城市，2500 年前由一个名叫奥加拉巴的渔村逐渐发展而来，1755 年雍籍牙改名"仰光"（Yankoun），在缅语中的意思是"战争结束"。该城市东、南、西等三面依次被勃固河、仰光河、伊洛瓦底江的支流——莱河等河流环绕，又位于伊洛瓦底江入海口，是东南亚地区乃至英属殖民地时期重要的稻米贸易港口。英缅时期，殖民者在该地修建了大量的政府大楼、中央银行、海关、火车站、邮电大楼、街道等基础设施。1948 年缅甸独立后，仰光在很长一段时间内是缅甸联邦的首都。2005 年，当时的缅甸政府基于国家安全考虑，迁都内比都。目前缅甸 75% 以上的国内生

---

① Milton Osborne, *Southeast Asia: An Introduction History*, Sydney：Allen & Unwin Pty Ltd.，2016，pp. 57 – 59.

产总值都是由仰光贡献的，全国80%左右的出口货物从仰光港口进行中转，全国重要的交通干线均在仰光汇集。

三 新型土地制度的产生与发展

南亚、东南亚等英属殖民地种植园经济发展，使得稻米需求量增加，原有土地面积已不能适应新时期稻米出口需要。许多稻农违反殖民政府相关土地法案，私自去垦荒，以生产更多的稻米到市场上进行交易，仰光殖民当局只好对原有土地制度进行修订。在沦为英国殖民地前，缅甸有四类土地：皇室的土地、官方土地、荒地和私人土地。[①] 随着下缅甸稻米产业产生并发展起来，传统的村社和土地制度逐渐解体，[②] 广大村社成员沦为农业无产者，传统的村社和十地制度被新的社会生产关系取代。英国在殖民下缅甸的早期历史阶段并没有对原有社会生产关系做大的改动，一直到英国工业革命完成前夕才对封建时代的缅甸土地生产关系进行调整。1876 年土地法案的颁布和实施，承认农民耕种田地的私有权，确立了下缅甸新的生产关系。

首先，土地占有者与承租者之间形成新的生产关系。上缅甸早在 19 世纪以前就已形成以地主为主要土地占有者的土地制度。在缅甸殖民地建立初期，殖民当局并没有将地主的土地特权废除，而是将这个利益集团作为英国人统治缅甸的同盟者，对原有的地主与农民之间的租佃关系予以保留，[③] 以降低新土地法案的实施阻力。而下缅甸的土地占有情况跟上缅甸略有差异。该地由于瘴气等地方疾病的困扰，农业人口很少，劳动力缺乏，这儿的土地基本上以农民占有为主。稻米产业的发展

---

① Cheng Siok-hwa, *The Rice Industry of Burma*, *1852 - 1940*, Kuala Lumpur: University of Malaya Press, 1968, p. 137.

② Milton Osborne, *Southeast Asia: An Introduction History*, Sydney: Allen & Unwin Pty Ltd., 2016, p. 107.

③ Milton Osborne, *Southeast Asia: An Introduction History*, Sydney: Allen & Unwin Pty Ltd., 2016, p. 104.

使较为先进的耕种技术在下缅甸得以推广，大量的沼泽被开发成农田。稻米市场流通量的扩大成为必然，导致下缅甸耕地资源产生土地兼并，以农民为主的土地占有模式逐渐被瓦解。到 1899 年，这些农业无地者已经形成一个稳定的阶层——佃农。[①] 新的土地兼并导致农民的租金、赋税等负担加重，促成土地承包商利益集团产生。这个阶层和水稻种植业没有直接联系，他们依靠雄厚的资金掌握着土地的转租权和转让权。佃农和土地承包商的大量出现，导致土地逐渐集中于新型地主手中。

其次，殖民政府虽然承认稻农对耕种田地的私有权，但这种权利只有在农民向政府登记、交纳土地税等赋税后，才被土地法案认可。另外，每个农民家庭还要按照成年男子数、户口来纳税。仰光殖民当局规定，以户为单位征收户口税，征收对象为 18 岁以上的男子，征收日期为每年 8 月份。由于居民户数很难统计，地主将户口税转嫁到佃农身上，导致佃农比地主纳的税还要多，[②] 而地主阶级不仅从佃农身上剥削更多的东西，实际上交纳给政府的税收也很少，佃农的生活环境日益恶化。

政府的严苛税收导致缅甸农民纷纷破产。为筹集来年农业生产资金，贫农不得不向高利贷集团举债。据缅甸经济史学家统计，只有四分之一的农民在秋收后具备债务偿还能力。[③] 高利贷的特征是利滚利、"滚雪球"，农民只要与高利贷集团产生借贷关系，就很难偿还债务，只得被迫将土地抵押给债权人。这样，大量农民占有的土地以债务抵偿的方式集中到土地承包商手中。据缅甸 1948 年土地法案等资料研究成果，美国经济危机导致缅甸土地兼并步伐加快，更多的农民沦为无产者，土地承包商掌握的土地越来越多。下缅甸的失地农民在 20 世纪前

---

① В. Ф. 瓦西里耶夫：《缅甸史纲》，中山大学历史系东南亚历史研究室、外语系编译组合译，商务印书馆，1975，第 60 页。

② J. S. Furnivall, *An Introduction to the Political Economy of Burma*, Rangoon：Burmese Advertising Press, 1957, p. 245.

③ 瓦西里耶娃等：《殖民地和其他不发达国家的农业和农民状况》，方林等译，世界知识出版社，1959，第 282 页。

可以通过垦荒的方式获得土地私有权，但到了1920年后，下缅甸沼泽已被开发殆尽，佃农阶层出现，新型社会生产关系开始形成。

高利贷资本促成传统小农经济的瓦解和稻米产业的发展，使农民的生产、收成和经济来源对国际稻米市场的依赖加深，而仰光殖民当局对农民的税收却日益增多，甚至比封建王权时代还要多。随着土地私有观念在缅甸民众心中形成，土地税成为稻农的又一经济负担。20世纪以后，土地税是英缅当局的主要财政来源，同期50%以上的财政预算皆源于此。

农民为了来年能发展和扩大生产，被迫以举债的方式筹集生产垫本，以此为业的高利贷资本产生，但是能按时还款的农民不多，于是更多的农民陷入债务危机。据缅甸经济史学家的相关研究成果，在1890年前，只有20%的农民借债，但到了1929年，这一比例飙升至80%以上，[1] 到1930年这个比例甚至达到90%。[2] 另外，据知名缅甸研究学者安德鲁斯估计，20世纪初，缅甸高利贷的年利率通常为15%—36%，因此，他断言："只有少部分企业能在这种贷款环境中生存。"[3] 实际上农民承担的债务利息比安德鲁斯的估计严重得多，因为有的农民承担的利息基本上跟借款金额相当。[4] 缅甸人在稻米业发展初期主导了高利贷业务。1930年后，其业务市场逐渐被齐智人占据。这样，农民因债务金额增加和偿还能力的不断弱化，其土地私有权逐渐被齐智人高利贷集团收购，这个资本集团手中的土地达到一定数目后，再将土地出租给佃农，从缅甸农民身上获得更多的收益，农民经济环境更加恶化。

高利贷在缅甸能发展成一个行业，跟稻米产业发展有着很大关系。通过扩大种植面积扩大稻米贸易量的方式，使土地价格不断上涨，购买

---

① А. П. 穆兰诺娃：《1918—1939年缅甸农民的债务》，刘玉遵译，《东南亚研究资料》1962年第4期，第12页。

② 苏联科学院世界经济和国际关系研究所编《亚洲不发达独立国家的土地农民问题（印度、缅甸、印度尼西亚）》，范锡鑫等译，世界知识出版社，1963，第65页。

③ J. R. Andrus, *Burmese Economic Life*, Stanford: Stanford University Press, 1948, p. 67.

④ G. E. Harvey, *British Rule in Burma, 1824 - 1942*, London: Faber & Faber, 1946, p. 54.

土地成为一种新的投资方式。另外，以稻米业为主的畸形经济，导致齐智人高利贷资本无法跟英资企业竞争，向缅甸农民放贷成为齐智人资本的主要投资领域。[①] 从前文可知，缅甸农民的债务偿还能力很弱，在陷入债务危机时，只得将土地抵押给债权人。

在高利贷集团的经济压榨下，越来越多的缅甸农民沦为无产者，尤其是仰光及周边地区等稻米主产区的农民失地数量更多。1926 年，土地承包商控制的田地面积占缅甸耕地的 28.9%，到 1930 年增加至 31.7%，到 1936 年提高至 51.3%。[②] 缅甸近代时期稻米产业的发展历程，实际上就是农业无产者形成和发展的历史过程。在这个时期，高利贷集团对农民土地私有权的剥夺，使一种新的土地占有方式产生。

随着大量的农民土地被抵押给高利贷集团，这些债权人成为新时期土地的主要占有者，失地农民为了能继续生存下去，被迫以高昂租金来种植原本属于自己的土地，而债权人却能获得新的经济收益。这种新型社会生产关系使农民生产积极性受挫，农业新技术也难以被运用到水稻种植中，导致缅甸稻米产业在 1940 年后开始衰落。这种土地制度是缅甸稻米产业导致的必然结果，成为英国对缅甸进行殖民统治的基础。[③]

四　无产阶级的产生和发展

殖民地时期，稻米产业的发展促进了缅甸无产阶级的形成和发展。第一次英缅战争后，英国资本家在丹那沙林和阿拉干开办的一些锯木厂和造船厂中，已出现了一些缅甸籍工人。第二次英缅战争后，在下缅甸的碾米厂、锯木厂和内河航运、铁路部门中，都有一些缅甸籍工人。1880 年下缅甸已有 74 家工厂、11740 名工人，其中碾米厂 49 家，工人约 9500 人。[④] 但碾米业具有很强的季节性，因此，当时还谈不上已经形

---

①　李一平：《英国对缅甸殖民政策》，《世界历史》1994 年第 4 期，第 37 页。

②　何平：《缅甸殖民地时期的地主土地所有制》，《世界历史》2007 年第 4 期，第 117 页。

③　何平：《殖民地时期缅甸地主土地所有制》，《东南亚》1986 年第 2 期，第 46 页。

④　赵松乔：《缅甸地理》，科学出版社，1958，第 158 页。

成了一个工人阶级。

缅甸工人阶级作为一个阶级形成于 20 世纪 20 年代。20 世纪 20 年代末，缅甸各类工厂已超过 500 家，在各类近代企业中的工人，已在 10 万人以上。在碾米业中的工人，有 3.5 万—3.8 万人。[1] 内河航运业中的工人包括码头工人，约 1.1 万人。[2] 铁路部门的雇员有 2.8 万人，其中绝大部分是工人。[3] 矿业工人的人数没有确切的统计，估计在 3 万人以上。同 19 世纪 80 年代相比，缅甸工人的人数增加了 10 倍左右，而且，与近代化大生产联系的程度也加强了。

缅甸工人从一开始就带有作为英属印度一部分的殖民地工人阶级的特点。首先，这一时期的缅甸工人，大多数不是缅甸人而是印度人。在当时石油行业的 3 万多名工人中，缅甸籍工人不到三分之一，仅 9472 人。[4] 在约 2.8 万名铁路雇工中，缅甸人也只有 9000 人。1921 年在 20 人以上的碾米厂的 17239 名工人中，仅有 2511 名是缅甸人。据 1921 年的调查，在缅甸 10 人以上的工厂中，印度人在熟练工人中占 55%，在非熟练工人中占 73%，缅甸人所占的比例分别是 37% 和 23%。而且，印度籍工人集中在缅甸沿海较大的城市和较大的企业中。其次，工人队伍缺乏稳定性，不仅碾米业工人许多只是季节性的工人，而且在码头、矿山等地，非熟练工人的流动性也很大。再次，缅甸籍工人不久前刚从农民队伍中分离出来，较多地保留着农民小生产者的特点，而印度籍工人往往由同一个家族、种姓、地区的人员组成大大小小的团体。最后，无论是缅甸籍工人还是印度籍工人，文化程度都很低，深受宗教影响。缅甸籍工人受佛教影响，印度籍工人受伊斯兰教和印度教的影响。由于

---

[1] Maung Shein, *Burma's Transport and Foreign Trade in Relation to the Economic Development of the Country*, *1885 – 1914*, Dept. of Economics, University of Rangoon, 1964, p. 73.

[2] Maung Shein, *Burma's Transport and Foreign Trade in Relation to the Economic Development of the Country*, *1885 – 1914*, Dept. of Economics, University of Rangoon, 1964, p. 176.

[3] McGuire and Prentice, *Irrawaddy Flotilla*, Cardiff: James Paton Limited, 1978, p. 126.

[4] Maung Shein, *Burma's Transport and Foreign Trade in Relation to the Economic Development of the Country*, *1885 – 1914*, Dept. of Economics, University of Rangoon, 1964, p. 73, 176.

上述这些特点，20世纪初缅甸工人阶级组织性很差，觉悟程度较低，还没有统一的组织和公认的领袖，甚至纯粹以经济斗争为目的的工会组织也很少建立。因此，缅甸工人阶级在政治上和组织上比缅甸民族资产阶级更为不成熟，还不可能在社会政治运动中发挥很大的作用。

到第一次世界大战时期，在各种近代企业中的缅甸工人的人数已不下10万，主要集中在石油矿产业，碾米、锯木等加工业和铁路、内河航运等部门。20世纪20年代以后，缅甸工业继续有所发展，工厂数量和工人数量都有所增加。1911年缅甸各类工厂307家，到1940年已达1027家，据统计，1938年2月（许多季节性工厂开工时期），除掸邦之外的缅甸工业工人已达187012人。如果加上掸邦的矿业工人，缅甸工人总数在20万以上。增加得最多的是石油矿业工人，1911年仅8000人，到1931年已达3.8万人。①

缅甸工人阶级队伍最重要的特点之一，是印度籍工人在队伍中占多数。20世纪20年代以后，随着农业危机的加深，②许多农民丧失土地，不得不脱离传统的农村生活，进入城市寻找工作，缅甸籍工人在工人队伍中的比例有所提高。但是，一直到30年代末，印度籍工人在缅甸工人阶级队伍中的比例仍然不低于60%。据1934年2月的统计，当时印度籍工人在缅甸工人中占70.1%，他们在熟练工人中的比例为61.2%，在不熟练工人中占71.4%，到1939年2月，印度籍工人在缅甸工人中的比例下降为67.5%，仍占了三分之二以上，其中在熟练工人中占了68.4%，在不熟练工人中占65.5%。③在缅甸工人最为集中的仰光，印度籍工人的比例最高。

随着工人队伍的发展和壮大，工人运动的兴起是不可避免的。缅甸工人阶级尽管有着种种弱点，但到1920年已有了一支不下10万人的队

---

① 顶保枝·钦貌：《缅甸的工人组织和工人运动》，陈炎译，《南洋问题资料译丛》1957年第1期，第48页。

② Paul H. Kratoska, "The British Empire and the Southeast Asian Rice Crisis of 1919–1921," *Modern Asian Studies*, Vol. 24, No. 1, 1990, p. 123.

③ *India Immigration Report*, Rangoon：Rangoon University, 1939, p. 62.

伍，而且较为集中在碾米业、运输业和矿业等。工人利益毫无保障，劳动条件恶劣，实际工资下降，迫使工人自发地为自己的利益而斗争。印度籍工人和在缅甸的外国工人的经济斗争也给予缅甸工人阶级以直接的影响和启示。1916 年，缅甸石油公司所雇佣的美国钻工罢工，就曾影响了油田的缅甸籍工人。① 第一次世界大战之后，有组织的缅甸工人运动开始兴起。早期缅甸工人运动还只是经济性质的斗争。1918 年 8 月，仰光的印度籍码头工人举行历史上第一次大规模的罢工，要求增加一倍工资。罢工使仰光港陷于瘫痪，迫使资本家给码头工人增加 25% 的工资。1919 年仁安羌缅甸石油公司的缅甸籍工人和职员举行历史上首次由缅甸籍工人参加的大规模的罢工。1920 年 5 月，仰光的印度籍码头工人为了反对港务局的专横和包工头的盘剥，举行罢工。罢工虽然得到印度籍人力车夫的支持，却以失败告终。同年 12 月，沙帘炼油厂 8000 名工人罢工。殖民地政府不得不出面调解，使资方被迫同意增加 10% 的工资。

在整个 20 世纪 20 年代，缅甸工人的罢工斗争时有发生，有些规模也不小，但始终没有超出经济斗争的范围。较大规模的几次斗争是：1925 年伊洛瓦底江轮船公司 3000 多名工人罢工；1926 年仁安羌油田 2000 多名工人罢工，坚持了 45 天，并焚烧了一些油井，资方被迫做出让步，同意缅甸籍工人每年有 10 天参加佛教节日活动而不扣工资。②

缅甸工人运动的兴起，反映了缅甸工人阶级已开始为争取本阶级的利益而团结起来，进行有组织的斗争，但早期工人运动仅仅限于经济斗争的范围。工人阶级还没有自己的思想家和理论家，没有全国性的领袖和全国性的工会组织，工人阶级的组织程度也还较差。这些都反映出早期工人运动的弱点和不成熟性。

1936 年，仰光 88.5% 的熟练工人和非熟练工人都是印度人，仰光的手工业者也有 56.1% 是印度人。在仰光有的工厂中，印度籍工人竟

① Wu Myo Tun Sai, *Labour and Labour Movement in Burma*, Rangoon：Rangoon University, 1961, p. 5.
② 顶保枝·钦貌：《缅甸工人组织和工人运动》，陈炎译，《南洋资料译丛》1957 年第 1 期，第 44 页。

占熟练工人的 86% 和不熟练工人的 96%。[①] 仰光的码头工人和人力车夫直到 20 世纪 30 年代初也几乎全是印度人。

印度籍工人主要集中在仰光及周边地区，[②] 在他们身上呈现三个主要特征。一是他们不同程度地受种姓制度和村社制度的影响，往往以同一种姓或村社为基本的单元，通过招工头来缅甸当契约劳工。二是流动性大，大部分印度人在缅甸只待 2—4 年，契约期满，他们就返回印度。三是他们大部分来自印度农村地区，带有浓厚的农民气质，文化素质很差。这些弱点导致印度籍工人的组织性和政治觉悟不高。

缅甸籍工人主要来自破产的农民。缅甸籍工人也有他们的特点。一是他们绝大部分都是缅族工人。二是他们集中在油田、碾米厂和交通运输等行业中，1933 年缅甸油井区工人共 11482 人，印度籍工人占 27.9%，缅甸籍工人却占到 70% 以上。[③] 在炼油厂和铁路部门，缅甸籍工人也较为集中。三是在仰光之外的城镇中的小工厂中，缅甸籍工人占了大部分甚至全部。四是大多数缅甸籍工人刚从农民队伍中分离出来，组织程度和政治觉悟都不高，文化程度一般也较低。

由于上述种种局限性因素，缅甸工人阶级还不是一支认识到自己的阶级使命的、有高度组织性的队伍，直到 1938 年前还没自己的政党。因此，它无法在缅甸民族解放斗争中发挥领导作用。到 20 世纪 30 年代末 40 年代初，在缅甸先进的知识分子组织"我缅人协会"的领导下，缅甸工人阶级才在全国范围内组织起来，在民族解放运动中发挥了重要的作用。1946 年 1 月，英资斯蒂尔兄弟公司的企业中爆发了二战后缅甸第一次大罢工。2 月，仰光码头工人举行罢工。罢工得到伊洛瓦底江轮船公司工人的声援。

缅甸无产阶级的产生和发展与两大因素密切相关。一方面，随着缅

---

① *India Immigration Report*, Rangoon：Rangoon University, 1939, pp. 67 – 70.

② Milton Osborne, *Southeast Asia: An Introduction History*, Sydney：Allen & Unwin Pty Ltd., 2016, p. 126.

③ R. H. Taylor, *The Relationship Between Burmese Social Classes and British Policy on the Behavior of Burmese Political Elite*, Ph. D. Thesis, Cornell University, 1971, p. 79.

甸稻米产业经济的发展，社会生产关系发生变革，传统的经济体制被瓦解，当地村社也不断解体，手工产品市场日益缩小，导致缅甸社会结构发生变化。随着稻米对外贸易量的扩大，上缅甸迁往下缅甸的居民日益增多，到这个"新世界"谋生的农民是暂时没有土地的，为维持生计，这个群体成为稻米加工、稻米储存等行业的从业人员，这批人逐渐发展成为缅甸最早的无产阶级。他们对殖民者采取敌视态度，除了殖民政策导致那批农民经济破产外，这种外来的社会新风尚与他们坚持的传统社会礼仪相冲突，[①] 导致他们在短期内难以适应这种社会新环境。另外，高利贷资本介入缅甸稻米产业，许多农民因陷入债务危机，沦为农业无地者。为继续生存下去，这批农民中的绝大多数人成为土地承包商的佃农。佃农作为缅甸近代时期农村最重要的农民群体，其人数的增加表明英国对缅甸的经济剥削加剧。当这批农业无地者在农村租不到土地耕种时，就会沦为流民。缅甸稻米业发展需要大量的壮劳力，外部市场对农村传统交易场地的冲击，导致农民内部结构发生变化，分化出来的这部分农业无地者就成了这个阶层最早的一批成员。

另一方面，缅甸工人阶级也开始形成和发展。最早的工人阶级出现于外国人经营的碾米厂和米商行。除了碾米业外，缅甸工人阶级同时还在锯木业、铁路、内河航运、港口、石油、建筑等行业中出现并逐步发展壮大。据缅甸经济史相关研究成果，稻米加工业集中了缅甸50%以上的工人，这批工人数量从1870年的8000人增加到1912年的5.07万人。[②] 缅甸工人阶级受到英帝国主义和国内统治阶级的双重压迫，在政治、经济等方面基本上处于无权地位，工人的工作和起居环境都非常差，收入低且劳作时间长。例如殖民政府制定的碾米业工作制，即每天不超过12小时，每周不超过72小时，资本家通过一些途径规避殖民政府制定的行业标准，如利用印度籍工人来压低缅甸籍工人的薪水，同时

---

① Milton Osborne, *Southeast Asia: An Introduction History*, Sydney: Allen & Unwin Pty Ltd., 2016, p. 132.

② В. Ф. 瓦西里耶夫：《缅甸史纲》，中山大学历史系东南亚历史研究室、外语系编译组合译，商务印书馆，1975，第70页。

还利用女工和童工薪资水平为成年男工一半的价格优势，大量招聘这类工人到自己企业工作。

缅甸工人阶级所受的剥削使他们逐渐认清了自己的阶级利益，这一时期工人阶级采取罢工来争取自身的合法权益。早期的工人运动目标比较单一，主要是争取薪资和劳动环境的改善，政治权益的争取还没被提上日程。随着马克思主义等社会主义思潮在缅甸的广泛传播，缅甸工人运动进入新的历史阶段。[①] 1930 年以后，"我缅人协会"开始为工人阶级培养骨干，[②] 以向资本家争取合法权益。1938 年爆发了缅甸有史以来最大规模的工人运动。1939 年后，这次运动逐步发展为反殖反帝斗争，为缅甸民族独立运动扩大群众基础，推动着缅甸历史进程向国家独立发展。

五　民族资产阶级的产生和发展

随着下缅甸稻米业的发展，一大批与之相配套的公路、港口等公共基础设施建立起来，交通、粮食储存和贸易等行业发展起来，吸引了英国和其他欧洲国家的商人到下缅甸投资，金融、医疗、餐饮、酒店、酒吧等行业也发展起来，一些缅甸商人开始为外国商人代办稻米收购等业务，这个商人群体逐步发展为一个新的阶层。英属缅甸工业的结构及所有者的民族成分，都明显地反映出它的殖民地工业的特点。[③] 受缅甸殖民地工业发展引起缅甸阶级分化的影响，在 19 世纪末到 20 世纪 10 年代，缅甸民族工业有所发展、民族资产阶级初步形成。

缅甸民族资产阶级，是从一部分地主、商人和殖民政权的下层官员

---

①　Milton Osborne, *Southeast Asia: An Introduction History*, Sydney: Allen & Unwin Pty Ltd., 2016, p. 135.

②　Milton Osborne, *Southeast Asia: An Introduction History*, Sydney: Allen & Unwin Pty Ltd., 2016, p. 146.

③　Milton Osborne, *Southeast Asia: An Introduction History*, Sydney: Allen & Unwin Pty Ltd., 2016, pp. 138 – 139.

中产生的。① 仰光的英国殖民政府在下缅甸发展稻米业，吸引了大量的外来劳动力到下缅甸发展水稻种植业，水稻种植需要一定的资金才能向市场供应稻米，导致这些农民面临资金不足等问题，给资本介入农民稻米生产提供了投资机会。于是这些投资者就发挥资本优势，在农民生产资金的缺乏或歉收而亟须购买粮食、农具、种子之际，发放高利贷。大量贫苦农民到期无力偿还债务，往往被迫以土地作为抵押。这样，地主土地所有制就在下缅甸开始发展起来。在 1900 年之前，由于富农、地主、商人和殖民政权的下层官员手中有大量的流动资金，有能力和机会向陷入经济困境的农民提供贷款，当农民无力偿还时，以土地作抵押，形成"多数地主也是缅甸人"的现象。② 这个利益群体也是缅甸工业化探索的先驱者，部分人因手中的闲置资金达到一定量后，就开始投资小规模的稻米加工业、储存和运输业，带动了机械制造、建筑等相关行业发展。此外，政府在发展地方经济时就将稻米业产业属性定义为商品化的农业经济。在 1862 年后，下缅甸的地方经济开始繁荣和发展起来。少数稻农因生产规模的扩大，以及和外商业务往来的增多，开始为外商代办稻米收购、储存和运输等业务，这部分人成为缅甸最早的买办。到 1899 年，这些买办已经为外资企业垄断了缅甸境内的稻米贸易。在买办阶级经济力量壮大后，他们中的一些人也开始投资稻米加工业和服务业。缅甸民族资产阶级最初就是在这两部分人中产生出来的。由于这个群体是在缅甸封建经济与英国资本主义经济碰撞的过程中产生的，③ 存在很多先天性不足，其发展过程一直十分缓慢。这个利益群体存在着二重属性，例如地主－职业放债人、地主－稻米贸易业务代理商等，导致其经济活动对传统经济和外资经济有着很大的依赖性。这种类型的经济投资和发展规模都很小，在初期主要集中于稻米加工业领域。直到 1895 年，

---

① 贺圣达：《缅甸史》，人民出版社，1992。

② Michael Adas, *The Burma Delta: Economic Development and Social Change on an Asian Rice Frontier, 1852 - 1941*, Madison: University of Wisconsin Press, 1974, pp. 110 - 112.

③ Milton Osborne, *Southeast Asia: An Introduction History*, Sydney: Allen & Unwin Pty Ltd., 2016, pp. 148 - 149.

缅甸人开设的 20 人以上的具有动力设备的制造业工厂一共才 7 家，而且都是碾米厂。但是，当时缅甸人中已有一个人数不少的商人阶层开始快速发展，特别是在县城和小城镇中，他们占据商人总数的 60%。

缅甸民族资产阶级的产生，与 1885 年以后下缅甸稻作业的继续扩展和殖民地工业的新发展趋势存在紧密联系。从 1885 年到 1917 年，这个阶层陆续投资并开设小型米厂。19 世纪 90 年代后，英国资本投资的重点转向石油和金属开采业，在客观上也有利于缅甸人投资于碾米业。在第一次世界大战时期，英帝国主义忙于战争，对缅甸民族资本的压迫有所放松。缅甸民族资本主义又得到了进一步发展的机会。从 1913—1914 年度到 1918—1919 年度这 6 年间，缅甸的工厂数就从 424 家增加到 549 家，共增加了 125 家，其中碾米厂从 240 家增加到 332 家，增加了 92 家。[①] 盐业生产发展也很快，1917—1919 年平均每年产量达 5.41 万吨，超过 1913—1916 年产量 2.65 万吨的一倍。[②]

在 20 世纪 20 年代，缅甸民族资产阶级已初步形成。缅甸人的商业资本和高利贷资本在前一阶段的基础上有所发展。缅甸民族资本不仅在碾米业和锯木业中有所发展，而且在石油行业和采矿业中也开始出现。缅甸人开设的碾米厂，1881 年仅 2 家，1911 年有 57 家，1921 年增加到224 家。缅甸人开设的锯木厂，已从 1911 年的 20 家增加到 1921 年的49 家。1911 年，在缅甸 19 个油井中，仅有 1 个属于缅甸人，而在 1921年的 22 个油井中，属于缅甸人的已有 12 个。缅甸的钨厂、锡厂厂主在1911 年共 17 个，只有 1 个是缅甸人，但在 1921 年的 41 个钨厂、锡厂厂主中，已有 8 个缅甸人。[③]

---

① Economic and Social Development Committee, Myanmar Prime Minister's Office, *Factory Development Table*, *a Study of the Social and Economic History of Burma*, Rangoon University, 1958.

② Maung Shein, *Burma's Transport and Foreign Trade in Relation to the Economic Development of the Country*, *1885 – 1914*, Dept. of Economics, University of Rangoon, 1964, p. 142.

③ Maung Shein, *Burma's Transport and Foreign Trade in Relation to the Economic Development of the Country*, *1885 – 1914*, Dept. of Economics, University of Rangoon, 1964, p. 189.

民族资产阶级因缅甸地主涉足稻米商业化经营而产生，但这个阶级产生时间晚，人数偏少。无论是稻米和木材等轻工业，还是石油、采矿等重工业，缅甸人所拥有的，只是一些小型厂房和矿床，缺乏先进技术和充裕资金，严重依赖外国资本。阶级二重性使他们既反对外国对缅甸的殖民统治，又和外国资本家进行利益妥协。导致这个阶级无法带领缅甸人民建立民族国家，但他们仍然积极投身到反对英国殖民统治斗争中去，在反对外国资本对缅甸的经济侵略中发挥了一定的积极作用，阶级局限性导致民族资产阶级无法成为缅甸独立运动的领导者。

结　语

缅甸稻米产业的发展体现在稻米种植业、加工业和贸易的发展上。随着缅甸的殖民地化程度不断加深，各种土地权属制度开始被引进到缅甸。英国殖民当局最主要的目的是尽可能快地开发土地，获得收入，降低管理成本。耕地面积的增加使下缅甸扩大稻米种植规模成为可能。稻米产业的发展推动着缅甸交通运输业、通信业、金融业、零售业等行业的兴起。这些产业的兴起解决了缅甸交通运输条件落后、资金和人力缺乏等问题，使外国投资者投资稻米产业成为可能，使缅甸稻米发展为一种出口导向型产业，推动着稻米的国内消费市场和国际出口市场在缅甸开始形成，缅甸成为东南亚地区的粮仓，也是当时世界上输出稻米最多的地区之一。

在稻米产业发展过程中，农业信贷的提供和缅甸农民的劳动起过一定的作用。农业信贷为缅甸农民购买农具、种子、生活用品等生产生活资料提供了大量的资金，使缅甸有足够的生产原料、劳动力来发展稻米产业。除此之外，农业信贷在缅甸稻米的国内消费和对外贸易方面也发挥着重要作用。但是，国外垄断资本家发展稻米产业的出发点在于投入最少的资本，从当地人民身上榨取更多的剩余价值，把更多的利润带回国内，支持本国经济的发展。

缅甸稻米产业在英国资本主义向东南亚扩张过程中逐步发展起来，

是一种处于英国资本控制下、被迫卷入资本主义全球化的单一作物经济模式。稻米产业虽然开启缅甸经济现代化进程，但缅甸人民在繁荣的稻米经济下获益甚少，所得利润大部分落入外国投资者和国内稻米贸易商的口袋。缅甸稻米产业发展时间轴基本上与西方工业革命同步，在 19 世纪不到半个世纪的时间内，其市场几乎遍布整个印度洋地区，对国内社会阶层分化、土地制度的变迁和社会进程发展产生重要影响。缅甸稻米产业的产生、发展和演变，与政治、经济、社会、文化等密切相关，一定程度上是缅甸从传统社会向现代社会转型的"缩影"，甚至从一个侧面反映了缅甸传统社会经济融入世界体系的艰难历程，对于研究当今周边国家转型、构建周边命运共同体具有一定的理论和现实意义。

文莱达鲁萨兰国：历史视域中的君主制、经济与中国－文莱关系

〔马来西亚〕黄吉仁* 著　吴静玲　王　夏** 译

摘　要　文莱达鲁萨兰国是一个古老的马来伊斯兰苏丹国，拥有超过七个世纪的历史。文莱的君主制可追溯至 14 世纪，其政治体制及政权模式一直延续至今。长达几个世纪的君主制一直基于"马来伊斯兰君主制"的意识形态基础，并在挑战日益严峻的地区和全球环境中指引着文莱的未来方向。尽管文莱曾经受到殖民侵略及地区地缘政治变动的影响，然从古至今，苏丹之统治下辖文莱政治、经济及社会文化等各领域事务，即使在君主制度遭遇政治变动的情况下，也仍然发挥了不可替代的社会号召力及行政管理作用。中国－文莱关系既有着悠久的历史积淀，又在当前区域格局下不断焕发新的活力。深化对文莱马来伊斯兰君主制之渊源与社会形态的了解，将有助于进一步促进更为理性、稳定的中国与文莱友谊。

关键词　文莱　君主制　文莱经济　中国－文莱关系

---

* 黄吉仁（Ooi Keat Gin），文莱达鲁萨兰国大学文莱研究院教授。
** 吴静玲，华南师范大学东南亚研究中心特聘研究员；王夏，广州城市理工学院外国语学院讲师。

文莱达鲁萨兰国是一个拥有七个多世纪历史的古老马来伊斯兰苏丹国。当代文莱由第 29 任苏丹哈吉·哈桑纳尔·博尔基亚（1946 年生）统治，他同时是主权君主和文莱元首。文莱的君主制可追溯至 14 世纪，自那时起一直保持着它的政治权力、政权模式及政治影响力，① 长达几个世纪的君主制一直基于"马来伊斯兰君主制"（Melayu, Islam, Bera-ja, MIB）的意识形态基础，并在挑战日益严峻的地区和全球环境中引领着苏丹国的未来方向。从古至今，苏丹不仅统辖文莱的政治、经济、社会文化领域事务，还在文莱的对外关系和国际事务中发挥了决定性作用，它为当代切实可行的和可持续发展的传统君主制提供了一个典范案例。本文主要目的是考察几个世纪以来文莱君主制和苏丹国经济发展之间的联系，以便进一步认识和评估其潜在优势、特征和可持续性，此外，本文还将考察和评估持续多个世纪的中国－文莱关系及其在过去 20 年所重新焕发出的活力。

一 文莱君主制与经济的关系

（一）文莱历史概述

有一种说法认为文莱作为政治实体存在可追溯至 10 世纪，但关于地名、位置和特征等具体的识别性事实仍有待考证。② 可以确定的是，文莱政体的存在比建立于 15 世纪的马来苏丹国马六甲至少早几个世纪。

---

① Ooi Keat Gin and Victor T. King, eds. , *Routledge Handbook of Contemporary Brunei*, London and New York：Routledge, 2023, pp. 33 – 45.

② Johannes L. Kurz, "How Boni Became Borneo Became Brunei：An Argument for Boni in Western Borneo, Pontianak," in Ooi Keat Gin and Victor T. King, eds. , *Routledge Handbook of Contemporary Brunei*, London and New York：Routledge, 2023, pp. 33 – 45；Stephen C. Druce, "The 'Birth' of Brunei：Early Polities of the Northwest Coast of Borneo and the Origins of Brunei, Tenth to Mid-fourteenth Centuries," in Ooi Keat Gin, ed. , *Brunei：History, Islam, Society and Contemporary Issues*, London and New York：Routledge, 2016, pp. 21 – 44.

事实上，公认的文莱皈依伊斯兰教并出现马来伊斯兰苏丹国的时间是1368 年，比马六甲早了近 40 年。14 世纪，文莱在以爪哇为基地的印度教满者伯夷中拥有霸主地位，但到了 15 世纪情况则转变为文莱对满者伯夷的效忠。事实上，文莱与位于马来群岛的佛教国家室利佛逝（政权存续于 7 世纪至 14 世纪）没有什么不同，也是一个海上霸主，通过贸易和政治联姻，将其影响力扩展到加里曼丹岛和菲律宾群岛。文莱的"黄金时代"横跨 15 世纪初到 17 世纪，并宣称其帝国时期的影响力远至今天的马尼拉和加里曼丹岛。

16 世纪早期马六甲落入葡萄牙人之手，这对文莱和亚齐来说就是福音，因为穆斯林商人纷纷将其贸易转至此处。在 16 世纪和 17 世纪，文莱和西班牙不可避免地因菲律宾群岛问题而关系恶化。16 世纪后期，文莱与西班牙人在菲律宾进行了卡斯蒂利亚战争，[①] 苏禄苏丹国也开始与文莱争夺加里曼丹岛西北部和菲律宾南部的霸权。[②] 战争加上内部冲突在接下来的两个世纪（17—18 世纪）里严重地削弱了文莱国力。

随后，来自外部的挑战和内部的派系斗争持续破坏文莱的社会稳定与发展活力，到 19 世纪中期，文莱已成为一个苏丹都差点无法守住王位的虚弱王国。与此同时，英国绅士兼冒险家詹姆斯·布鲁克（James Brooke，1803 – 1868）登上了舞台，他勇敢地结束了一场反文莱叛乱，

---

① Robert Day McAmis, *Malay Muslims: The Challenge of Resurgent Islam in Southeast Asia*, Grand Rapids, MI: Wm. B. Eerdmans Publishing Company, 2002; Graham Saunders, *A History of Brunei*, London: Routledge Curzon, 2002; "Pandemic Spurs Innovative Ways to Run Businesses: Brunei-China Friendship Association," The Star, Auegst 03, 2021, https://www.thestar.com.my/aseanplus/aseanplus-news/2021/08/03/pandemic-spurs-innovative-ways-to-run-businesses-brunei-china-friendship-association, accessed 2022 – 08 – 21.

② Ooi Keat Gin, "Borneo in the Early Modern Period ca. Late Fourteenth to ca. Late Seventeenth Centuries," in Ooi Keat Gin and Hoang Anh Tuan, eds., *Early Modern Southeast Asia*, *1350 – 1800*, London and New York: Routledge, 2016, pp. 88 – 102; Graham Saunders, *A History of Brunei*, London: Routledge Curzon, 2002; "Pandemic Spurs Innovative Ways to Run Businesses: Brunei-China Friendship Association," The Star, Auegst 03, 2021, https://www.thestar.com.my/aseanplus/aseanplus-news/2021/08/03/pandemic-spurs-innovative-ways-to-run-bu-sinesses-brunei-china-friendship-association, accessed 2022 – 08 – 21.

作为回报，他被任命为一块比罗德岛还大的领土上的统治者。布鲁克的继任者，尤其是查尔斯（Charles，1868－1917）和查尔斯·维纳（Charles Vyner，1917－1946），积极地向东扩展砂拉越的疆界，占领范围几乎相当于密西西比州的面积。[①] 19 世纪 60 年代中期以后，加里曼丹岛的东北部（也被称为北婆罗洲，现在的沙巴）吸引了大量寻求从文莱和苏禄苏丹国获得领土特许权的欧洲淘金者和投机者，最终领土特许权于 1881 年由英国北婆罗洲特许公司（British North Borneo Chartered Company，BNBCC）获得。[②]

19 世纪 80 年代和 20 世纪文莱遭受了更严重的领土损失，分别是巴兰（Baram）、特鲁桑（Trusan）、林邦（Limbang）和拉瓦斯（Lawas）。为了让这个羸弱的苏丹国保持完整，从 1906 年开始，文莱实行了一种具有间接统治性质的英国居住权制度，并在居住权时期获得了一定的行政自主权以及经济上的复兴。凑巧的是，石油的发现和成功的商业开发又使文莱在一夜之间发生了财富转机，哪怕是二战被占领的间歇期（1941—1945 年），英国－文莱关系也没有被过度破坏。二战后的形势为文莱的政治独立提供了有利局面，1959 年文莱获得自治权，并有了成文宪法，1984 年文莱终于脱离英国并宣布独立。

（二）"马来伊斯兰君主制"三足鼎立的基础

尽管"马来伊斯兰君主制"的支持者倾向于将其合法性追溯至文莱成立早期，但其法律渊源最早为 1959 年的《文莱宪法》。其条文如下：

> 文莱达鲁萨兰国的官方宗教应为伊斯兰教（第二部分，第三条第一款）。

---

① Ooi Keat Gin, *Of Free Trade and Native Interests: The Brookes and the Economic Development of Sarawak, 1841－1941*, Kuala Lumpur: Oxford University Press, 1997.

② Nicholas Tarling, *Sulu and Sabah: A Study of British Policy Towards the Philippines and North Borneo from the Late Eighteenth Century*, Kuala Lumpur: Oxford University Press, 1978.

文莱达鲁萨兰国的最高行政权属于苏丹陛下和最高元首（第三部分，第四条第一款）。

文莱达鲁萨兰国的官方语言应为马来语（第十一部分，第八十二条第一款）。①

对"马来伊斯兰君主制"的合法性证明为 1984 年独立时发布的皇家命令。六年后，即 1990 年 7 月苏丹哈吉·哈桑纳尔·博尔基亚在他 44 岁生日的时候，正式宣布了"马来伊斯兰君主制"的概念。② 然而，支持者倾向强调其深厚根基，认为它可以追溯至 14 世纪中期的文莱政体和君主制。

文莱达鲁萨兰国马来伊斯兰君主制最高委员会秘书处办公室在文莱重要英文日报《婆罗洲公报》上发表一系列文章提请公众注意，"马来伊斯兰君主制"的早期开端是由该国最早的开国统治者确定的，文莱达鲁萨兰国的诞生是马来伊斯兰君主制概念的开端，直到今天，它仍然是国家意识形态的基础，可见，官方意志强烈地表明其出生渊源。③ 此外，该制度还被认为在文莱作为帝国的"黄金时代"中发挥了关键作用：

> 苏丹穆罕默德·沙阿（Sultan Muhammad Shah）在 14 世纪 60 年代将马来伊斯兰君主制作为文莱帝国的政府和权威基础，作为国家哲学和精神价值的基石，再加上他娴熟的领导和追随者的忠诚支

---

① Constitute, "Brunei Darussalam's Constitution of 1959 with Amendments through 2006," constituteproject. org. PDF generated: Apr 27, 2022, 11, p. 29, https://www. constituteproject. org/constitution/Brunei_2006. pdf? lang = en, accessed 2022 – 08 – 17.

② Graham Saunders, *A History of Brunei*, London: Routledge Curzon, 2002; "Pandemic Spurs Innovative Ways to Run Businesses: Brunei-China Friendship Association," The Star, August 03, 2021, https://www. thestar. com. my/aseanplus/aseanplus-news/2021/08/03/pandemic-spurs-innovative-ways-to-run-businesses-brunei-china-friendship-association, accessed 2022 – 08 – 21.

③ Muhammad Hadi bin Muhammad Melayong, "MIB, Living Foundation of Every Bruneian," Borneo Bulletin, October 10, 2016, http://borneobulletin. com. bn/mib-living-foundation-every-bruneian/, accessed 2022 – 08 – 17.

持，为 15 世纪初到 17 世纪的辉煌文莱提供了扩张动力。①

王室头衔"苏丹穆罕默德·沙阿"被授予了阿旺·阿拉克·贝塔塔（Awang Alak Batatar）——一个确定存在于 14 世纪中期并信奉伊斯兰教的古老婆罗南文化英雄，其统治从 1363 年持续至 1402 年，这也被视为马来伊斯兰君主制的重要历史渊源。②

马来伊斯兰君主制还有着"神赐意志"，苏丹哈吉·哈桑纳尔·博尔基亚在即位时颁布法令宣称"马来伊斯兰君主制是全能真主的礼物"，并在其他地方也做出了声明。③ 在先知穆罕默德（s. a. w.）1990 年 10 月 2 日的生日庆典上，当时在位的君主公开宣布马来伊斯兰君主制是真主阿拉的意志。④ 在"神赐意志"之下，它传达了一种不可违逆的警示，即其地位是无懈可击的，任何过失，无论是在理论上、实践上还是执行上，都被视为对全能的阿拉的违背。

通过将其追溯至苏丹国初建立时，并将其直接与扩张和帝国联系起来，暗指其"神赐意志"，将其从国家哲学转变为国家意识形态，马来

① Muhammad Hadi bin Muhammad Melayong, "Brunei's Golden Period of Expansion- (MIB Series)," Secretariat Office, MIB Supreme Council, November 24, 2016.

② D. E. Brown, *Brunei*: *The Structure and History of a Bornean Malay Sultanate*, Brunei: Brunei Museum, 1970, pp. 134 – 135; Graham Saunders, *A History of Brunei*, London: Routledge Curzon, 2002; "Pandemic Spurs Innovative Ways to Run Businesses: Brunei-China Friendship Association," The Star, August 03, 2021, https://www. thestar. com. my/aseanplus/aseanplus-news/2021/08/03/pandemic-spurs-innovative-ways-to-run-businesses-brunei-china-friendship-association, accessed 2022 – 08 – 21.

③ Muhammad Hadi bin Muhammad Melayong, "Malay Islamic Monarchy: Practice and Appreciation," Borneo Bulletin, March 27, 2017, http://borneobulletin. com. bn/malay-islamic-monarchy-practice-appreciation/, accessed 2022 – 08 – 17; Muhammad Hadi bin Muhammad Melayong, "MIB, Living Foundation of Every Bruneian," Borneo Bulletin, October 10, 2016, http://borneobulletin. com. bn/mib-living-foundation-every-bruneian/, accessed 2022 – 08 – 17.

④ Graham Saunders, *A History of Brunei*, London: Routledge Curzon, 2002; "Pandemic Spurs Innovative Ways to Run Businesses: Brunei-China Friendship Association," The Star, August 03, 2021, https://www. thestar. com. my/aseanplus/aseanplus-news/2021/08/03/pandemic-spurs-innovative-ways-to-run-businesses-brunei-china-friendship-association, accessed 2022 – 08 – 21.

伊斯兰君主制作为当代文莱人民的哲学和意识形态基础与道德指南针已根深蒂固，而且在过去、现在以及可预见的未来，都毫无疑问地具有不可动摇和无可指责的地位。

（三）贸易和商业是生计的基础

文莱的经济命脉从最初就依托于与周边和加里曼丹岛腹地进行对外产品贸易，它在很大程度上扮演着转口港的角色，就像它的区域前身斯里维贾亚和后来的马六甲一样，商人从邻近地区带来产品，在文莱重新包装，然后再由商人运往区域内的其他地方，甚至更远的中国。出口产品主要包括原材料，特别是食品、丛林产品和矿物，而进口的主要是制成品，如织物、金属制品、陶器。[①] 奢侈品主导了出口贸易产品，其中高质量和稀有的丛林产品与海洋产品特别受"中国的宫廷和南京、北京的精英和富裕家庭以及欧洲的城堡和豪宅"青睐。[②]

文莱的出口产品主要为樟脑、龟壳、燕窝、黄蜂蜡、檀香木、黄檀木、达马脂、藤、西米、珍珠、黄金以及香料。其中大部分来自加里曼丹岛，但也有一些来自苏禄和印度尼西亚东部。[③]

香料——主要来自著名的"香料群岛"马鲁古群岛——涵盖了许多种类，特别是肉豆蔻、小豆蔻、丁香、胡椒；来自加里曼丹岛腹地的丛林产品包括樟脑、蜂蜡、沉香木、黄檀木、达马脂、燕窝；来自绵延海岸线和周边海域的海产品包括海龟壳、珍珠、海参（见表1）。在公元7

[①] D. E. Brown, *Brunei: The Structure and History of a Bornean Malay Sultanate*, Brunei: Brunei Museum, 1970, p. 63.

[②] Rozan Yunos, "Brunei's Ancient Exports. The New Brunei Resources: The Past Can Teach the Present about the Future, Brunei Resources," http://bruneiresources. com/blog/2018/12/06/bruneis-ancient-exports/#: ~ :text = The% 20total% 20exports% 20of% 20Brunei, the% 20people% 20in% 20Eastern% 20Indonesia, accessed 2022 – 08 – 06.

[③] Rozan Yunos, "Brunei's Ancient Exports. The New Brunei Resources: The Past Can Teach the Present about the Future, Brunei Resources," http://bruneiresources. com/blog/2018/12/06/bruneis-ancient-exports/#: ~ :text = The% 20total% 20exports% 20of% 20Brunei, the% 20people% 20in% 20Eastern% 20Indonesia, accessed 2022 – 08 – 06.

世纪到 9 世纪之间，黄金和樟脑似乎是文莱经济繁荣的盈利支柱。[①]

表 1　文莱 20 世纪初主要出口贸易产品

	贸易产品	特征	使用	市场
香料	肉豆蔻和肉豆蔻衣（nutmeg and mace）	肉豆蔻是黑叶常绿乔木肉豆蔻属的种子，肉豆蔻衣从种子覆盖物中提取	一种精油的来源，肉豆蔻脂作为肥皂和香水的调味剂；出于药用目的，肉豆蔻衣可口服，以缓解腹泻、恶心、呕吐、胃痉挛和疼痛，以及肠道胀气	欧洲、西亚、印度、中国、东南亚
	小豆蔻（cardamom）	来自姜科植物麻豆属和砂仁属植物的种子，具有浓郁的树脂香味	用于在食品和饮料中；开胃菜中的烹饪配料；用于制作糖果、甜点；作为咖啡和茶的传统调味料	欧洲、西亚、印度、中国、东南亚
	丁香（clove）	桃金娘科蒲桃属植物的芳香花蕾	通常在牙膏、肥皂或化妆品中用作香料、调味剂或香精	欧洲、西亚、印度、中国、东南亚
	胡椒（pepper）	黑胡椒（Piper nigrum）是胡椒科的一种开花藤本植物，因其果实而栽培，被称为胡椒	干胡椒用于调味食物	欧洲、西亚、印度、中国、东南亚
丛林产品（Jungle Products）	樟脑（Camphor）	具有强烈芳香气味的蜡状、易燃、白色或透明固体。卡普尔树树干中的结晶樟脑油。文莱最高品质的樟脑，价格堪比黄金	可用于药用目的；制香；烹饪原料；在宗教仪式上；尸体防腐；食物成分等。药用目的主要是制作治疗风湿病、肌肉疼痛、扭伤、肌肉拉伤的药膏	印度、中国、西亚

① Malcolm Stewart Hannibal McArthur, "Report on Brunei in 1904," Introd. And annot. by A. V. M. Horton. Athens, OH: Ohio University Center for International Studies, Center for Southeast Asian Studies, 1987, p. 209.

续表

贸易产品		特征	使用	市场
丛林产品 (Jungle Products)	蜂蜡 (Beeswax)	由蜜蜂属的蜜蜂产生的天然蜡，具有天然的甜味	用于制作润滑剂、防水剂；木材和皮革的上光剂；制作蜡烛	印度、中国、西亚
	沉香木 (Gharuwood, Agarwood, aloeswood, eaglewood)	沉香树和拟沉香属植物的一种芳香的深色树脂心材，价格高昂	熏香、香水、微型雕刻品；古埃及人使用木头作为他们死亡仪式的一部分	西亚
	黄檀木 (Lakawood)	一种带红色芳香的木材和粗藤本植物的根材，小花黄檀，其散发强烈而刺鼻的气味	通常作为熏香燃烧以抵消难闻的气味；作为染料；用于医疗目的	印度、中国、东南亚
	达马脂 (Dammar)	一种从树科龙脑香科获得的树脂，主要是娑罗双属或坡垒属的树脂	作为船舶的填缝料，将刀片固定在木柄上，涂上和密封陶罐；用于焚香、食品、药品	中国
	燕窝 (Bird's nest)	食用燕窝由金丝燕使用凝固的唾液制成；在洞穴的高天花板上发现；在高梯上收割是一项危险的壮举；由于它们的稀有性、高蛋白质含量和丰富的风味，在中国文化中尤为珍贵；根据分级消费，属于最昂贵的动物产品之一，其中白色是最珍贵的	燕窝汤，中国菜中的美味；溶于水后，燕窝在汤或汤水（甜汤）中变成胶状质地；据中医声称可以治疗肺结核、哮喘、胃病；作为壮阳药；增强免疫功能，增强能量，新陈代谢，促进血液循环	中国
海产品 (Sea Products)	海龟壳 (Turtle shell, or "tortoiseshell")	玳瑁海龟的壳	文莱向中国宫廷进贡的物品；对中国人来说象征着长寿、生命和生育、力量、耐力和宇宙；作为有用的装饰性物品，如仪式舞蹈中的拨浪鼓、萨满治疗工具、或用于占卜	中国、日本

	贸易产品	特征	使用	市场
海产品 （Sea Products）	珍珠（Pearl）	在活的带壳软体动物的外套膜软组织中产生的坚硬、闪亮的物体	理想的圆润和光滑，作为宝石和美丽的对象具有很高的价值；比喻稀有、精美、令人钦佩、无价之宝	中国、日本
	海参（Trepang）	海参是海参纲的棘皮动物；具有坚韧皮肤的懒惰细长海洋生物；在海底发现	具有治疗作用的汤中的食物成分	中国
矿物质 （Minerals）	金（Gold）	来自三发（Sambas）的矿山	作为金粉	东南亚

资料来源：Ooi Keat Gin, *Of Free Trade and Native Interests: The Brookes and the Economic Development of Sarawak, 1841－1941*, Kuala Lumpur: Oxford University Press, 1997; L. H. Burkill, *A Dictionary of the Economic Products of the Malay Peninsula*, 2 Vols. London: Crown Agents for the Colonies on behalf of the Governments of the Straits Settlements and Federated Malay States, 1935; Rozan Yunos, "Brunei's Ancient Exports. The New Brunei Resources: The Past Can Teach the Present about the Future. Brunei Resources," Available at: http://bruneiresources.com/blog/2018/12/06/bruneis-ancient-exports/#: ~ : text = The% 20total% 20exports% 20of% 20Brunei, the% 20people% 20in% 20Eastern% 20Indonesia, accessed 2022－08－06.

　　文莱的贸易伙伴主要是中国，另外在东南亚则有爪哇、科钦（越南南部）和东海岸马来半岛的吉兰丹州、登加奴州和彭亨州。[1] 迄今来看，对外贸易和出口是文莱全盛时期最重要的行业。

　　文莱贸易的另一个显著特征是统治者负责监督所有的商业交易，并给予密切的集中管理。[2] 远近的商人向作为"首席贸易商"的统治者赠送特殊礼物，也向王室成员赠送价值相对较小的礼物。[3] 作为"首席贸

[1] J. Crawfurd, *A Descriptive Dictionary of the Indian Islands and Adjacent Countries*, London: Bradbury & Evans, 1856; Mohd. Jamil Al-Sufri and Pehin Dato Haji, ed. , *History of Brunei in Brief*, Bandar Seri Begawan: Brunei History Centre, 2000, p. 6.

[2] M. A. P. Meilink-Roelofsz, *Asian Trade and European Influence in the Indonesian Archipelago Between 1500 and about 1630*, The Hague: Martinus Nijhoff, 1962, pp. 84－85, 100－101, 164.

[3] Friedrich Hirth and William W. Rockhill, *Chau Ju-kua: His Work on the Chinese and Arab Trade in the Twelfth and Thirteenth Centuries, Entitled Chu-fan-chi*, New York: Paragon Book Reprint Corp, 1966, p. 156.

易商"的统治者处于经济结构的顶峰，同样地，他也处于社会政治金字塔的顶端（见图1），并通过经济上的利益与贵族阶层达成了统治共识。

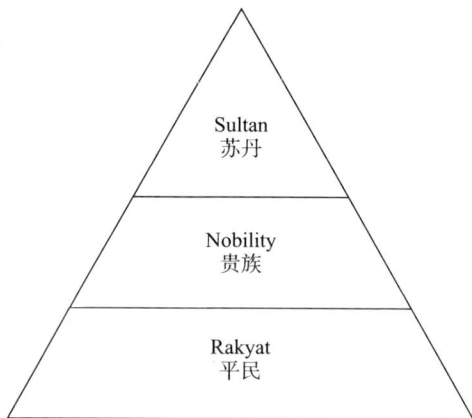

```
        Sultan
        苏丹

       Nobility
        贵族

       Rakyat
        平民
```

图1　文莱社会政治结构

在此贸易背景下，有两个特殊人物扮演了重要角色。在商人聚集进行货物交易的港口的是被称为沙班达尔（Shahbandar）① 的港务总管。与马来群岛上的其他港口一样，文莱也有一个类似的官员头衔——沙班达尔。除了监督贸易程序、度量衡、贸易季节安排、货物在仓库的储存以及贸易和港口的整体运行外，沙班达尔最重要的职责是管理外国商人的聚集社区。② 另外，负责获取和运输贸易产品的是纳可达（nakho-da），这也是帕西语的一个术语，意思是海上贸易的船长。纳可达不仅是熟练、知识渊博的水手，精通海况，而且熟悉众多的停靠港和贸易商与贸易货物的网络。毫无疑问，他是一个有威望和财富的人物，非常受人尊敬。③

---

① 沙班达尔名称来自帕西语（波斯语），翻译过来是港务长的意思。该词通常指封建马来王朝时代的港务总管职称。

② D. E. Brown, *Brunei: The Structure and History of a Bornean Malay Sultanate*, Brunei：Brunei Museum, 1970, p. 63.

③ Hugh Low, *Sarawak: Its Inhabitants and Productions*, *Being Notes During a Residence in That Country with H. H. the Rajah Brooke*, London：Richard Bentley, 1848, p. 136.

文莱第五任，或许也是最著名的统治者苏丹布基亚（Sultan Bulki-ah）就是一名船长，名字是 Nakhoda Ragam。苏丹都曾当过船长，足见这一职位的威望，同时也表明，在早期的几个世纪（19 世纪前），一些纳可达可能就是文莱的贵族。[①]

到 19 世纪上半叶，一幅依赖贸易和商业的文莱经济图景被同时代的欧洲人证实：

> 在 19 世纪的文莱，对贸易的控制很大程度上仍然掌握在贵族手中，尽管贸易控制似乎没有以前那么集中。贵族/首长是直接和间接控制地区经济的中心。他（贵族/首长）由此实现的利润或收入反过来被重新分配给支持（贵族/首长）权力和权威的亲属、职员和追随者。[②]

二　中国－文莱的经济关系

（一）历史视域下的中国－文莱双边关系

尽管中国资料中提到的地名是否表示今天的文莱或加里曼丹岛上的其他沿海中心尚不确定，但公元 5—6 世纪的资料表明，有可能与文莱很接近：

> 自南朝时期（420—589），对一个地名的不同称呼形式和描述——婆利、浡泥、渤泥、勃泥、婆罗等——在官方和民间的中国历史文献中反复出现，（但）它们的确切地理位置并不总是相同。

---

① D. E. Brown, *Brunei: The Structure and History of a Bornean Malay Sultanate*, Brunei: Brunei Museum, 1970, p. 63.

② D. E. Brown, *Brunei: The Structure and History of a Bornean Malay Sultanate*, Brunei: Brunei Museum, 1970, pp. 63, 67.

但大多数学者一致认为，它们都在加里曼丹岛的西北部和今天的文莱达鲁萨兰国附近。①

另一个记录 6 世纪历史的文献提供了中国王朝记录中对文莱的最早描述，即《梁书》。② 梁是南方五朝之一，存在于 502—557 年。它指出在那个时候，"不少（佛教）僧侣从中国南方通过海上道路前往印度，文莱是他们通常登陆的地方之一"。③

文莱本身的考古文物表明，10 世纪是中国 – 文莱贸易关系的最早时期。双溪利茂马尼斯（Sungai Limau Manis）考古遗址位于距离首都斯里巴加湾港约 22 公里处，位于文莱河下游的双溪利茂马尼斯河岸上。它于 2002 年在加深河流的工作中被发现，已被证明是"文莱达鲁萨兰国考古记录史上最大和最丰富的发现"。④ 研究工作从当年 10 月中旬开始，到 2008 年初，发现的一系列文物在伦敦亚非研究学院（SOAS）文

① Liu Yingsheng and PG. Karim PG. Osman, "Two Descriptions of Brunei in the Ming Period," International Seminar for UNESCO Integral Study of the Silk Roads: Roads of Dialogue "Effects and Influence of the Maritime Route on Brunei Culture," January 29, 1991, Brunei, p. 1, file:///E:/PURPLE% 20TOOT/South% 20China% 20Normal% 20University/Working% 20Paper% 20etc/NOTES/two_descriptions_of_brunei_in_the_ming_period. pdf, accessed 2022 – 08 – 06.

② Liu Yingsheng and PG. Karim PG. Osman, "Two Descriptions of Brunei in the Ming Period," International Seminar for UNESCO Integral Study of the Silk Roads: Roads of Dialogue "Effects and Influence of the Maritime Route on Brunei Culture," January 29, 1991, Brunei, p. 1, file:///E:/PURPLE% 20TOOT/South% 20China% 20Normal% 20University/Working% 20Paper% 20etc/NOTES/two_descriptions_of_brunei_in_the_ming_period. pdf, accessed 2022 – 08 – 06.

③ Liu Yingsheng and PG. Karim PG. Osman, "Two Descriptions of Brunei in the Ming Period," International Seminar for UNESCO Integral Study of the Silk Roads: Roads of Dialogue "Effects and Influence of the Maritime Route on Brunei Culture," January 29, 1991, Brunei, p. 1, file:///E:/PURPLE% 20TOOT/South% 20China% 20Normal% 20University/Working% 20Paper% 20etc/NOTES/two_descriptions_of_brunei_in_the_ming_period. pdf, accessed 2022 – 08 – 06.

④ Brunei Gallery, "The Islamic Sultanate of Brunei: Past and Present Culture," Brunei Gallery, SOAS University of London, 17th January-22nd March, 2008, https://www. soas. ac. uk/gallery/brunei/, accessed 2022 – 08 – 06.

莱画廊的展览中展出：

> 这些文物包括木器、中国钱币、贝壳、人骨和头骨、黄金、珠子、石头、青铜手镯等。大部分器物是宋朝至元朝（10—14世纪）的陶瓷。少量明朝（1368—1644）和清朝（1644—1912）的青花瓷以及暹罗和越南陶器也被发现，已收集超过50000个陶瓷碎片。①

由此可证双溪利茂马尼斯遗址比哥打巴图（Kota Batu，文莱博物馆所在地，距离斯里巴加湾市中心6公里处——译者注）更早成为主要定居点：

> 在这一广阔地区发现的大量考古器物证明，双溪利茂马尼斯遗址是10—14世纪（根据中国陶瓷的年代测定）最大的聚落地区。铁渣、坩埚、金属器物、船残、木迫击炮、钱币等文物的发现表明，当时的人们从事捕鱼、收集贝壳、农耕、金属敲打、贸易等日常活动。这些人是异教徒，信奉万物有灵论。该遗址在哥打巴图成为文莱首都和主要定居点与贸易中心后衰落。②

从发现的陶瓷工艺品、中国钱币、珠子和玻璃手镯、龟壳和各种其他金属、木制和石制品，以及陶瓷的碳年代测定来看，毫无疑问的是，中国与文莱之间的贸易关系在宋朝（960—1279）和元朝（1271—

---

① Brunei Gallery, "The Islamic Sultanate of Brunei: Past and Present Culture," Brunei Gallery, SOAS University of London, 17th January-22nd March, 2008, https://www.soas.ac.uk/gallery/brunei/, accessed 2022 – 08 – 06.

② Brunei Gallery, "The Islamic Sultanate of Brunei: Past and Present Culture," Brunei Gallery, SOAS University of London, 17th January-22nd March, 2008, https://www.soas.ac.uk/gallery/brunei/, accessed 2022 – 08 – 06; Karim bin Pengiran Haji Osman, Pengiran, "Sungai Limau Manis: Tapak Arkeologi abad ke-10 – 13 Masihi [Sungai Limau Manis: Archaeological Site 10 – 13 centuries CE]," Bandar Seri Begawan: Jabatan Muzium-Muzium, Bahagian Arkeologi, Kementerian Kebudayaan, Belia dan Sukan, 2004.

1368）期间便已确定。事实上，不可思议的是在唐朝（618—907）后期，两国之间的关系便已存在了。

明朝的文献证据证明，中国－文莱关系是具有连续性的。该时期的一些样本很好地描绘了文莱和中国之间的关系特征：

> 黄兴增于 1520 年所著的《西洋朝贡典录》对明朝洪武年间（1368—1398）前往文莱的中国特使进行了简短的描述，[1] 这一简短的描述在另一资料中得到了证实，《西域番国志》指出，在明朝第一个皇帝朱元璋在位期间，他向文莱派去两名官员沈旭和张敬之，诏书似是要"通知文莱，蒙古－元朝已被明朝接管"。[2]

有趣的是，在《西域番国志》中提到，在洪武四年（1371），文莱统治者马墨沙（Ma Mo Sha），也有可能是穆罕默德·沙阿（Muhammad Shah，1363－1402），派遣使者伊斯马裕（Yi Si Ma Yu）到明朝朝廷，他"呈递了用金银装饰的证书和信件……以及文莱土产的贡品"。[3] 明

---

[1] Liu Yingsheng and PG. Karim PG. Osman, "Two Descriptions of Brunei in the Ming Period," International Seminar for UNESCO Integral Study of the Silk Roads: Roads of Dialogue "Effects and Influence of the Maritime Route on Brunei Culture," January 29, 1991, Brunei, p. 3, file:///E:/PURPLE% 20TOOT/South% 20China% 20Normal% 20University/Working% 20Paper% 20etc/NOTES/two_descriptions_of_brunei_in_the_ming_period. pdf, accessed 2022 - 08 - 06.

[2] Liu Yingsheng and PG. Karim PG. Osman, "Two Descriptions of Brunei in the Ming Period," International Seminar for UNESCO Integral Study of the Silk Roads: Roads of Dialogue "Effects and Influence of the Maritime Route on Brunei Culture," January 29, 1991, Brunei, p. 4, file:///E:/PURPLE% 20TOOT/South% 20China% 20Normal% 20University/Working% 20Paper% 20etc/NOTES/two_descriptions_of_brunei_in_the_ming_period. pdf, accessed 2022 - 08 - 06.

[3] Liu Yingsheng and PG. Karim PG. Osman, "Two Descriptions of Brunei in the Ming Period," International Seminar for UNESCO Integral Study of the Silk Roads: Roads of Dialogue "Effects and Influence of the Maritime Route on Brunei Culture," January 29, 1991, Brunei, p. 4, file:///E:/PURPLE% 20TOOT/South% 20China% 20Normal% 20University/Working% 20Paper% 20etc/NOTES/two_descriptions_of_brunei_in_the_ming_period. pdf, accessed 2022 - 08 - 06.

朝使臣陈诚向永乐皇帝（1403—1424 年在位）提交的一份报告《西域番国志》的第六段中有"渤泥国"的内容，是关于他在 1414 年至 1415年作为使团成员前往中亚帖木儿王国途中所经过的 18 个国家。目前尚不清楚"渤泥国"是否指当代的文莱。

根据《东西洋考》，"文莱"一段中包括"一般的描述，对地理、当地产品和与中国商人的贸易关系的描述"。[①]《东西洋考》还提到了各种可能位于文莱或与文莱有关的地标，特别是"长宁镇高山"，它是位于文莱首都后的一座山；"圣山"，即所谓的"世界第一山"，一个在吕宋—文莱和泉州—文莱航线中被反复引用的航海地标；吕宋—文莱航线中出现的"长腰屿（郎腰岛）"；天曼（彭亨）—文莱、泉州—文莱、吕宋—文莱航线中提到的"茂文腊"或"马华腊"；吕宋—文莱航线中提到的"李渔塘（鲤鱼塘）"或"李渔屿（鲤鱼岛）"与前面提到的"长腰屿"一起。在《东西洋考》有两处关于贸易过程的详细描述：

> 文莱有很多中国人。当中国船只到达时，中国人应该像其他国家的商人一样（提供）贡金。一开始他们（指文莱当地人）邀请中国商人吃饭，后来他们邀请的人越来越少，最后他们停止了这种邀请。如果中国人把商品卖给文莱人，文莱国王就不敢向他们收税。但如果中国商人把货物卖给红毛（荷兰人），每 100 斤（中国传统重量单位，1 斤约半千克）太湖流域出产的生丝，中国商人要交 3 枚银币的税，荷兰人要交 5 斤丝绸的税，其他商品税也是如此。如果中国商人购买了文莱的产品，他们也应该纳税。
>
> …………

① Liu Yingsheng and PG. Karim PG. Osman, "Two Descriptions of Brunei in the Ming Period," International Seminar for UNESCO Integral Study of the Silk Roads: Roads of Dialogue "Effects and Influence of the Maritime Route on Brunei Culture," January 29, 1991, Brunei, p. 3. file:///E:/PURPLE% 20TOOT/South% 20China% 20Normal% 20University/Working% 20Paper% 20etc/NOTES/two_descriptions_of_brunei_in_the_ming_period. pdf, accessed 2022 – 08 – 06.

　　中国船只抵达后，商人首先向国王进贡中国土产。大库（仓大官）、二库（仓二官）、大番（大法官）、二番（二法官）和陈官（负责称重的官员）负责贸易。商人的船只很难驶出港口。通常情况下，他们最好结伴而行。有时在交易结束之前，他们就应该把船驶出港口。当中国商人想把船驶出文莱港口时遇到了什么困难尚不清楚。①

关于最后一句话，或许可以用在双溪利茂马尼斯考古遗址中所推测的情况来解释：

　　在利茂马尼斯（Limau Manis）河的观察表明，由于河流狭窄，中国舢板通常无法进入河流。据信，一艘舢板可以在利茂马尼斯河口抛锚，并通过零售船进行贸易。零售船将停靠在中国舢板旁边，装卸贸易货物，并将把货物运往上游的利茂马尼斯。这一理论得到了在东南亚发现的船只残骸的支持。这些残骸使用木销子，这也是东南亚典型的船只技术。②

　　位于中国南京的文莱遗产花园目前是一个特别受外国游客（尤其是文莱游客）欢迎的地方，它位于一个历史遗址上，旁边是文莱古代统治者麻那惹加那（Maharaja Karna）的坟墓，他于 15 世纪初访问中国时去世。2006 年，一位文莱高级官员对陵墓进行正式参访，证明该陵墓获

---

① Liu Yingsheng and PG. Karim PG. Osman, "Two Descriptions of Brunei in the Ming Period," International Seminar for UNESCO Integral Study of the Silk Roads: Roads of Dialogue "Effects and Influence of the Maritime Route on Brunei Culture," January 29, 1991, Brunei, pp. 9 – 10, file:///E: /PURPLE% 20TOOT/South% 20China% 20Normal% 20University/Working% 20Paper% 20etc/NOTES/two_descriptions_of_brunei_in_the_ming_period. pdf, accessed 2022 – 08 – 06.

② Brunei Gallery, "The Islamic Sultanate of Brunei: Past and Present Culture," Brunei Gallery, SOAS University of London, 17th January-22nd March, 2008, https://www. soas. ac. uk/gallery/brunei/, accessed 2022 – 08 – 06.

得文莱王室的认证：

> 正在对中华人民共和国进行正式访问的（文莱）外交和贸易
> 部巡回大使哈查玛斯纳公主殿下（Her Royal Highness Princess
> Hajah Masna）周四继续访问江苏南京。上午，公主殿下还主持了
> 中国－文莱友谊馆的开幕仪式，这是一个位于文莱遗产花园的文莱
> 文化和遗产展览馆。该花园是一个历史遗迹，旁边是文莱古代统治
> 者麻那惹加那的坟墓，他于 15 世纪初访问中国时去世。①

也有学者认为"麻那惹加那"应该就是"阿卜杜勒·吉德·哈桑"
（Abdul Majid Hassan，1380－1408），他可能是文莱的第二任苏丹，大
约在 1402 年登基；然而，奇怪的是，他并没有被列在文莱皇室族谱
（Silsilah Raja-Raja）上。② 但是，他以来自渤泥的统治者的身份出现在
《明史》第 325 卷。③ 那么问题就是渤泥是否指的是现在的文莱？

关于渤泥、勃泥、婆利和其他发音相似的地名的中文来源资料仍然
存在不确定性。有两个评论或许可能有助于我们理解早期的中国－文莱
关系，一种观点为：

---

① Radio Televisyen Brunei, "Princess Hajah Masna Officiates at Opening Ceremony of China-Brunei Friendship Hall," April 7, 2006, https://web. archive. org/web/20080315001153/http://www. rtb. gov. bn/news_archive/april06/070406. html, accessed 2022－08－19.

② Amin Sweeney, "P. L. Silsilah Raja-Raja Berunei," *Journal of the Malaysian Branch of the Royal Asiatic Society*, Vol. 41, No. 2, 1968, pp. 51－52; Brahim Ampuan Haji Tengah, Ampuan Haji, "Silsilah Raja-Raja Brunei: The Brunei Sultanate and Its Relationship with Other Countries," in Ooi Keat Gin, ed., *Brunei-History*, *Islam*, *Society and Contemporary Issues*, London and New York: Routledge, 2016, pp. 46－47.

③ C. Brown, "Two Ming Texts Concerning King Ma-na-je-chia-na of P'o-ni," *Brunei Museum Journal*, Vol. 3, No. 2, 1974, pp. 222－229; Johannes L. Kurz, Boni in Chinese Sources: Translations of Relevant Texts from the Song to the Qing Dynasties, Nalanda-Sriwijaya Centre Working Paper, No. 4 (July), 2011, p. 33, file:///E: /PURPLE% 20TOOT/1% 20South% 20China% 20Normal% 20University/Working% 20Paper% 20etc/NOTES/Boni% 20Kurz. pdf, accessed 2022－08－19.

到 13 世纪末，渤泥（中国人对这个以加里曼丹岛为基础的帝国的称呼）已经发展到包括沙巴和砂拉越，以及苏禄和现在菲律宾的部分。①

另一种观点是这样表述的：

鉴于渤泥的相关资料非常稀少，可获得的文本也很少，我认为在北宋、南宋、元、明甚至清初的任何特定时期，渤泥指的是一个相当不明确的地区，而不是一个在同一时期有着不间断连续历史的具体国家/王国或城市商业中心。换句话说，渤泥指的可能是中国不同朝代加里曼丹岛的不同地方，其中的一个或几个可能是现代文莱的前身，但没有办法根据中国资料来确定是哪一个。②

（二）跨越多个世纪的中国 - 文莱商业关系

文莱的繁荣时期在现代早期（约 15 世纪至 19 世纪中期）因财政紧张和外力入侵等因素而中断。14 世纪，由于前附属国苏禄的侵略，文莱的财富积累急剧下滑。文莱还屈服于爪哇印度教满者伯夷的霸主权力和影响力，后者在其玛哈帕蒂（Mahapatih，即总理）加札玛达（Gad-jah Mada）的领导下实现了对东南亚群岛（Nusantara）的控制。中国与

---

① "Oxford Business Group n. d. with a Long History as a Centre of Trade, the Country Is Well Positioned to Take Advantage of Opportunities," Brunei Darussalam, https://oxfordbusiness-group. com/overview/long-history-centre-trade-country-well-positioned-take-advantage-oppor-tunities, accessed 2022 – 08 – 06.

② Johannes L. Kurz, "Boni in Chinese Sources: Translations of Relevant Texts from the Song to the Qing Dynasties," Nalanda-Sriwijaya Centre Working Paper No. 4（July）, 2011, p. 59, file://E: /PURPLE% 20TOOT/1% 20South% 20China% 20Normal% 20University/Work-ing% 20Paper% 20etc/NOTES/Boni% 20Kurz. pdf, accessed 2022 – 08 – 19; Johannes L. Kurz, "How Boni became Borneo Became Brunei: An Argument for Boni in Western Bor-neo, Pontianak," in Ooi Keat Gin and Victor T. King, eds. , *Routledge Handbook of Contemporary Brunei*, London and New York: Routledge, 2023, pp. 81 – 99.

文莱的贸易关系继续，但与过去相比则显得不再出色。

1511 年葡萄牙人洗劫马六甲对文莱倒是一件好事。穆斯林商人（马来人、阿拉伯人、印度人等）纷纷离开被葡萄牙占领的马六甲，因其要求缴纳高额会费，且穆斯林商人无法适应天主教强国的诸多做法。① 文莱和其他穆斯林停靠港，如班加尔马辛（Banjarmasin）和亚齐（Acheh），都因此经历过一段时间的繁荣，但没有一个能够超越马六甲在 15 世纪时期的鼎盛成就。

1519 年，在西班牙的庇护下，葡萄牙探险家费迪南德·麦哲伦（Ferdinand Magellan）进行寻找香料群岛的探险，年轻的意大利贵族安东尼奥·皮加菲塔（Antonio Pigafetta）自愿成为探险队的一员，证明了文莱在经济财富和政治权力上的复兴。从西班牙启航的 5 艘船共载 270 人，最后只有 1 艘船返回港口，船上只剩下包括皮加菲塔在内的 18 人，麦哲伦等人则在菲律宾战死沙场。幸存者在不知情和无意中成为第一批环游世界的人。1521 年，探险队在港口城市伯恩（Burnei，即文莱）附近抛锚，从皮加菲塔的笔下，我们了解到这个王国的富饶：

> 第二天，那个岛的国王送了一艘普拉胡（prahu，当地人的小船）到船上，它非常漂亮，船头和船尾都装饰着金子，船头上飘扬着一面蓝白相间的旗子，旗杆顶端插着一簇孔雀羽毛，普拉胡里有一些人在吹笛打鼓，还有其他的很多人。两个阿尔玛迪亚斯（al-madias）跟着普拉胡，这些都是渔民的船，普拉胡属于福斯塔（fusta）② 的一种。岛上八个老人首领上了船，坐在船尾的地毯上，并献上一个彩绘木花瓶，里面装满了槟榔（他们经常咀嚼的水

---

① Paulo Jorge de Sousa Pinto, *The Portuguese and the Straits of Melaka*, *1575 – 1619: Power*, *Trade and Diplomacy*, trans. Roopanjali Roy, Singapore：National University of Singapore Press, 2012；Allein G. Moore, *The Story of Malacca*, Singapore：Partridge Publishing, 2022.

② fusta 或 fuste（也称为 foist）是一种狭窄、轻便、速度快、吃水浅的船，由桨和帆提供动力。

果），还有橙花和茉莉花，上面盖着一块黄色的丝绸布；他们还送了两个装满鸡的笼子、两只山羊、三瓶装满的大米蒸馏出来的酒，还有几捆甘蔗。他们又在另一艘船做了同样的事情后，抱抱我们就走了。他们的米酒清澈如水，但浓烈得让我们当中的许多人都醉了。他们称之为业力（arak）。

六天后，国王又再次送来了三艘装饰精美的普拉胡，他们吹着笛、打着鼓和钹来了，他们的船员围着船转，用几乎盖不住头顶的布帽子向我们致敬。我们向他们回礼，发射了没有石头的炮弹。然后他们给我们做了各种各样的食物作为礼物，但都是用米饭做的，要么用叶子包成长圆筒状，要么包成糖面包形状，要么包成蛋糕形状，配上鸡蛋和蜂蜜。然后他们说，他们的国王很高兴我们能在这里提供木材和水，我们还可以随心所欲地与岛上居民进行贸易。听到这个消息，我们七个人带着给国王和他的一些朝臣的礼物，进入了其中的一艘普拉胡……

我们骑上大象，那十二个人走在我们前面，拿着花瓶和我们的礼物。我们一直走到总督（governor）家，总督为我们准备了各式各样的晚餐。我们在那里睡了一夜，在铺满棉花的床垫上面盖着丝绸和坎贝布料的床单……

从总督府到国王府邸的路上，国王已吩咐安排拿着刀、枪、盾牌的人站满一路。我们进入宫殿，仍然骑着大象；然后我们下了大象，在总督和一些主要人物的陪同下登上楼梯，进入了一个满是朝臣的大房间，我们应该称他们为王国的男爵；我们坐在地毯上，装着礼物的花瓶就摆在我们身边。

在大厅的尽头，有一个稍高些许，但没那么大的房间，四周全挂着绸缎，其中还有两幅锦缎窗帘，敞开着的几扇窗户照亮了房间。那里站着三百名国王卫队，他们手里拿着裸露的匕首，也有的将匕首收在大腿上。在第二个大厅的尽头是一个大开口，上面覆盖着锦缎窗帘，通过这个开口，我们看到国王坐在一张桌子旁，带着他的一个小孩子，嚼着槟榔。他身后则只有女人……

这座城除了国王和一些王子的房屋外，其他都是建在盐水地上的，共有二万五千户人家。所有的房屋都是用木头建造的，高高地立于木桩之上。涨潮时，妇女乘船在城市中兜售食品和生活必需品。在王宫前面有一堵砖砌的墙，上面有像堡垒一样的围墙，上面有五十六个金属炮和六个铁炮。我们在城里的那两天里，他们用这种大炮开了许多炮。①

尽管麦哲伦在 1521 年登陆菲律宾时以西班牙国王查理五世（1500—1558）的名义宣称拥有这些岛屿的主权，但直到 40 多年后的 1565 年，也即菲利普二世统治时期（1556—1598），米格尔·洛佩斯·德莱加斯皮（Miguel López de Legazpi）的征服才最终确立了西班牙对菲律宾的统治，并采用了菲利普的名字命名该群岛。

1571 年西班牙占领马尼拉并切断了其与文莱的贸易和政治关系。文莱所需的许多进口制成品都来自马尼拉，包括铁和锡、铜锣、瓷器、矛、刀。② 16 世纪下半叶，文莱与西班牙人在菲律宾的卡斯蒂利亚战争进一步削弱了其在该群岛上的力量和影响力。除了对外贸易形势恶化的负面影响，内部的政治斗争对文莱的破坏性更大。17 世纪中期发生了两位王室继承者阿卜杜勒·穆宾（Abdul Mubin）和穆赫丁（Muhyddin）之间严重的继承权纠纷。内战的结果是引来文莱昔日的竞争对手苏禄苏丹国趁机入侵，文莱失去了在北婆罗洲东半部的霸权，导致后者落入苏禄国的势力范围。此外，17 世纪在加里曼丹岛西部和南部出现的贸易

① Antonio Pigafetta, n. d. The First Voyage Round the World-Pigafetta's Account of Magellan's Voyage, pp. 92 – 97, exported from Wikisource on August 19, 2022, file:///C:/Users/user/Downloads/The_First_Voyage_Round_the_World_Pigafetta's_Account_of_Magellan's_Voyage. pdf, accessed 2022 – 08 – 19.
② Graham Saunders, A History of Brunei, London: Routledge Curzon, 2002; "Pandemic Spurs Innovative Ways to Run Businesses: Brunei-China Friendship Association," The Star, August 03, 2021, https://www. thestar. com. my/aseanplus/aseanplus-news/2021/08/03/pandemic-spurs-innovative-ways-to-run-businesses-brunei-china-friendship-association, accessed 2022 – 08 – 21.

中心，如桑巴斯（Sambas）、苏卡达那（Sukadana）、班加尔马辛（Banjarmasin），在某种程度上也形成了竞争并抢走了文莱许多贸易机会。与此同时，满人建立起对中国的统治（1644—1911），清朝统治者一直怀疑明朝的复兴势力来自外部，因此禁止人口移民和/或出国旅行，否则将被处死。这样的禁令也破坏了中国 – 文莱贸易关系的延续。[①] 从17世纪到18世纪，其他欧洲商人——荷兰人和英国人——的到来，进一步破坏了文莱的港口和贸易网络。不管是实行贸易垄断的荷兰，还是支持自由贸易的英国，都没有使文莱受益。两个新来者享有贸易优先事项，前者专注于爪哇和"香料群岛"，而后者更关心其中国贸易，利用海峡农产品赚取白银，以换取中国的奢侈品（丝绸、茶叶和瓷器）。从19世纪40年代开始，一直持续到19世纪八九十年代，文莱陷入了严重的经济和社会政治困境，不管是从外部还是内部来看，都呈现越来越脆弱的趋势。

随着1839年英国绅士冒险家詹姆斯·布鲁克（James Brooke）的到来，以及林邦（1890）和拉瓦斯（1905）的领土损失，文莱的经济逐渐萎缩，以致在1906年开始实施英国居留（British Residency）政策前夕差点宣告破产。文莱因布鲁克扩张主义驱动，以及因欧洲冒险家及英国北婆罗洲特许公司而遭受的损失可见表2。

表2　1841—1905年文莱因布鲁克砂拉越、欧洲冒险家和英国北婆罗洲特许公司而造成的领土损失和经济赤字

领土损失	经济赤字（海峡货币或叻币，Straits Dollar）
1841年：砂拉越以及伦都和沙东河谷给了作为砂拉越拉惹（Rajah）的詹姆斯·布鲁克	支付经济补偿：每年2500元
1846年：纳闽"永久"割让给英国；1846年12月18日，英国与文莱苏丹奥马尔·阿里·赛福迪恩二世签订《纳闽条约》	提供停靠港（Port-of-call）

---

① Harold M. Tanner, *China: A History* (Volume 2): *From the Great Qing Empire through The People's Republic of China*, *1644 – 2009*, Indianapolis, IN: Hackett Publishing Company, 2010.

续表

领土损失	经济赤字（海峡货币或叻币，Straits Dollar）
1853 年：三马拉汉（Samarahan）、沙东（Sadong）、林牙（Lingga）、史哥朗（Skrang）、克里安（Krian）、沙里巴斯（Saribas）和拉让（Rajang）山谷割让给布鲁克砂拉越	提供明胶、蜂蜡、大米；每年 1500 元，该金额是直接支付给苏丹阿卜杜勒·莫明（Sultan Abdul Momin，1852－1885）的割让款项
1861 年：拉让（Rajang）河和民都鲁（Bintulu）河之间的地区，穆卡（Mukah）河谷和欧雅（Oya）河谷被割让给布鲁克砂拉越	提供西米、节路顿胶、蜂蜡、大米；每年 4500 元，该金额是直接支付给苏丹阿卜杜勒·莫明的割让金
1865 年：美国驻文莱领事查尔斯·李·摩西斯（Charles Lee Moses）租用整个加里曼丹岛北部（以下简称"北婆罗洲"），西起苏拉曼，东至皮埃坦（Pietan）河，包括派潭（Paitan）、苏格特（Sugot）、邦加延（Banggayan）、拉卜克（Labuk）、山打根（Sandakan）、京那巴当岸（Kinabantangan）、嘎嘎延木棉（Gagayan Mumiang）、贝努尼（Benuni）和基马尼斯（Kimanis），以及班吉（Banguey）、巴拉望岛（Palawan）和巴拉宝（Balabao）岛；摩西斯又把他的权力卖给了总部位于香港的婆罗洲美国贸易公司的约瑟夫·威廉·托里（Joseph William Torrey）；托里因未能在埃莱娜（Ellena）的基马尼斯（Kimanis）河口建立定居点，后于 1875 年将其权力传予给奥匈帝国驻香港领事古斯塔夫·冯·奥弗贝克男爵（Baron Gustav von Overbeck）	提供丛林产品、木材、燕窝、海产品尤其是海参；每年向苏丹阿卜杜勒·莫明支付 4500 元，向天猛公支付 4000 元
1878 年 1 月 22 日，冯·奥弗贝克从文莱获得了为期 10 年的租约续期，也从苏禄苏丹那里获得了土地租让许可；冯·奥弗贝克还获得了伦敦登特兄弟（the Dent brothers，Alfred and Edward，阿尔弗雷德和爱德华）的经济支持	
1880 年，冯·奥弗贝克退出，由阿尔弗雷德·登特掌控；1881 年 7 月，登特兄弟成立了英国北婆罗洲临时协会有限公司（British North Borneo Provisional Association Ltd）；1881 年 11 月，正式获得皇家特许状	
1882 年 5 月：英国北婆罗洲特许公司取代临时协会；卢瑟福·阿尔科克爵士（Sir Rutherford Alcock）担任会长，阿尔弗雷德·登特担任总经理	

续表

领土损失	经济赤字（海峡货币或叻币，Straits Dollar）
1882 年：查尔斯·布鲁克获得了基都隆（Kidu-rong）山谷和巴拉姆（Baram）山谷	每年向苏丹阿卜杜勒·莫明支付 3000 元，向天猛公支付 2000 元
1882 年：英国北婆罗洲特许公司的 W. C. 考伊（W. C. Cowie）授予麻拉（Muara）富煤半岛采矿权的租约	授予矿产资源开采权
1884 年：英国北婆罗洲特许公司获得帕达斯（Padas）的租约	每年付给苏丹阿卜杜勒·莫明 3000 元
1884 年：布鲁克在文莱的代理人 A. H. 埃弗雷特（A. H. Everett）获得了帕达山河（Padasan River）的矿产和税收权	授予矿产资源开采权及相关税收权益
1885 年：特鲁桑（Trusan）割让给布鲁克砂拉越	每年支付 4500 元
1888 年：英国给予砂拉越、文莱和北婆罗洲保护国地位；英国外交部（FO）和殖民办公室（CO）的意图是拒绝其他欧洲强国对婆罗洲西北部的干预	阻止来自外部的干预，但不阻止来自内部的干预，即来自布鲁克砂拉越（林邦）和英国北婆罗洲特许公司（拉瓦斯）
1890 年：林邦被布鲁克砂拉越吞并	直接导致西米工业的崩溃
1901 年：英国北婆罗洲特许公司获得了拉瓦斯河的管理权	授予木材资源开发权
1905 年：拉瓦斯被英国北婆罗洲特许公司以 5000 英镑的价格割让给布鲁克砂拉越	授予木材资源开发权

资料来源：Wright, Leigh Richard, *The Partition of Brunei*, Manila: Asian Center, University of the Philippines, 1967; Nani Suryani Haji Abu Bakar, "A Historical Overview of Brunei's Economy before the Discovery of Oil and Some Subsequent Issues," Special Issue: Selected Papers on Economic and Social History of Brunei, *Southeast Asia: A Multidisciplinary Journal*, 2006/2007 (7), pp. 89 – 103; Ooi Keat Gin, *Of Free Trade and Native Interests: The Brookes and the Economic Development of Sarawak, 1841 – 1941*, Kuala Lumpur: Oxford University Press, 1997.

1819 年新加坡自由港的建立，为文莱提供了一个进入国际市场的通道。来自中国的贸易商不再通过文莱进行贸易，而是通过新加坡与中国进行贸易。这种贸易方式的改变从 19 纪下半叶开始对文莱的影响越来越大，它使文莱的货物贸易市场增强了在欧洲和北美市场的重要性，而不再是传统的东亚市场。与此同时，鉴于文莱的邻国——布鲁克砂拉越和英属北婆罗洲——的掠夺行为，英国外交部和殖民办公室决定在文莱实行一种居住制度，这与 40 年前在西马来州（槟州、雪兰莪、双溪乌戎和彭亨）所采取的做法没有什么不同。但更重要的是，此举与其说是因为对贪婪的邻国的巨大恐惧，不如说是因为对法国、荷兰或德国等其他欧洲强国的介入和/或干预的可能性的更大恐惧。事实上，20 世纪早期的外交官员圈子都认为文莱的"消失"似乎是不可避免的——毫无疑问也是殖民政府官员的共识，如下是摘自外交部备忘录的内容，其中官员们普遍都对文莱感到很悲观：

> 1900 年，（英国外交部）下达指示，（文莱）苏丹去世后——如果不是更早——现政府应结束，国家应完全分割。[1]

然而，由于天意，代理领事 M. S. H. 麦克阿瑟被派往文莱，受托就文莱的未来提出建议。他于 1904 年提交的文莱报告最终使白厅否决了外交部或殖民政府的意见，决定保留文莱作为一个独立行政实体的完整性。[2] 补救措施是采用马来亚式的驻扎制度（Residential System），任命一名英国官员为"驻扎官"（Resident）并负责为苏丹的法院提供建议，除了与伊斯兰信仰和马来传统、习俗和惯例有关的事项，其建议可以是关于所有其他治理事项的。这种做法就是久经考验的、独特的、实用的、可行的、具有成本效益的英国间接统治体系。[3]

在整个占领时期（1906—1941，1945—1959），文莱通过新加坡与由英国等西欧国家和美国主导的国际资本主义经济体系联系在一起。而中国和文莱的经济关系基本处于停滞状态，因为中国自 19 世纪中期以来便经历着"一个世纪的屈辱"，遭受着一系列的战争、自然灾害，包

---

[1] FO, FO to High Commissioner for Borneo Territories, April 27, 1902, PRO, FO12/113.

[2] McArthur, Malcolm Stewart Hannibal, "Report on Brunei in 1904," Introd. And annot. by A. V. M. Horton. Athens, OH: Ohio University Center for International Studies, Center for Southeast Asian Studies, 1987.

[3] J. M. Gullick, *Rulers and Residents: Influence and Power in the Malay States, 1870-1920*, Singapore: Oxford University Press, 1992.

括掠夺性的西方列强在中国各自建立的势力范围，反对日本法西斯的侵略战争，以及为建立统一和平国家所做出的努力。[①]

文莱在被占领期间还意外发现了石油。自 1899 年在靠近文莱镇（即斯里巴加湾，Bandar Seri Begawan）的亚逸贝尔昆奇（Ayer Berkunchi）钻出第一口探井、1929 年在马来奕（Belait）区发现诗里亚（Seria）油田，以及 1932 年首次出口石油以来的所有具有商业可行性的发现，都显示文莱的经济一直严重依赖石油（以及后来的天然气）工业来实现增长和发展。[②]

太平洋战争（1941—1945）的爆发以及日军的军事占领也没有改变英国－文莱的关系。但是，苏丹奥马尔·阿里·赛福丁三世（Sultan Omar Ali Saifuddien Ⅲ，1950—1967 年在位）在战后决定开始在他的苏丹国中寻求更大的权威，而不是在英国占领者的安排下保持静默与无为。其时，英国驻扎官是行政和治理的核心人物，而非苏丹。但英国人在表面上保持了苏丹在臣民和群众（rakyat）中的威望，因为所有的政府授权、活动、政策在文书上都是落款"陛下"（Kebawah Duli Yang Maha Mulia）。苏丹奥马尔·阿里·赛福丁三世致力于制定一部成文宪法，以便为自己提供治理基础，并将有助于实现独立于英国的统治的最终目标。[③] 1953 年 7 月，苏丹召集了一个名为"七合一"（Tujuh Serangkai）的七人委员会，意在寻求议会对成文宪法的意见和建议。

1959 年 9 月 29 日颁布的《文莱达鲁萨兰国宪法》意味着文莱国内主权的回归，文莱从此成为一个自治国家，但其外交、安全和国防依然由英国负责。驻扎官的职位被一个"高级专员"（High Commissioner）取代，但是他所能行使的权力小了许多，作为顾问的作用也大大减小。

---

① Orville Schell and John Delury, *Wealth and Power: China's Long March to the Twenty-first Century*, New York: Random House, 2014.

② Mark Cleary and Shuang Yann Wong, *Oil, Economic Development and Diversification in Brunei Darussalam*, Houndmills, Basingstoke: Macmillan, 1994.

③ B. A. Hussainmiya, *The Brunei Constitution of 1959: An Inside History*, Bandar Seri Begawan: Brunei Press Sdn Bhd, 2000.

成文的宪法赋予苏丹在政府中的行政权力，苏丹可利用枢密院、行政会议、部长会议和立法会议的顾问和协助功能，所有这些机构都由苏丹本人主持；苏丹还从国民议会中任命一名首席部长（Menteri Besar）、国务秘书、国家财政官和总检察长。

不管是太仓促还是太不成熟，在文莱建立一个权力有限但有部分选举权的立法机构的意图最终还是必须被放弃。文莱人民党（Brunei People's Party，PRB）在地区选举中表现可嘉并急于召开立法会，为迎接定于 1962 年 12 月 5 日举行的立法委员会就职典礼，文莱人民党表示将提出一项决议，要求将英属北婆罗洲和砂拉越归还文莱，然后建立北加里曼丹统一国（Negara Kesatuan Kalimantan Utara），并且还反对文莱加入马来西亚，要求英国于 1963 年给予文莱独立。苏丹奥马尔·阿里·赛福丁三世断然拒绝了这一决议，并将立法会会议推迟到 12 月 19 日举行。作为回应，文莱人民党于 12 月 8 日发动起义。目前尚不清楚文莱人民党在这次起义中的具体政治议程是什么。苏丹奥马尔·阿里·赛福丁三世向英国恳求援助，军队迅速地从新加坡空运而来，来自古晋（砂拉越）和杰瑟尔顿（北婆罗洲）的警察人员在几天内便成功镇压了起义。[①] 苏丹还宣布国家进入紧急状态，自此以后，紧急状态从未解除，每两年更新一次，一直延续至今。

在 20 世纪 50 年代，文莱多次拒绝将三个英属婆罗洲领土（即砂拉越、北婆罗洲的殖民地、文莱保护国）建设为"更紧密的联盟"或"联邦"的各种提议。[②] 马来西亚的提议在 1961 年由总理东姑阿都拉曼（Tunku Abdul Rahman Putra Al-Haj）提出，即建立一个更广泛的联邦，包括独立的马来亚与英国殖民地新加坡、砂拉越和北婆罗洲，以及文莱

---

① Nicholas van der Bijl, *The Brunei Revolt: 1962 – 1963*, Barnsle, UK：Pen and Sword Military, 2012；Harun Abdul Majid, *Rebellion in Brunei：The 1962 Revolt, Imperialism, Confrontation and Oil*, London：I. B. Tauris, 2007.

② B. A. Hussainmiya and Asbol Haji Mail, "'No Federation Please-We Are Bruneians'：Scuttling the Northern Borneo Closer Association Proposals," Working Paper, No. 11, 2014, Institute of Asian Studies, Universiti Brunei Darussalam.

保护国，该提议被一直决心保持主权和国家独立的文莱苏丹拒绝了。

苏丹奥马尔·阿里·赛福丁三世自愿退位，为其子哈吉·哈桑纳尔·博尔基亚于 1967 年 10 月 5 日登基为文莱第 29 任苏丹做准备。前者在退位后获得斯里巴加湾苏丹陛下（Paduka Seri Begawan Sultan）的头衔。为纪念他的贡献，苏丹国的行政首都文莱城于 1970 年 10 月 4 日更名为斯里巴加湾港。

斯里巴加湾苏丹陛下和苏丹哈吉·哈桑纳尔·博尔基亚为实现文莱的独立而努力。直到 1984 年 1 月 1 日，文莱最终获得独立，并立即成为英联邦的一员；六天后成为东盟（Southeast Asian Nations，ASEAN）的成员。就像东盟的创始成员国印度尼西亚、马来西亚、菲律宾、新加坡和泰国一样，文莱也一直对共产主义持谨慎态度，因为这种意识形态与"马来伊斯兰君主制"大相径庭，更重要的是，文莱的政策也受到邻国砂拉越对华政策的影响。因此，文莱的华人社区一直被人以怀疑和不信任的眼光看待。在冷战环境下，文莱的对华政策也与东盟其他成员国保持了基本一致。[①]

1991 年 9 月 30 日，文莱和中华人民共和国正式建立外交关系，这对双方来说都是重大事件。事实上，这个一向谨慎的苏丹国是东盟成员国中最后一个与中国建立正式关系的国家。在 20 世纪 90 年代，东盟以"互让共存"的精神承认了不同类型政权，从而为越南（1995 年 7 月 28 日）、老挝和缅甸（1997 年 7 月 23 日）、柬埔寨（1999 年 4 月 30 日）的加入铺平了道路。

正式建交后，中国 – 文莱关系焕发出新的活力。两国关系持续积极发展，中国和文莱的高级官员互访进一步促进了两国关系。例如，两国在 2005 年签订了 17 份政府间合作文件，涉及经济贸易、能源、航空、卫生、文化、旅游、教育、军事和人文交流等广泛领域：

---

① Ooi Keat Gin, *Borneo in the Cold War，1950 – 1990*，London and New York：Routledge，2020.

今年（2005 年）中国与文莱两国最高领导人同意扩大两国在能源、经贸、旅 游、人文交流等领域的互利合作。2004 年，中国与文莱的贸易额接近 3 亿美元。2005 年上半年，这一数字为 1.02 亿美元。①

为了鼓励民间交往，中国与文莱在多个领域进行了积极的互动：

得益于文莱与上海之间在 2002 年 1 月开通了直航，中国与文莱的交流蓬勃发展。为便利人员往来，中方对文莱护照持有者在华停留不超过 14 天给予免签待遇。自 2005 年 4 月起，两国免除了外交和官方护照持有者前往对方国家非个人旅行的签证要求。②

自 1932 年开始石油出口以来，文莱对其碳氢资源财富的过度依赖一直是独立后的主要挑战。严酷的现实可以这样总结：

石油和天然气生产提供了 90% 的政府收入和 90% 的出口，占 GDP 的一半以上，但创造的就业机会很少。③

这样的局面不仅使文莱极易受到石油和天然气价格波动的影响，也使国家面临着储量消耗的现实危机，形象地看，文莱经济如同两面受敌。摆脱这种不健康的过度依赖，灵丹妙药似乎就是经济多样化，但

①　Embassy of the People's Republic of China, "A Glimpse of China-Brunei Good-neighborly Relations," September 16, 2005, https://www. mfa. gov. cn/ce/cebn/eng/sgxws/t212363. htm, accessed 2022 – 08 – 08.

②　Embassy of the People's Republic of China, "A Glimpse of China-Brunei Good-neighborly Relations," September 16, 2005, https://www. mfa. gov. cn/ce/cebn/eng/sgxws/t212363. htm, accessed 2022 – 08 – 08.

③　The Heritage Foundation, "2022 Index of Economic Freedom. Brunei Darussalam," 2022, https://www. heritage. org/index/country/brunei, accessed 2022 – 08 – 21.

是，除了口头上的承诺，到目前为止几乎没有具体实施和/或实现。①
由于中国－文莱在经济领域恢复了积极关系，② 双方正在共同努力开创
更多新的局面。例如，2009 年两国私营企业签署了两项协议：

> 第一个协议是一个 800 万美元的项目，由文莱文中农业科技公
> 司和中国广西旺旺达农民有限公司签署，双方同意在马来奕的拉比
> （Labi）合作建设一个 700 公顷的水田种植园；第二份协议是当地
> 一家公司与饶平金航深海笼发展有限公司合资成立一家离岸笼养殖
> （养鱼）公司，价值 145 万美元，双方将成立合资公司海洋生物私
> 人有限公司（BioMarine Sdn Bhd）。③

中国前总理温家宝于 2011 年 11 月访问了文莱，为建立更有活力和
更紧密的经济关系提供了催化剂。他的历史性访问加快了两国的合作
步伐：

> 中国国家海洋石油公司与文莱石油公司签署了石油和天然气商
> 业勘探协议，而浙江恒逸集团和中国石化工程股份有限公司正努力
> 帮助文莱开发炼油厂和芳烃裂解装置，以促进文莱能源行业的发
> 展，这是文莱有史以来最大的外国直接投资。在经济领域，两国于
> 4 月签署了一份促进农业合作的谅解备忘录，除了增加贸易，谅解

---

① James Fox, "Moving Away From Oil: How Can Brunei Diversify Its Economy?" ASEAN
Briefing, May 23, 2022, Dezan Shira & Associates, https://www.aseanbriefing.com/news/
moving-away-from-oil-how-can-brunei-diversify-its-economy/#: ~ :text = Brunei% 27s% 20
government% 20has% 20in% 20recent, communication% 20technology% 20and% 20halal%
20manufacturing, accessed 2022 – 08 – 21; Tsang, Andrew, "Weaning Brunei off oil Opin-
ion," The Scoop, January 17, 2022, https://thescoop.co/2022/01/17/weaning-brunei-off-
oil/, accessed 2022 – 08 – 21.

② Shareen Han, "Economic Diversification Gathers Pace as Oil Reliance Wanes: CSPS," 2021.

③ Chinese Ministry of Foreign Affairs, "China Firms in B $10m Brunei Rice-Growing and Aqua-
culture Projects," November 12, 2009, Courtesy of The Brunei Times, https://www.mfa.
gov.cn/ce/cebn//eng/zwgx/t626462.htm, accessed 2022 – 08 – 08.

备忘录还包括在人力资源开发和为政府官员和专业技术人员提供培训方面的更多共同合作。最近，合作进一步扩展到城市层面，南京和斯里巴加湾成为友好城市。①

与此同时，自21世纪初以来，中国政府一直强调人文交流。南京的两个标志性建筑，即中国－文莱友谊馆（2006）和文莱遗产花园（2008），都位于麻那惹加那墓附近，在仪式上和象征意义上庆祝了中国－文莱长期以来的关系。2006年，文莱高级政要哈查玛斯纳公主访问中国，同年，在斯里巴加湾港成立的文莱－中国友好协会（Brunei-China Friendship Association，BCFA）通过组织文化交流、展览、研讨会等活动积极促进了两国的友好关系。②

自习近平任国家主席以来，中国－文莱的双边关系建设水平快速提升。2013年4月5日，习近平主席在北京会见苏丹哈吉·哈桑纳尔·博尔吉亚。③两位领导人都高度赞赏了互惠互利、合作共赢的双边关系。

如前所述，文莱在过去90年里所形成的对碳氢化合物资源的过度依赖是一个危险的选择。④ 文莱经济蓝图（Brunei Economic Blueprint，2021）是政府"2035宏愿"（Wawasan 2035）的一部

---

① Prashanth Parameswaran, "China, Brunei: Ties That Bind?" China Brief, 12, 21, November 5, 2012, The Jamestown Foundation: Global Research and Analysis, https://jamestown. org/program/china-and-brunei-ties-that-bind/, accessed 2022 – 08 – 21.

② BruDirect. com, "Swearing-In Ceremony For 6th Brunei-China Friendship Association's New Leadership," January 10, 2021, https://brudirect. com/news. php? id = 109669, accessed 2022 – 08 – 21.

③ Borneo Post online, "Brunei, China Hail Special Relationship. Sultan Becomes First Foreign Leader to Be Received by Newly-elected Chinese President," April 6, 2013, http://www. theborneopost. com/2013/04/06/brunei-china-hail-special-relationship/, accessed 2022 – 08 – 08.

④ Nile Bowie, "China Throws Sinking Brunei a Lifeline. Sultan Hassanal Bolkiah Looks to Beijing for Succor as His Nation's Oil and Gas Reserves Run Dry," Asia Times, March 18, 2018, https://asiatimes. com/2018/03/china-throws-sinking-brunei-lifeline/, accessed 2022 – 08 – 08.

分，优先考虑经济多样化，而实现多元化的一个重要策略便是外国直接投资。

从中国的立场来看，文莱似乎是其两个优先议程（"一带一路"倡议，BRI 和妥善处理南海问题）的关键。在这两个问题上，文莱似乎都采取了"合作"的立场。对于前者，自 2013 年以来，文莱就是"热情的支持者"，并且在 2017 年 9 月苏丹对中国进行国事访问和 2018 年 11 月习近平访问文莱期间，得到了显著的强化和具体化，两国还签署了促进"一带一路"合作的谅解备忘录。① 在南海争端上还有两个争议问题尚未解决：领土边界的划分和对部分海洋特征属性的认定。

文莱苏丹（2013）和中国国家主席（2018）均发表了公开声明，表示文莱和中国在处理南海问题上的立场：

> 双方同意继续支持两国有关企业在海上油气资源领域开展合作，根据国际法原则，并遵循 2013 年 4 月 5 日《中国 – 文莱达鲁萨兰国联合声明》第 10 段所确立的相互尊重、平等互利原则。②

然而，南海问题的解决仍然需要双方更富有创造性的外交与政策努力。

> 19.……双方强调由直接有关的主权国家根据公认的国际法原则，包括 1982 年《联合国海洋法公约》，通过和平对话与协商解决领土和管辖权争端的重要性。双方将与其他东盟成员国一道，致力

---

① Ian Storey, "President Xi Jinping's Visit to Brunei Highlights Progress and Problems in Bilateral Relations," Perspective, 83（Dec.），ISEAS – Yusoff Ishak Institute, 2018, p. 4; Xinhua, "Full Text of China-Brunei Joint Statement（Xinhua），" November 19, 2018, http://en. people. cn/n3/2018/1119/c90000 – 9520052. html, accessed 2022 – 08 – 21.

② Xinhua, "Full Text of China-Brunei Joint Statement（Xinhua），" Nov. 19, 2018, http://en. people. cn/n3/2018/1119/c90000 – 9520052. html, accessed 2022 – 08 – 21.

于全面有效落实《南海各方行为宣言》，并鼓励在协商一致的基础上推动谈判取得进一步进展，早日达成有效的"南海行为准则"。①

除了"开展海上油气资源联合勘探和开发"② 之外，中国在文莱的投资最引人注目的，是大规模交通和工业基础设施发展领域，包括特里塞—鲁木高速公路、淡布隆大桥、麻拉港集装箱码头、恒逸文莱 PMB 项目。③ 对这些大型项目的投资使中国成为文莱最大的外国直接投资来源国，而且这些项目也被纳入"一带一路"建设议程中。更重要的是，与该地区其他国家不同，文莱的"一带一路"相关项目基本从未招致本土社会的批评、争议或直接反对。

电信是文莱可能从中国受益的另一个领域。中国电信巨头华为技术公司试图为文莱的 5G 建设奠定基础，但遭到了来自美国的强大阻力，后者认为移动通信领域中包含有国家安全风险，为此感到焦虑和怀疑，但华为最终在文莱找到了愿意接受合作的对象。自 2004 年以来，华为就与国营的文莱电信公司（Telekom Brunei Berhad）合作，其在文莱社会影响力不断扩大。继中国建筑公司（承建特里塞—鲁木高速公路）、广西北部湾集团（承建麻拉港集装箱码头）、浙江恒逸集团（承建 PMB 项目）等中国私营企业之后，在当前中国－文莱的友好关系氛围下，华为铺设 5G 基础设施并积极推进与文莱电信业的合作或将有着积极的预期。④

① Xinhua, "Full Text of China-Brunei Joint Statement (Xinhua)," November 19, 2018, http://en. people. cn/n3/2018/1119/c90000 – 9520052. html, accessed 2022 – 08 – 21.

② Ministry of Foreign Affairs, "Joint Statement between the People's Republic of China and Brunei Darussalam," Beijing, April 5, 2013, https://www. mfa. gov. cn/ce/ceus//eng/zgyw/t1029400. htm, accessed 2022 – 08 – 21.

③ Ian Storey, "President Xi Jinping's Visit to Brunei Highlights Progress and Problems in Bilateral Relations," Perspective, 83 (Dec.), ISEAS – Yusoff Ishak Institute, 2018, pp. 3 – 4.

④ Austin Bodetti, "Brunei: Huawei's Foothold in Southeast Asia: Huawei's Already Substantial Presence in the Sultanate Is Likely to Extend to Building Brunei's 5G Network," The Diplomat, April 3, 2019, https://thediplomat. com/2019/04/brunei-huaweis-foothold-in-southeast-asia/, accessed 2022 – 08 – 08.

与此同时，为了在快速变化的世界中应对未来的挑战，文莱推出了"2035 宏愿"，其主要目标有三个：（1）民众受到良好教育，具备良好素质；（2）享有高质量生活；（3）建成充满活力且可持续发展的经济。① 目标（3）的成果是"高度可持续增长"和"多元化经济"。如前所述，外国直接投资在经济多元化中发挥着至关重要的作用，因此，作为实现目标（3）的一部分，中国以及其他的外国直接投资将受到高度支持。

结　语

文莱的君主制作为其"马来伊斯兰君主制"国家意识形态的三个组成部分之一，曾经并将继续推动其经济议程。所有的经济项目，无论是政府间的，还是私营部门与外国公司的合作，都要经过最高权威——苏丹——的批准。中断了一个半世纪之久的中国－文莱关系，在 21 世纪头十年因双方的活力和热情得到了很好的恢复，特别是中国－文莱经济关系。不可否认这是对双边关系最好的双赢局面，外国直接投资也很好地辅助文莱朝着经济多样化发展，为了在可预见的未来获得更大的回报，斯里巴加湾港和北京之间应该培育和促进持续的互利关系。而且，中国－文莱关系的可持续性也是充满希望的，因为相互尊重和互利共赢的原则无疑将推动两国关系进一步发展和升级。前者的"一带一路"倡议和后者的"2035 宏愿"将从这种双赢关系中获益良多。

---

① Pejabat Wawasan Brunei, "Wawasan 2035," Prime Minister's Office, Bandar Seri Begawan BB3913, Negara Brunei Darussalam, 2016, https://www. wawasanbrunei. gov. bn/SitePages/Our% 20Vision% 20For% 202035. aspx, accessed 2022 - 09 - 23.

Table of Contents & Abstracts

Retrospect on Theories

On the Knowledge Production of "Southeast Asian Studies": Contexts, Boundaries and China's Tasks

Wu Jian, *Zhong Yanhui* / 1

Abstract: The constuction towards a more comprehensive genealogy of knowledge has become one of the key agendas of China's International and Regional Studies. The International and Regional Studies have been assgined the status of interdicipline in China's higher education system which indicates China's vision for long-term academic construction plan, and it has acquired the institutional guarantee. The experience of the current Area Studies shows that the necessities of its solid "scientific" basis is of great significance to the evolution of "International and Regional Studies" in China, and it strengthens the importance of the agenda to establish an international knowledge production mechanism with Chinese characteristics. As a component of Area Studies, Southeast Asian Studies are inherently a dynamic local knowledge. To establish a relatively independent genealogy of knowledge, Southeast Asian Studies in China would undertake the following tasks: firstly, to clarify key knowledge boundaries of Southeast Asian Studies; secondly, to strengthen the active role and devotion of the China school in the field of global Southeast Asian Studies ; thirdly, to definite and optimize the production mechanisms of knowledge with Chinese characteristics.

Keywords: International and Regional Studies; Southeast Asian Studies; Knowledge Production; China School

Comments

Comparative Experience and Key Directions for Southeast Asian Studies

Wang Zezhuang, *Yan Shuangwu*, *Wu Ka*, *Chen Lijun*,

Ge Hongliang, *Fan Ruolan* / 37

Editor's Note: For International and Regional Studies, "transboundary" and "comparison" research methods are indispensable. Beyond the single dimensions of the research targets, they aims to analyze the similarities and differences between two or more samples, as to obtain the universal and particular characters and rules of the targets. Riding the waves of the above two methods, the International and Regional Studies could constantly gaining reflections, innovations and vitalities. As an important domain of regional research, Southeast Asian Studies has also been benefiting from the transboundary and comparative methods. For example, in the field of macro-level research, the book *Strange Parallels*: *Southeast Asia in Global Context*, *c. 800 – 1830* by American scholar Victor Lieberman is a typical work of comparative studies. It brings Southeast Asia into the geographical scope of Eurasia, and depicts the history of Southeast Asia by comparison with Europe as parallels in a longer periods of time. The writing displays the unique line of Southeast Asia research, which strongly promotes the theoretical construction of Southeast Asian history beyond the "Eurocentric" perspective. Further, there are still numerous examples of studies with transboundary and comparative methods in intermediate or micro-levels. To obtain more new thoughts and reflections for the disciplinary construction of Southeast Asian Studies, the book invited six scholars to share their research experiences. The following scholars are mainly engaged with the West Asia and Middle East Studies, Europe Studies, African Studies, South Asian Studies and Southeast Asian Studies. Their comments shall cover comparative research experiences in Area Studies, and discuss the boundaries as well as the disciplinary values of Southeast Asian Studies.

Disciplinary Construction

On the Discipline Construction of "Southeast Asian Studies" from the Perspective of Area Studies

Zhao Ziyong / 70

Abstract: Southeast Asian Studies is an important branch of Area Studies. According to the foreign experiences of academic development, academic research should be given the highest priority in the discipline building of Southeast Asian Studies or Area Studies as a whole. The most internationally popular Area Studies institution is trans-departmental center, institute or program which doesn't have its own full-time teachers and students but attract teachers and students with organizing academic activities from relevant departments on the campus. Trans-departmental research institution is the most proper organizational form for advancing not only area studies, but also academic development of subjects in humanities, social science and even natural sciences. It displays area studies' characteristics of trans-discipline to the full. The rise and development of area studies in other countries is the fruits of painstaking planning by academic associations, universities and government agencies. However, what is the distinct shortcoming in the process of promoting area studies in China recently is the absence of careful and thorough planning.

Keywords: Southeast Asian Studies; Area Studies; Discipline Building

Development of International and Regional Studies in Japan and the Lessons for the Cultivation of Southeast Asian Studies Talents in China

Chen Lin, *Liu Yungang* / 101

Abstract: The urgency of International and Regional Studies has been highlighted with the promotion of China's Belt and Road Initiative. However, China's research in this area is still in its initial stage, and it is urgent to build a talent training system with Chinese characteristics. As Southeast Asia is the frontier region of China's Belt and Road Initiative, it is of great practical significance to cultivate Southeast Asian research talents with high quality. Taking Japan as an example, this paper discusses the development history of International and Regional Studies and the talent cultivation model of Kyoto University to provide reference for cultivating Southeast Asian research talents in China. Japan has cultivated many International and Regional Studies talents after World War II through academic cooperation networks and scientific research funding support, promoted the transmission and reproduction of tacit knowledge of International and Regional Studies, and formed a unique research base. As an essential base, the Graduate School of Asian and African Area Studies at Kyoto University focuses on recruiting students from multidisciplinary backgrounds and multicultural regions to cultivate comprehensive human resources. At the same time, it focuses on setting majors and research directions from large regions and essential topics and on a curriculum system that combines theory and practice to cultivate students' independent research and problem-solving abilities. The above model can reference the professional setting, faculty construction, and curriculum system construction of Southeast Asian studies talents in China.

Keywords: International and Regional Studies; Southeast Asia Studies; Talents Cultivation; Graduate School of Asian and African Area Studies at Kyoto University; Japan

The Current Situation of the Use of Research Methods of Southeast Asian Studies and Its Beneficial Implications

—Analysis Based on *Journal of Southeast Asian Studies*

Hu Hengbo / 121

Abstract: Southeast Asian Studies is a new secondary discipline of International and Regional Studies, which can provide intellectual support for building a closer China-ASEAN community of shared future. Therefore, it is particularly necessary to strengthen the discipline construction of Southeast Asian Studies. Research methods are the basis of Southeast Asian Studies, and strengthening the construction of research methods is the key to improve Southeast Asian Studies. Therefore, scholars of Southeast Asian Studies need to pay close attention to and conduct in-depth research on research methods. This paper takes the internationally authoritative SSCI journal as the research object, namely, the Journal of Southeast Asian Studies, and makes an in-depth analysis of the research methods used in the papers published by the journal in the 23 years after the 21st century, including case study method, comparative research methods, historical research method, literature research methods, fieldwork method, interview methods, questionnaire methods, and mixed research methods, which comprehensively presents the current situation of the use of research methods of Southeast Asian Studies. Through the study of the Journal of Southeast Asian Studies, this paper summarizes the beneficial implications of the construction of research methods of Southeast Asian Studies. Specifically, Southeast Asian Studies needs to adhere to the overall pattern of diversified research methods, attach importance to the combination of theory and empirical research methods, strengthen the mixture of qualitative and quantitative research methods, and reflect the value of case studies and comparative studies, so as to form a scientific system of research methods of Southeast Asian Studies.

Keywords: Southeast Asian Studies; Research Methods; Application Status; *Journal of Southeast Asian Studies*

Regional and Country Focus

Construction of a Community of Shared Future Among Lancang-Mekong Countries: Analysis and Assessment

Tian Jiyang, Lu Guangsheng / 139

Abstract: At the first Lancang-Mekong Leaders' Meeting in March

2016, which marked the operation of the Lancang-Mekong Cooperation mechanism, leaders of the six countries adopted the Sanya Declaration and set the goal and purpose of building a community of shared future among Lancang-Mekong countries. The proposal of a Lancang-Mekong community with a shared future has enriched the theoretical connotation of a community with a shared future for mankind. The building of a Lancang-Mekong community with a shared future for mankind has become an important support for the Belt and Road Initiative. With the formation and deepening of common interests, identity and sense of community as driving factors, Lancang-Mekong countries have further strengthened sub-regional political mutual trust, economic complementarity, identity and institution building by building a bilateral community of common destiny, tapping sub-regional development potential, innovating cooperation models and improving Lancang-Mekong cooperation. However, the complex regional geo-environment, conflicting national interests, diverging international responsibilities, ideological differences, regional contradictions and institutional congestion also exacerbate the risks of building a community of shared future among Lancang-Mekong countries. In the future, it is necessary to further explore and innovate the ideas and contents of building a Lancang-Mekong community with a shared future, strengthen the driving forces, and continue to push forward the building.

Keywords: A Community of Shared Future among Lancang-Mekong countries; Lancang-Mekong Cooperation; Belt and Road Initiative; Identity; The Concept of Community

The "Build Build Build" Policy of Philippines: A Study of a Competitive Economic Strategy

Zhang Yuquan, Liu Yibin / 161

Abstract: In order to enhance the competitiveness of the Philippines economy and cope with the developing problems, Duterte administration introduced "Build Build Build" policy in 2017 by investing huge amounts of money to develop the infrastructure in Philippines. To raise the funds needed, Duterte administration adopted active diplomatic policy, received assistance from China, Japan, South Korea and the Asian Development Bank, reformed the tax and budget system domestically and leant on the hybrid public-private partnership, improving the competitive advantage of Philippine economy in multiple ways. The implementation of the "Build Build Build" has effectively enhanced the transportation and economic efficiency, improved the socio-economic development environment, and played a role in boosting the economy during the epidemic, winning international recognition and support from Filipino, featuring as a new source of economic competitiveness for Philippines. After the general election, the Marcos Jr. administration takes over the "Build Build Build" policy willingly and promotes it under financial pressure.

Keywords: "Build Build Build" Policy; Duterte Administration; Philippine Politics

Analysis on the Influence of Myanmar Rice Industry Development on National Modernization

Yu Jiahai / 193

Abstract: As an important grain and strategic material, rice profoundly affects Myanmar's future development prospects. A review of the historical evolution of Myanmar's rice industry reveals that the modernization of the country is closely linked to the development of the rice industry. The development of the rice industry in Myanmar has led to a concentration of labour and an alleviation of labour shortages, with the people who came to make a living in the area forming settlements and initial patterns of agricultural production based on a common productive life. Rice industry is the most important industry in Myanmar's modern economic development history. Its economic prosperity has driven the development of transportation, catering, culture and education and other related industries. Modern science and technology and management concepts have been applied to the rice industry, and Myanmar's economic development has entered a new historical stage. The prosperity of rice economy has become a midwife to promote the formation and development of Myanmar's new land system and new class structure. With the formation of rice economy and the opening of economic modernization in Myanmar, on the basis of long-term division of labor, the imbalance of wealth distribution leads to the adjustment of production relations and the change of social strata, and the proletariat and national bourgeoisie are born. The formation of new land system and new social stratum is the inevitable result of the history of rice industry in Myanmar, the foundation of British colonial rule in Myanmar, and the main reason for the collapse of British colonial rule. The rise and fall of rice industry had an important impact on the transfer of Myanmar's national core areas. In Burma, British capitalists dominated the development of the Burmese rice economy with a large supply of cheap labour and a market for rice production and marketing. The development of the rice economy has impacted on Myanmar's traditional production patterns, and the game between Myanmar's provinces for the core of the country's rice production has rewritten the course of Myanmar's history and civilization.

Keywords: Myanmar; Rice Industry; National Modernization

Negara Brunei Darussalam Monarchy, Economy and Sino-Brunei Relations in Historical Perspective

Ooi Keat Gin; *trans. by Wu Jingling, Wang Xia* / 218

Abstract: Negara Brunei Darussalam is an ancient Malay Muslim sultanate with a history of more than seven centuries. Brunei's monarchical system dates to the fourteenth century and has since sustained its power, character and identity. The centuries-long continuity of the monarchy was, and still is, based on the concept of 'Melayu, Islam, Beraja' (MIB), translates as 'Malay Islamic Monarchy', an ideological foundation that has sustained Brunei over the centuries and continues to guide the sultanate's future direction in an increasingly challenging regional and global environment. Since ancient times to the modern era, the monarchy oversees the political, economic and socio-cultural domains as well as external and international relations of the sultanate offering an exemplary case of a viable and sustainable traditional monarchy in contemporary times. The intention here is to examine the interlinkages between the monarchy and the sultanate's economy over the centuries in order to understand and evaluate their underlying strengths, characteristics and sustainability. The second part examines and evaluates the centuries-old Sino-Brunei relations and its renewed vigour in the past two decades.

Keywords: Negara Brunei Darussalam; Monarchy; Brunei Economy; Sino-Brunei Relations

征稿启事与投稿体例

《东南亚学》（*Southeast Asian Review*）是华南师范大学东南亚研究中心主办的学术集刊，由社会科学文献出版社（北京）公开出版。本刊依托华南师范大学成立的全国首个以"东南亚学"为研究方向的交叉学科教学与研究平台，专注"东南亚区域和国别研究"，旨在以多学科视角，着眼区域前沿议题，推进对东南亚区域和国别重大理论与实践问题研究。本刊致力于探索人文与自然科学交叉研究的新路径，探索"东南亚学"对相关学科领域理论方法的进一步吸纳及融合。

本刊旨在为东南亚区域和国别研究者搭建一个高水平的学术交流园地，其将推动东亚地区学界、知识界与实务界的互动、推动中国与东亚地区各国，特别是与东南亚本土研究者的理论与研究方法互动为重点，促进更具时代性、更具学科兼容性的人文社会科学研究新范式与新问题的讨论，构筑基于平等、包容、尊重的东南亚学术对话与交流平台。

本刊设有理论思辩、笔谈、书评、区域和国别研究专题、译介、会议综述等栏目，现面向海内外学界征稿，期待不同学科领域的学者向本刊投稿、交流观点。《东南亚学》不以任何形式收取编辑费、审稿费、版面费等费用。收稿后逾2个月未做答复，作者可自行处理。若需对本刊文进行转载、摘编和翻译，或收入文集，请联系本刊取获授权及注明出处。除法律规定的合理使用外，否则视为侵权。

《东南亚学》编辑部将严格按照学术规范流程进行稿件审核，择优录用，作者投稿时应将稿件电子版发送至：hnsfdxdnyx@163.com。本刊根据来稿质量、类型及篇幅给付稿酬，并随赠样刊。本刊被《中国学术期刊网络出版总库》、CNKI等数据库收录，若作者不同意文章被收录，请在来稿时向本刊声明。

来稿要求如下：

一　稿件基本要求

1. 论文正文字数一般不超过 2 万字，书评、会议综述一般不超过 1 万字；

2. 来稿应包含以下信息：中英文标题、内容摘要、关键词、作者简介、正文、脚注；

3. 来稿应注重学术规范，严禁剽窃、抄袭，反对一稿多投；

4. 如有基金项目，请注明基金项目名称、编号。

二　论文编排格式

（一）中文内容提要、关键词

1. 五号仿宋字体（1.5 倍行距），200 字左右；

2. 关键词 3—5 个；

3. 作者简介应包含姓名、机构、职称、通信地址等反映作者信息的个人资料。

（二）各级标题

1. 篇名：三号黑体居中；

2. 一级标题：编号采用一、二、三……，字体采用小三宋体加粗（居中）；

3. 二级标题：编号采用（一）（二）（三）……，字体采用四号宋体加粗（左对齐空两格）；

4. 三级标题：编号采用 1、2、3……，字体采用小四号宋体加粗（左对齐空两格）；

5. 标题层次一般不超过三级。

（三）正文格式

1. 中文用五号宋体（1.5 倍行距），英文用五号 Times New Roman

字体；

2. 用字规范，标点清晰，标题层次分明；

3. 对于译文中关键的专有名词，在其首次出现时，应在括号内加注外文；

4. 表格要求

（1）表格要有编号、表名（五号加粗宋体）、单位；编号和表名要居表上方正中，单位在表右上方；

（2）表格中要注明"项目"（例如，数据的名称、时间），表格数据用五号宋体字（或 Times New Roman 字体）；

（3）资料来源要标明"作者、资料来源名称、时间"，用小五号宋体，置于表格下方；

（4）表格与上、下正文之间应各空一行。

（四）注释体例

1. 本刊采用脚注形式，用"①②③"等符号标注，每页重新编号，中文用小五号宋体，英文用小五号 Times New Roman 字体。外文文献，原则上使用该语种通行的引证标注方式，以下仅列举英文文献的标注方式。

2. 非连续性出版物

（1）著作：责任者，书名，出版社，出版时间，页码。如：

吴坚：《汉语国际教育发展概论》，科学出版社，2023，第 43 页。

厦门大学南洋研究院整理：《东南亚华侨口述历史丛编（1—8）》，广西师范大学出版社，2018，第 175 页。

柯森：《港澳台教育改革与发展：异同及其解读》，广东高等教育出版社，2011，第 25 页。

安东尼·瑞德：《东南亚的贸易时代：1450—1680 年》，吴小安、孙来臣译，商务印书馆，2013，第 38—39 页。

Park Seung Woo and Victor T. King, *The Historical Construction of Southeast Asian Studies：Korea and Beyond*, Singapore：ISEAS Publishing, 2013, pp. 19 – 28.

（2）析出文献：责任者，文章名，编者，书名，出版社，出版时间，页码。如：

廖建裕：《从南洋研究到东南亚研究：一位新加坡学者的反思》，李志贤编《南洋研究回顾、现状与展望》，世界科技出版公司，2016，第 93—103 页。

吴小安：《东南亚研究与东南亚华人研究：田野调查的经验》，《区域与国别之间》，科学出版社，2021，第 23—44 页。

C. Joseph, "Ethnicities and Education in Malaysia: Difference, Inclusions and Exclusions," *The Education of Diverse Student Populations*, Dordrecht: Springer Press, 2008, p. 183.

3. 连续出版物

（1）期刊：责任者，篇名，期刊名，年期（或卷期，出版年月）。如：

张云：《东南亚史的编撰：从区域史观到全球史观》，《史学理论研究》2019 年第 3 期。

高皇伟：《国际中文教师教育的演进及特征》，《河北师范大学学报（教育科学版）》第 24 卷第 6 期，2022 年 6 月。

叶明勇：《东南亚区域关系史研究的三种路径》，《南亚东南亚研究》2022 年第 1 期。

Amitav Acharya, "Remaking Southeast Asian Studies: Doubt, Desire and the Promise of Comparisons," *Pacific Affairs*, Vol. 87, No. 3, 2014, pp. 199 – 215.

（2）报纸：作者，文章名称，报纸名称，年月日，所在版面。如：

钟燕慧、高皇伟：《提升国际中文传播能力 筑造"人文共同体"内核》，《中国社会科学报》2023 年 4 月 11 日，第 5 版。

柯森、方晓湘：《加强中国—东盟教师教育交流合作》，《中国社会科学报》2022 年 4 月 8 日，第 4 版。

高皇伟：《国际中文教师教育建设迫在眉睫》，《中国社会科学报》

2022 年 4 月 13 日，第 6 版。

Thomas Lum，"Laos：Background and U. S. Relations，" CRS Report，January 7，2008.

4. 未刊文献

（1）学位论文、会议论文等：责任者，论文名称，论文性质、地点或院校、文献形成时间，页码。如：

刘若楠：《东南亚国家对冲战略的动因（1997—2015）》，博士学位论文，清华大学，2017，第 67 页。

刘春锋、李晓菲、王颖：《充分发挥东南亚华侨华人在"一带一路"建设中的作用》，统一战线与"一带一路"研讨会论文，北京，2019 年 11 月，第 186 页。

（2）手稿、档案文献：文献标题、文献形成时间、卷宗号或其他编号、收藏机构或单位。如：

《傅良佐致国务院电》，1917 年 9 月 15 日，北洋档案 1011—5961，中国第二历史档案馆藏。

Nixon to Kissinger，February 1，1969，Box 1032，NSC Files，Nixon Presidential Material Project（NPMP），National Archives Ⅱ，College Park，MD.

《东南亚学》编辑部

2023 年 10 月

图书在版编目（CIP）数据

东南亚学. 第 1 辑 / 吴坚主编. -- 北京：社会科学
文献出版社，2023.11
ISBN 978 - 7 - 5228 - 2687 - 5

Ⅰ.①东…　Ⅱ.①吴…　Ⅲ.①东南亚 - 文集　Ⅳ.
①D733 - 53

中国国家版本馆 CIP 数据核字（2023）第 206674 号

东南亚学（第 1 辑）

主办单位 / 华南师范大学东南亚研究中心
主　　编 / 吴　坚
执行主编 / 柯　森
副 主 编 / 钟燕慧

出 版 人 / 冀祥德
组稿编辑 / 张晓莉
责任编辑 / 宋浩敏
文稿编辑 / 单　宸
责任印制 / 王京美

出　　版 / 社会科学文献出版社·国别区域分社（010）59367078
　　　　　 地址：北京市北三环中路甲 29 号院华龙大厦　邮编：100029
　　　　　 网址：www. ssap. com. cn
发　　行 / 社会科学文献出版社（010）59367028
印　　装 / 三河市龙林印务有限公司

规　　格 / 开 本：787mm × 1092mm　1/16
　　　　　 印 张：17　字 数：253 千字
版　　次 / 2023 年 11 月第 1 版　2023 年 11 月第 1 次印刷
书　　号 / ISBN 978 - 7 - 5228 - 2687 - 5
定　　价 / 98. 00 元

读者服务电话：4008918866